QUEVEDO Y SU TIEMPO: LA AGUDEZA VERBAL

FILOLOGÍA

Director: FRANCISCO RICO

MAXIME CHEVALIER

QUEVEDO Y SU TIEMPO: LA AGUDEZA VERBAL

EDITORIAL CRÍTICA
BARCELONA

Diseño de la colección: Enric Satué

ISBN: 84-7423-531-6
Depósito legal: B. 1.704-1992
Impreso en España
1992. - NOVAGRÀFIK, Puigcerdà, 127, 08019 Barcelona

Dejémonos de dengues y de «buen gusto».

DÁMASO ALONSO

Grave y solemnemente publican sus condenas los sacerdotes de la Estética, en nombre del «buen gusto», expresión que debía estremecerles, dado el carácter bajo, culinario, que tiene y que, sin embargo, no les ofende.

JULIO CARO BAROJA

INTRODUCCIÓN

No pretende este libro definir una de las literaturas de Quevedo, tampoco la agudeza, mènos aún el conceptismo. Su propósito es estudiar el origen, apogeo y ocaso de unas formas de la agudeza verbal. Esta agudeza verbal gozó de gran aceptación en el siglo XVI *y se reputó vulgar a partir del siglo* XVII *—y no sólo entre mis «clásicos» paisanos. Nació de la oralidad y a la oralidad se volvió. La civilización de la imprenta la excluyó de la literatura y, hasta cierto punto, de las pláticas de los discretos. Pero al calor de sus figuras y de los textos «fáciles» que la acogieron brotó una literatura aguda a la que pertenece buena parte de la obra quevediana. Por eso, y porque la destreza con que manejaron los españoles esta agudeza les ganó la fama de hombres más ingeniosos de Europa, me pareció que esta literatura merecía que se trazara su historia. He procurado escribirla. No dudo que en forma incompleta, pues muchas son las obras —manuscritas en especial— que la reflejarán y no conoceré. Espero por lo menos no haber errado en las direcciones que señalo.*

En la definición de la agudeza del pasado empleo un vocabulario muy limitado. Hasta excluyo la palabra burlesco *por no entender su sentido. A tal ascetismo me ha llevado mi punto de vista. Procuran estas páginas aclarar las relaciones que enlazan los versos y prosas de Quevedo con el motejar urbano, las coplas de motes, las obritas jocosas: materia hu-*

milde si las hay. Por eso me ha parecido conveniente apelar a las palabras más cotidianas.

Este libro abre unas avenidas en dos (o tres) siglos de literatura. Posiblemente repita sin que lo haya advertido unas observaciones que ya se han hecho. La oleada bibliográfica de nuestro tiempo tan abrumadora es que resulta difícil dominarla. Si coincido sin citarlo con algún estudio que ya se haya dado, ruego al lector que lo achaque a inadvertencia mía, y no a mala voluntad. Pecados son éstos que todos habremos de perdonarnos unos a otros algún día.

Burdeos, agosto de 1988

I. CORTESANOS Y CABALLEROS SE DIVIERTEN

Mucho sabemos de los entretenimientos de cortesanos y caballeros en la España de los siglos áureos: entretenimientos deportivos, artísticos y otros. Con una excepción, la de las charlas familiares que mantuvieron, unas charlas que debieron de ser frecuentes dentro de unos grupos reducidos, y cuyos individuos solían disponer de largos ratos de ocio. El arte de la conversación, el arte del diálogo, tan importante en la estimativa del siglo, está por estudiar.

Sin duda, sería utópico pretender reconstruir exactamente el contenido de las conversaciones cotidianas de cortesanos y caballeros. Si podemos gracias al *Cortesano* de Luis Milán tener idea de los diálogos que se entablaron en la pequeña corte valenciana de Germana de Foix y el duque de Calabria, si conocemos algo de lo que se pudo decir y contar en la corte de los Reyes Católicos, la de Carlos V y la de Felipe II a través de unas obras como la *Miscelánea* de Luis Zapata y la *Floresta* de Melchor de Santa Cruz, no sabemos nada de lo que se contaría en las cortes en pequeño que se organizaron alrededor de unos próceres —el duque del Infantado en Guadalajara o el conde de Benavente en Valladolid entre otros—, y de las charlas entre caballeros sólo nos llegan algunos ecos. La pobreza de la España de los Austrias en memorias particulares y cartas familiares dificulta la encuesta. Cuando hemos conservado algún documento de este tipo —pienso en la correspondencia amistosa que dirige doña Magdalena de Bobadilla al conde de Portalegre—,[1] únicamente nos enteramos de que los chismorreos ocupaban buena parte de las conversaciones de corte, lo cual ya era de suponer, tratándose de hombres y mujeres que convivían dentro de unos círculos reducidos. Con todo, podemos apreciar, valiéndonos de las obras ya citadas y de algunas otras, el tono que tendrían las pláticas de cortesanos y caballeros, tono mucho más familiar y jocoso de lo que solemos imaginar.

Sobre todo podremos estudiar la génesis y el desarrollo de unas formas literarias jocosas íntimamente ligadas al ocio de cortesanos y caballeros y al arte de la conversación: las coplas de motes y los retratos caricaturescos en especial, unas formas que andando el tiempo se han de enriquecer y estructurar en varios cenáculos que percibimos o vislumbramos —y que debieron de ser más numerosos que los que han llegado a nuestra noticia (el grupo toledano de amigos de Horozco, la Academia de los Nocturnos)— hasta el momento en que desembocaron en las prosas y versos de Quevedo. Observar el nacimiento y adelantos de estas formas es el propósito de los capítulos que siguen. Pero digamos primero algo de los cuentos que circulan en palacios y mansiones señoriales.

Cuentan cortesanos y caballeros

Una de las habilidades esenciales al cortesano consiste en relatar con gracia *facezie* y *novelle*, dictamina Castiglione. *Cuentos*, traduce Boscán. *Cuentos*, confirma Luis Milán.[2] No tardan los tratadistas españoles de urbanidad en extender esta

1. R. Foulché-Delbosc, «Correspondencia de doña Magdalena de Bobadilla», *R. Hi.*, VIII (1901) pp. 1-59.
2. *El cortesano* (hacia 1535), pp. 100, 111, 201, 274, 280-281, 286 y 407.

exigencia de la vida de corte a unos grupos más amplios: el hombre culto ha de saber referir «cuentos, fábulas y facecias», afirma don Álvaro de Mendoza en *El Scholástico*;[3] el caballero «novelas y cuentos», en opinión de Gracián Dantisco.[4] Que en efecto existiera tal uso no permiten dudarlo unas frases de Juan Timoneda y de Luis Zapata:

> Cierto señor de salva preciábase tanto en decir mentiras, en especial en contar casos hazañosos que le habían acontecido en la guerra ...[5]
>
> Viendo uno que era tan buen razonador ... estando en conversación muchos amigos suyos sobre mesa contando cuentos ...[6]
>
> A un caballero que contaba muy mal los cuentos que en conversación venían a plática ...[7]

También lo documentan, en los años de 1520 ya, unas advertencias que dirige Antonio de Guevara al conde de Buendía y al comendador Luis Bravo:

> Guardaos, señor, de presumir de contar gracias, componer mentiras, relatar fábulas y presentar donaires, porque primos hijos de hermanos son el hombre loco y el caballero donoso.[8]
>
> Los viejos de vuestra edad deben ser muy medidos en lo que hablaren y no prolijos en lo que contaren, y aun también se deben guardar de no contar novelas y mucho menos de relatar farsas, porque en tal caso, si a los mancebos llaman livianos y locos, a ellos llamarán locos y chocarreros.[9]

3. *El Scholástico* (hacia 1540), p. 219.
4. *Galateo español* (1593), p. 155.
5. Timoneda, *El Sobremesa y Alivio de caminantes*, I, 53, p. 219.
6. *El Sobremesa*, II, 72, p. 271.
7. Luis Zapata, *Miscelánea*, núm. 195, II, p. 268.
8. *Epístolas familiares*, I, p. 196.
9. *Epístolas familiares*, I, pp. 226-227. La carta lleva fecha del 24 de febrero de 1523.

Pero ¿qué serían estas *facecias*, estas *fábulas*, estos *cuentos*, estas *novelas*, estas *farsas*? Podemos formarnos una idea de lo que fueron al examinar conjuntamente los tratados de urbanidad y las colecciones de relatos breves compuestas en el Siglo de Oro. Dejando aparte las anécdotas y recuerdos personales que debieron de ocupar ancho espacio en las conversaciones, pero que pocas veces llegan a nuestra noticia,[10] estos cuentos se dejan repartir en dos categorías fundamentales: los que proceden de fuentes escritas y los que proceden de fuentes orales.

1. *Relatos de fuente erudita*

a) Pueden ser dichos jocosos de la antigüedad, dichos que hasta los no latinos podían conocer por traducciones y adaptaciones. Ejemplos:

> Estando afeitando el barbero a un gentilhombre en su casa, el cual estaba muy mohíno de él por ser tan parlero que cuando vino a hacerle la barba, dijo:
> —Señor, ¿cómo quiere que le haga la barba?
> Respondió el gentilhombre:
> —Callando.[11]
>
> Un ganapán, yendo cargado con una gran carga a cuestas, encontró con uno que iba por la calle, y en haberle dado, dijo:
> —Guardaos, señor.
> Preguntóle el que había recibido:
> —¿Qué? ¿Otra vez me quieres dar? [12]

10. Varios ejemplos de tales anécdotas —¿auténticas o ficticias?— se pueden leer en *El cortesano* de Luis Milán, por ejemplo en las pp. 64, 102, 187-188, 214-215 y 314. De *cuentos* las suele calificar Luis Milán (no nos olvidemos del carácter reciente de la palabra *anécdota*, tan de moda en el siglo XIX, que sale por primera vez bajo la pluma de Cadalso).

11. Timoneda, *El Sobremesa*, II, 12, p. 248.

12. *El Sobremesa*, II, 57, p. 265. Sobre las fuentes eruditas de estos dichos y de otros, consúltese el estudio de mi sabia amiga María Pilar Cuartero Sancho,

Parece razonable estimar que muchos de los que se reirían de estos dichos ni siquiera sospecharían su abolengo clásico.

b) Con mayor frecuencia serán facecias recopiladas en Italia —las de Poggio en especial, tan extensamente difundidas en España—,[13] y unos decenios más tarde facecias recopiladas en la misma península —en particular los apotegmas de la *Floresta española* (1574). A estos últimos debieron de apelar con frecuencia unos ingenios de pobre inventiva, si hemos de creer los versos maliciosos de una letrilla gongorina, fechada de 1581:

> Que acuda a tiempo un galán
> con un dicho y un refrán,
> *bien puede ser*;
> mas que entendamos por eso
> que en *Floresta* no está impreso,
> *no puede ser*.

c) *Novelas italianas y españolas.* El sabio humanista Lorenzo Palmireno, en *El estudioso cortesano* (1573), libro dirigido al hijo de aldeano acomodado que ha llegado a estudiar y ha conseguido oficio en casa de un señor, recuerda a su discípulo que, de vez en cuando, a la hora de la siesta, ha de procurar de recrear a sus amos:

> En verano luego se duermen, pero en invierno podrá ser moverse conversación al fuego. Deja un rato esa gravedad estoica, cuéntales con que se recreen, cosas que son poco familiares, como la historia de don Juan de Mendoza y la

---

Fuentes clásicas de la literatura paremiológica española del siglo XVI, Institución «Fernando el Católico», Zaragoza, 1981.

13. Sobre esta difusión, véanse Jean-Michel Laspéras, *La nouvelle en Espagne au Siècle d'or*, Université de Montpellier, 1987, pp. 56-57, y José Fradejas Lebrero, «Las *facecias* de Poggio Bracciolini en España. Primer centenar», en *Varia bibliographica. Homenaje a José Simón Díaz*, Kassel, 1987, pp. 273-282, y «Las *facecias* de Poggio Bracciolini en España», en *Arcadia. Estudios y textos dedicados a Francisco López Estrada. Dicenda*, 7 (1988), Universidad Complutense de Madrid, pp. 57-72.

> duquesa, o la de Romeo y Julieta en Verona, la de Eduardo y Elips, condesa de Salberique. Están en francés, son muy suaves, durará de contar cada una media hora, sin que se fatiguen los oyentes. Llámase el librico *Les histoyres tragiques* ...[14]

Nos sorprenden estas frases. Pero tal era el uso del siglo XVI y de primeras décadas del XVII. En la tertulia sevillana de Juan de Arguijo y sus amigos se refieren en efecto, entre 1619 y 1624, por lo menos tres novelas breves: una tomada del *Decamerón* (X, 1),[15] otra sacada de *El conde Lucanor*,[16] y la tercera desgajada de *Los Cigarrales de Toledo*.[17] Y no se trata de uso privativo de españoles: observa Castiglione que puede referir el cortesano novelas boccaccianas,[18] y el sabio helenista Dorat, maestro de Ronsard y Joachim du Bellay, le cuenta a Brantôme la novelita de *La matrona de Éfeso*.[19] Nos sorprende la costumbre porque a nuestro entender la novela corta, género escrito, difiere fundamentalmente del cuento oral. Pero nuestros antepasados no lo sentían así. (Problema es éste sobre el cual he de volver en otra ocasión.)

2. *Relatos de procedencia oral*

a) Pueden ser cuentecillos tradicionales. Véase uno que recuerda el caballero cortesano Luis Zapata:

> Tan de escribir son los malos dichos y hechos para huir de ellos como los buenos para ejemplar, y por tal disparate pon-

14. *El estudioso cortesano*, Valencia, Pedro de Huete, 1573, pp. 80-81. Es curioso observar que Palmireno conoce estas novelas de Bandello a través de una traducción francesa. Remite el texto a las novelas II, 9; II, 37; III, 44.

15. Juan de Arguijo, *Cuentos*, núm. 132. Y posiblemente otra más: *Cuentos*, núm. 149 (*Decamerón*, VII, 3).

16. *Cuentos*, núm. 560; *Lucanor*, núm. 9.

17. *Cuentos*, núm. 613.

18. *El cortesano*, trad. de Boscán, p. 218.

19. Brantôme, *Les dames galantes*, «Le livre de poche», núms. 804-805 (1962), p. 397.

dré aquí uno de un mal poeta que anduvo rumiando para poner en una copla encubiertamente el nombre de su amiga y el suyo. Él se llamaba Sedeño y Catalina ella, y salió con ésta:

Cata lináloe, atención
(aquí entra ella),
se deñó por bien amar
(heme aquí que voy tras ella).[20]

Compárese la versión que propone el maestro Gonzalo Correas:

Catalina, mi señora; Pedro, vuestro servidor.

Una dama —o moza— dijo a su galán que la hiciese una poesía en que entrasen los nombres de ambos, e hizo ésta:

Catalina, mi señora: ya vais vos;
ahora yo: Pedro, vuestro servidor.[21]

b) También pueden ser cuentos folklóricos en el pleno sentido de la palabra. Hace años que defiendo la idea de que en la España (y la Europa) del siglo XVI y primeras décadas del XVII, el cuento folklórico, lejos de haber venido a ser privativo del campo, circula en las capas cultas de la sociedad —caballeros, catedráticos, beneficiados, médicos— y pertenece a un patrimonio común a todos los estados.[22] Sólo más tarde (poco más tarde) se excluirán los cuentos folklóricos de la corte, de mansiones señoriales y de cenáculos cultos. Recordemos unos textos significativos, que no todos apunté hace diez años:

20. *Miscelánea*, núm. 195, II, p. 253.
21. *Vocabulario de refranes*, p. 380 a.
22. En lo cual coincido con Peter Burke, *Popular Culture in Modern Europe* (1978), libro que no ha alcanzado la resonancia que merece. No conocía la obra de Burke cuando publiqué, el mismo año de 1978, mi libro sobre *Folklore y literatura. El cuento oral en el Siglo de Oro*.

— Boscán escucha gozoso las «consejas» que refieren «los simples labradores»[23] (advirtamos que los relatos que el siglo XVI califica de *consejas* son los que llamamos *cuentos folklóricos* desde la primera mitad del siglo XIX).

— Si hemos de dar fe a un relato incluido entre los *Cuentos* de Juan de Arguijo, un consejero del rey Felipe II le contó, para disuadirle de confiar otra vez en un ministro, la historia del carnicero de Valencia, quien, arrepintiéndose por haber robado a sus clientes midiendo la mercancía despachada con pesas de más de marca, imaginó para restituir lo mal ganado cambiar de oficio y escoger el de peraile, dando a hilar lana por las aldeas, aunque siguió usando las mismas pesas falsas de antes ...[24] La narración refleja exactamente un cuento folklórico (cuento tipo 1.853 A*). Posiblemente sea apócrifa la anécdota; no importa. Lo que importa es observar que Juan de Arguijo y sus amigos no estiman inverosímil que un consejero de Felipe II le haya referido al rey un cuento tradicional.

— En su *Miscelánea* escribe Luis Zapata: «mas con lo cierto y mío echará Dios merced, como decía aquel salteador cosario»,[25] frase elíptica que aclara un cuento extensamente difundido en el Siglo de Oro. Lo refiere Correas en la forma siguiente:

> *«Con lo mío me haga Dios bien». Y era hurtado.*
>
> Dicen este cuento: que un salteador partía por mitad con los que robaba; una vez, siendo los reales nones y en plata, púsose a partir por medio el non; el pasajero dijo que se le llevase entero; respondió el ladrón:
>
> —No, hermano, con lo mío me haga Dios bien.[26]

23. «Respuesta de Boscán a don Diego de Mendoza», *Poesía de la Edad de Oro. I. Renacimiento*, Castalia, «Clásicos Castalia», núm. 123, Madrid, p. 36.
24. Juan de Arguijo, *Cuentos*, núm. 645.
25. *Miscelánea*, núm. 153, II, p. 135.
26. *Vocabulario de refranes*, p. 425 a.

— En el capítulo XIII de su *Galateo*, Lucas Gracián Dantisco, animando a los gentileshombres a relatar novelas breves y cuentos, les propone como ejemplo la novela de *El gran Soldán*, que es puro trasunto del famoso cuento de *La hija del diablo* (cuento tipo 313).

Convengo que estos ejemplos son pocos y podrían interpretarse como casos aislados. Todo cambia cuando examinamos los cuentos de mentiras, cuentos tradicionales que cortesanos y caballeros refieren en forma corriente y con perfecta naturalidad. No sólo cuentan los caballeros casos algo dudosos, según la púdica expresión de la *Floresta española*;[27] no sólo «hace las clines» a las historias que relata don Pedro de Toledo, marqués de Villafranca;[28] no sólo se ufana un prócer de hazañas increíbles;[29] sino que refieren los caballeros unos cuentos de mentiras desaforadas: el de la berza gigantesca y la caldera de correspondiente tamaño,[30] o las veinte y tantas patrañas, trufas y otras variedades de mentiras que reúne y clasifica el oidor Eugenio Salazar.[31] Pero donde descuellan los gentileshombres es en los cuentos de cazadores. A caballeros y títulos achacan los textos contemporáneos la casi totalidad de los cuentos de cazadores que se propasan: título don Luis Manrique, marqués de Aguilar, famoso por su destreza en este ejercicio,[32] gentilhombre el que se jacta de abrir un agujero en un cántaro y volverlo a tapar de dos bodocazos certeros,[33] caballero —y titulado— el que se ufana de haber muerto un ciervo «con tantas puntas, que realmente se le conoció

27. *Floresta española*, II, VI, 7, p. 80.
28. Juan de Arguijo, *Cuentos*, núm. 249.
29. Timoneda, *El Sobremesa*, I, 53.
30. Luis de Pinedo, *Libro de chistes*, p. 112.
31. *Cartas*, BAE, 176, pp. 277-280.
32. Luis de Pinedo, *Libro de chistes*, p. 112 a.
33. Lucas Gracián Dantisco, *Galateo español*, p. 125. El cuento ya sale en *El Scholástico*, p. 221.

ser mentira»,[34] caballero el que afirma haber muerto unos leones en el puerto de Guadarrama.[35]

Un detalle de la citada carta de Eugenio Salazar llama la atención: «el otro compañero, pareciéndole quedaba corto si no ponía algún servicio en esta mesa que sobrepujase al tamaño de estos rábanos, dijo: «Pues ¿de estos rábanos se maravilla V.m.? Por cierto que yo he visto repollos en el reino de Murcia, que apenas se pueden llevar media docena de una carretada».[36] Sugiere la frase, lo mismo que el aludido cuento de *Guzmán de Alfarache*, que se armaban entre caballeros auténticas contiendas de mentiras. No he conseguido dar con un texto que documente tal costumbre en forma indiscutible.[37] Pero no sorprendería que la contienda de mentiras fuera pasatiempo de los caballeros españoles del Siglo de Oro, puesto que florecía en la corte de Francia durante el reinado de Luis XIII, y sabemos que el propio mariscal de Bassompierre no se desdeñaba de participar en tales justas.[38]

Todos los tratadistas de la vida palaciega y la urbanidad se refieren a la práctica de la mentira jocosa —lo cual confirma que en efecto debía de ser corriente— y todos la afean. Censura Guevara a un amigo suyo por haber contado «que él había navegado en una fusta que era toda de un canelón de canela»;[39] advierte *El Scholástico* que

34. *Guzmán de Alfarache*, II, I, 2, p. 496.

35. Salas Barbadillo, *El caballero puntual* (1619), «Colección de Escritores Castellanos», Madrid, 1909, pp. 221-222. La única excepción a esta regla representa el teatro, excepción sobre la cual hemos de volver a continuación.

36. *Cartas*, BAE, 176, p. 278 a.

37. Lindo ejemplo de tales contiendas está a punto de ofrecernos Lope de Vega en *El cuerdo en su casa* (Jornada II, *Acad. N.*, XI, p. 573):

> Digo que vi dos tinajas
> volar encima del sol...

Desgraciadamente desiste en seguida de su propósito, desviando el texto hacia *impossibilia* de tipo moral. Además, por motivos que procuraré aclarar a continuación, la escena de *El cuerdo en su casa* se da entre campesinos.

38. Tallemant des Réaux, *Historiettes*, I, p. 150.

39. *Aviso de privados o Despertador de cortesanos*, XX, «Biblioteca Económica de Clásicos Castellanos», París, s.a., p. 261.

> los hombres virtuosos y que aman mucho que otros los crean y los tengan por verdaderos, aunque hayan visto con sus propios ojos muchas cosas de admiración, cuando las contaren han de ser muy comedidos en sus lenguas, porque gran vergüenza es de un hombre que presume ser virtuoso que diga alguna cosa en la cual puede haber sospecha si es verdadera o duda que pudo mentir; [40]

observa Gracián Dantisco que «entre gente de bien tienen este pago los mentirosos que después que les han caído en el chiste, no solamente no son creídos, pero ni aun escuchados, como palabras sin sustancia».[41] A esta tradición se adhiere Mateo Alemán cuando censura con violencia la manía de los poderosos que «aun en torpeza y vicios quieren también exceder y ser solos ellos»: [42] acaso parezca el anatema algo excesivo tratándose de inocente contienda de mentiras sobre la edad de un ciervo. Más indiferente o más indulgente, Cervantes pone en boca de Sancho unas trufas regocijadas acerca de las siete cabrillas, identificadas con cabras celestiales que son «las dos verdes, las dos encarnadas, las dos azules, y la una de mezcla», y con las que se entretuvo el buen escudero «casi tres cuartos de hora».[43] Posiblemente tengan raíces tradicionales las desvergonzadas afirmaciones de Sancho, puesto que en la ya mentada carta recuerda Eugenio Salazar

> lo que a V.m. dijo el otro antaño en Salamanca, cuando oía teórica de planetas, que oyó una noche balar las siete cabrillas del cielo: pudo ser.[44]

Los dramaturgos, en cuanto a ellos, se limitan a reservar a los graciosos la relación de hazañas disparatadas y las

40. *El Scholástico*, pp. 221-222.
41. *Galateo español*, p. 125.
42. *Guzmán de Alfarache*, II, I, 2, p. 496.
43. *Quijote*, II, 41.
44. *Cartas*, BAE, 176, p. 280 a.

mentiras de cazadores. Pero quédese la comedia para más adelante.

Esta afición que demuestran los caballeros a los relatos tradicionales no es fenómeno que se limitaría a las fronteras de España. He recordado a Bassompierre; otros nombres además del suyo se pueden aducir, nombres de próceres franceses (Guise, Grammont) que en las primeras décadas del siglo XVII participan en las mismas justas festivas[45] y demuestran igual apego a la tradición oral. Dejando aparte los cuentos de mentiras, otro rasgo evidencia estos conocimientos en los hombres cultos: la facilidad con que acomodan unos cuentos tradicionales a su propósito. Tallemant ofrece dos relatos instructivos al respecto. El primero es ocurrencia de Jean-Pierre Camus (1582-1653), obispo de Belley. Un día que predicaba, viendo en el sermón al duque de Orléans sentado entre dos personajes de dudosa honradez, exclamó, mirando al prócer y fingiendo dirigirse a Cristo: «Os veo aquí, Señor mío, entre dos salteadores».[46] ¿Agudeza debida al ingenio del prelado? No, sino puro trasunto de cuento tradicional conocidísimo, el del aldeano agonizante quien, habiendo llamado a su cabecera al juez y al alcalde del pueblo, se alegra de mo-

45. «Un jour lui [M. de Guise, fils du Balafré], M. d'Angoulême et M. de Bassompierre jouaient à qui dirait la plus grande menterie. M. de Guise dit: "J'avais une levrette qui, courant après un lièvre, se jeta dans des ronces; une ronce coupa le corps de la levrette par le milieu, et la partie de devant alla happer le lièvre ..."» (Tallemant des Réaux, *Historiettes*, I, p. 150). «Un jour qu'on disait des menteries, il [le maréchal de Grammont] dit qu'à une de ses terres il y avait un moulin à rasoirs où ses vassaux se faisaient faire la barbe à la roue, en deux coups, en mettant la joue contre» (*ibid.*, p. 532). Años antes, tampoco el erudito Montaigne desdeña los cuentos tradicionales. Cierto que varios de los que cita en sus *Essais* pueden proceder de textos impresos, y en especial de la *Apologie pour Hérodote* de Henri Estienne. Pero también conoce por vía oral alguno de ellos: al recordar el conocido cuento de las grullas de Ibico (o más exactamente un cuento gemelo de éste) concreta que «el cuento anda en boca de los niños» (*Essais*, II, 5).

46. *Historiettes*, II, p. 69.

rir como Cristo, entre dos ladrones.[47] El segundo es la réplica de un tal Chalais a la marquesa de Sablé:

> En 1663, le jour que la comtesse de Maure mourut, la marquise de Sablé, sa voisine et sa bonne amie, mais non pas au point de l'assister à la mort, car il n'y a personne au monde à qui elle put rendre ce devoir, envoya Chalais pour en savoir des nouvelles. «Mais, lui dit-elle, gardez-vous bien de me dire qu'elle est passée.» Chalais y va comme elle expirait. Au retour: «Eh bien! Chalais, elle est aussi mal qu'on peut être? Ne mange-t-elle plus?» ... —«Non». —«Ne parle-t-elle plus?» —«Encore moins». —«N'entend-elle plus?» —«Point du tout». —«Elle est donc morte?» —«Madame, répondit Chalais, au moins c'est vous qui l'avez dit, ce n'est pas moi».[48]

Este Chalais es indudablemente un humorista. Pero lo único que hace es adaptar a una situación vital un cuento folklórico que pertenece a la tradición oral europea, y a la tradición española en particular. Véase una versión recogida hace poco en la provincia de León por Julio Camarena:

> Era una reina que había quedao viuda. Entonces tenía un caballo que lo quería muchísimo, porque el rey estaba enamorao de aquel caballo y ...
>
> —Por favor, cuidarme el caballo.
>
> Y el caballo lo tenían en una finca, cercano al castillo donde ella vivía, ¡y los servidores estaban con un esmero con el caballo! Un día van, y está el caballo muerto. Y el caballo se llamaba Babieca. Dice:
>
> —Y ahora ¿quién se lo dice a la reina que se murió el caballo?

47. Es el cuento tipo 1.860 B de la clasificación internacional. Fue recogido en Andalucía por Fernán Caballero (véase *Más vale honor que honores*, BAE, 139, p. 171 a). A la gran folklorista lo deberá el conde de las Navas, quien lo imprime en los *Cuentos y chascarrillos andaluces ... por Fulano, Zutano, Mengano y Perengano* (Madrid, 1896, pp. 98-99).

48. *Historiettes*, I, p. 520.

Y dice uno:
—Si me dais mil duros, yo se lo digo.
—Pues ya está. —Escotaron entre todos—. Aquí los tienes; a ver cómo se lo dices a la reina —porque tenían miedo que le fuera a dar un pánico o algo.
Y dice:
—Su majestad,
el caballo Babieca está en el prado,
le entran las moscas por la boca
y le salen por debajo el rabo.
Y dice la reina:
—¡Ay, entonces está muerto!
Dice:
—Usted lo ha dicho.[49]

No cabe duda de que el cuento folklórico es una realidad familiar para los cortesanos y caballeros del siglo XVI y primeras décadas del XVII. Es fenómeno de gran alcance dentro de una historia de la cultura. Pero sus manifestaciones se quedan al nivel de la oralidad, sin engendrar ninguna forma escrita. En cambio, consecuencias apreciables ha de tener en el terreno de la literatura el motejar cortesano.

49. Cuento tipo 925 de la clasificación internacional.

II. MOTEJAR

No resulta fácil concretar el sentido de esta palabra, puesto que tropezaron los lexicógrafos del Siglo de Oro con la clásica dificultad que plantea la definición de una forma de ingenio, cualquiera que sea ésta y cualquiera que sea la época en que triunfa (recuérdese que el propio Voltaire confiesa su incapacidad de explicar el concepto de *esprit*), y tropezamos nosotros con la terminología borrosa que manejan los contemporáneos.[1] Ocioso sería cualquier intento de proponer nueva definición del motejar cuando poseemos el valioso estudio de Monique Joly, quien, adentrándose en la selva enmarañada del vocabulario de la burla, aclaró cuanto se puede aclarar acerca de motejar y palabras afines.[2] El propósito de las páginas que siguen es distinto. Consiste en examinar a través de los cancioneros, de las colecciones de dichos agudos y de los tratados de la vida de corte como funcionó, hasta donde lo vislumbramos, el motejar y cuáles fueron sus procedimientos predilectos. Correspondiendo la mayor parte de nuestras in-

1. El maestro Correas no distingue claramente ente *matraca*, *pulla* y *vaya*. De matraca califica lo de «Adelantarse como los de Embid a Pascua» (*Vocabulario de refranes*, p. 63 b): lo mismo se podría definir como *pulla* o *vaya*. De «Nadar sin calabazas» dice que es «vaya a un capón» (*Vocabulario*, p. 651 a): *¿vaya? ¿pulla? ¿o matraca?* Por fin Correas define «dar vaya» como equivalente a «dar matraca» (*Vocabulario*, p. 681 a). Sin dificultad se podrían aducir más ejemplos.

2. *La bourle et son interprétation*, Université de Lille III, 1982.

formaciones al motejar cortesano, y más concretamente al motejar que practican los cortesanos de los Reyes Católicos, de la reina Germana y del emperador Carlos V, el punto de partida de la presente encuesta será forzosamente el motejar cortesano de las primeras décadas del siglo XVI.

Ateniéndome en un primer momento a un criterio puramente externo, que únicamente tiene la ventaja de la comodidad, distinguiré dos clases de motes: la frase picante y la composición poética de tipo epigramático.

Los textos que nos proporcionan ejemplos de frases picantes no escasean, aunque verosímilmente hayamos perdido otros, que circularan en forma manuscrita. Cinco textos han llegado a nuestra noticia: *El cortesano* de Luis Milán (hacia 1535), los *Dichos graciosos de españoles*, cartapacio formado hacia 1540 por un anónimo que fue criado de don Rodrigo Ponce de León, duque de Arcos, el *Liber facetiarum* de Luis de Pinedo (hacia 1550), la *Floresta española* de Melchor de Santa Cruz (1574) y la *Miscelánea* de Luis Zapata (últimos años del siglo XVI). Veamos unas muestras de los motes que nos ofrecen estas colecciones:

> De un cardenal legado, que era gordillo, estando en la corte del Emperador Carlos Quinto, dijo don Diego de Mendoza, conde de Mélito, que más parecía chichón que cardenal.[3]

> El conde de Chinchón, primer mayordomo del rey, de su casa, gran sabio, gran caballero, gran cortesano, hallando un caballero muy delgado y muy negro en Monzón, en la cama, que tenía encima una colcha de tafetán amarillo, dijo a otros que con él iban:
>
> —Agora, señores, no temeremos la cuaresma, que tenemos una tortilla de huevos con una sardina en ella.[4]

3. Santa Cruz, *Floresta española*, I, II, 15, p. 21.
4. Zapata, *Miscelánea*, núm. 195, II, p. 239.

A estas frases agresivas podía y debía replicar, caso de estar presente, el agredido. Al motejar corresponde un contramotejar —si se me permite el neologismo. Claramente explica este mecanismo *El Scholástico*:

> De una sola cosa tenemos licencia en buena conversación cuando somos con mote tocados: que podemos volver la recompensa en la mesma manera y estilo de donaire, con tal que no exceda la razón del motejar. Como aconteció que el rey don Fernando de Aragón mandó prender un caballero por un enojo que tenía de él, y túvole en la cárcel desde la noche a la mañana; y como a la hora del comer vino el caballero a palacio, entró en la sala real donde le salió una dama a recebir y díjole:
>
> —Pesado nos ha con vuestra prisión y teníamos gran temor que el rey os había de mandar ahorcar.
>
> Respondió injuriado el caballero:
>
> —Yo también, señora, me temí; mas consolábame con que vuestra merced me demandara por marido.
>
> Esto dijo porque es uso de Castilla y de otras muchas provincias que si está alguno condenado a ahorcar y le demanda por marido alguna pública ramera, se le den, y no muera el tal condenado por aquel delito. Bien se sufrió que con esta manera de decir se satisfaciese este caballero de la injuria que esta dama lc dio por ir cubierto el mote y debajo de velo de donaire gracioso con que la llama ramera, lo cual no se sufriera si fuera claro y a lo manifiesto la tocara.[5]

Esta réplica de brutal jocosidad, atribuida a don Alonso Carrillo en *El cortesano* de Castiglione (II, 76), debió encantar al público del siglo XVI, puesto que la reproducen *El Sobremesa* de Juan Timoneda[6] y la *Floresta* de Melchor de Santa Cruz.[7] Más generalmente ejerce auténtica fascinación

5. *El Scholástico*, p. 223.
6. *El Sobremesa*, I, 68.
7. *Floresta española*, XI, III, 2, p. 274.

sobre los españoles del Siglo de Oro el arte de «las prontas retorsiones» que todavía ha de alabar Gracián: «respondió prestamente», «respondió prontamente», «gran decidor de repente» son frases admirativas que salpican las colecciones de facecias y dichos. A este talento que, según nos dicen, poseyó en sumo grado debe lo mejor de su fama póstuma Diego Sánchez de Badajoz,[8] y el siglo XVII hará gran aprecio del ingenio que manifiesta Góngora en esta forma de agudeza.[9] Tales admiraciones no son privativas de españoles; las comparten los caballeros franceses del siglo XVI: Brantôme, según hemos de ver, y el propio Agrippa d'Aubigné, el austero poeta de *Les Tragiques*.[10]

En ocasiones se originaba de estas réplicas un diálogo, y llegaban a armarse entre cortesanos unas escaramuzas de motes, si hemos de creer a Luis Milán, quien refiere unos cambios de motes relativamente extensos.[11] Parece legítimo sospechar que pocos cortesanos tuvieran ingenio tan agudo como para mantener justas verbales de tanta duración, y hasta es posible que Luis Milán se haya inventado, o por lo menos tenga arregladas y perfeccionadas, las que propone a sus lectores. Pero, auténticas o ficticias, representan estas contiendas unos de los modelos que procurarían imitar los cortesanos.

Sugieren además unos textos que el motejar habrá venido a ser, en ocasiones por lo menos, auténtica actividad lúdica a la que animaran gustosos soberanos y próceres. En *El cortesano* de Castiglione se lee el breve relato siguiente:

8. *Doce cuentos* de Juan Aragonés, BAE, III, pp. 167-168, núms. 2 y 12.

9. Miguel Artigas, *Don Luis de Góngora y Argote. Biografía y estudio crítico*, Madrid, 1925, pp. 343-344; Juan de Arguijo, *Cuentos*, núms. 55 (repetido en el núm. 360) y 60.

10. Jacques Bailbé, «Agrippa d'Aubigné conteur», en *La nouvelle française à la Renaissance*, Slatkine, Ginebra-París, 1981, p. 653.

11. Luis Milán, *El cortesano*, pp. 45, 107, 406-409, y (en verso ésta) pp. 22-23. Véase también *ibid.*, pp. 275-278, la justa verbal que se hubiera dado entre don Antonio de Velasco y don Juan de Mendoza cuando servían los dos a la misma dama de la reina Isabel.

> Come a la corte di Spagna comparendo una mattina a palazzo un cavaliero, il quale era bruttissimo, e la moglie, che era bellissima, l'uno e l'altro vestiti di damasco bianco, disse la Reina ad Alonso Carrillo: «Che vi par, Alonso, di questi dui?» —«Signora, ripose Alonso, parmi che questa sia la *dama* e questo lo *asco*».[12]

Apuntemos que prolongada fortuna tuvo esta sutileza equívoca: vuelve a aparecer en la letrilla «En la almohada/ten la barba queda»[13] y años más tarde todavía en el *Criticón*.[14] Pero de momento lo que interesa es la escena, por evocar ésta un recuerdo en la mente del lector, el recuerdo de otras escenas parecidas que presenta otro libro. Ahora es Carlos V (y no importa que sea auténtica o no la anécdota, lo que importa es que hayan pensado los contemporáneos que en efecto pudiera hacer tales preguntas el Emperador) quien se dirige al bufón Francesillo de Zúñiga:

> La librea de este juego de cañas era de terciopelo leonado, y encima tafetán blanco, muy acuchillado. Preguntó el Emperador a don Francés: «¿Qué te parece de aquella librea?» Respondió: «Asadura con redaño».[15]
>
> En un juego de cañas que se hizo en Valladolid salió un caballero muy cano, vestido de verde. Y al pasar de la carrera cayósele la máscara y quedó la calva defuera. Preguntó el Emperador al truhán don Francés: «¿Qué te parece de aquel caballero?» Respondió: «Que no he visto en mi vida puerro que tan bien haya pasado la carrera».[16]

12. *Cortigiano*, II, 78.
13. *Romancero general*, núm. 978.
14. *Criticón*, II, 4, p. 710 b, y III, 10, p. 971 b.
15. *Floresta*, II, v, 4, p. 74. Recordará el apodo Vicente Espirel (*Vida del escudero Marcos de Obregón*, Castalia, «Clásicos Castalia», núm. 46, Madrid, p. 216).
16. *Floresta*, VII, II, 22, p. 196.

Alonso Carrillo manejaba el equívoco, Francesillo de Zúñiga maneja el apodo. A pesar de esto, el esquema de las tres escenas es el mismo: un entorno cortesano, idéntica incitación al juego de ingenio de parte de un soberano, unas réplicas de gusto parecido.

Son escenas aisladas, es cierto. Con todo, sospecho que corresponden a un juego cortesano que no había de extinguirse con el siglo XVI: el del cortesano, o criado, o bufón (no importa) que se dedica a motejar para divertir a su señor. Refiere Tallemant que el propio cardenal de Richelieu, por otra parte padre fundador de la Academia francesa, animaba a unos pajes suyos, particularmente diestros en este ejercicio, a zaherir con equívocos a los que le visitaban.[17]

Otra modalidad del motejar representan las composiciones poéticas breves de tipo epigramático, las que bautiza el Pinciano coplas de motes.[18] Estas coplas, que surgen en fecha temprana, se forjan en la turquesa de la oralidad, pero significan que el motejar no tarda en evadirse de la pura oralidad. Con ser forma literaria deleznable si las hay, conservamos razonable cantidad de ellas, evidente indicio del interés que despertaron entre los contemporáneos. Gozaron sin duda de una boga increíble, pues apenas si hay cancionero formado en el siglo XVI que no incluya alguna muestra del género. Aparecen lo mismo en cancioneros —*Cancionero general*, *Cancionero del British Museum*, *Cancionero de obras de burlas*, *Cancionero de Juan Fernández de Ixar*, *Cancionero de Gallardo*, *Segunda parte del Cancionero general* de Esteban de Nájera, *Cancionero general de 1554, Cancionero de poesías varias (Ms. 617)*— que en obras que recogen, sistemática o esporádicamente, agudezas cortesanas —*El cortesano* de Luis Milán, las poesías de Juan Fernández de Heredia y de Hernando de Acuña, los *Dichos graciosos de españoles*, la *Miscelánea*

17. Tallemant des Réaux, *Historiettes*, I, p. 268.
18. *Filosofía antigua poética* (1596), II, pp. 262-264.

de Luis Zapata— y hasta en el *Diálogo de la lengua* de Juan de Valdés. Recordemos algún ejemplo:

El mismo don Juan [de Mendoza] al almirante motejándole de chiquito

¡Qué maravilla tamaña
que vemos en un señor
ser de los Grandes de España
de los chicos el menor!
Los pies tiene allá en la mar,
el cuerpo en tierra, y él todo
de cabeza al calcañar
apenas no tiene un codo.[19]

Como es lógico, los recopiladores manifiestan serias discrepancias en la atribución de estas composiciones, y resulta imposible decidir cuál de ellos habrá acertado. Sin embargo, varios nombres se repiten con tanta frecuencia en cancioneros y colecciones que podemos, teniendo en cuenta la doble modalidad de frases picantes y coplas de motes, formar catálogo de los motejadores más famosos en tiempos de los Reyes Católicos y del Emperador. A este grupo pertenecen primero unos próceres:

— el almirante de Castilla Fadrique Enríquez (h. 1462-1538), cuya obra poética es bien conocida. Más de un siglo después de la muerte del almirante aún alaba Gracián en la *Agudeza* una canción del magnate castellano.[20] Don Fadrique, tantas veces motejado por su corta estatura, tampoco

19. *Dichos graciosos de españoles*, núm. 177. *Cancionero de poesías varias (Ms 617)*, núm. 314.

20. *Agudeza y Arte de ingenio*, XXIV, Castalia, «Clásicos Castalia», núm. 14, Madrid, pp. 243-244. Esta canción procede del *Cancionero general* de Hernando del Castillo, núm. 717. Posiblemente escribiera mucho el almirante: le tacha el doctor Villalobos de tener «flujo de coplas como de cámaras» (en carta del 7 de diciembre de 1518, *Algunas obras del doctor Francisco López de Villalobos*, p. 27).

se desdeñaba de motejar, según demuestran varias obritas suyas;[21]

— el condestable don Iñigo Fernández de Velasco, poeta también él,[22] quien moteja a Antonio de Guevara[23] y al almirante;[24]

— Juan Téllez Girón, conde de Ureña, cuyos versos recuerda Gracián con admiración,[25] famoso por sus dichos agudos que había de recopilar Melchor de Santa Cruz en la *Floresta española*,[26] moteja también él al almirante Fadrique Enríquez, blanco predilecto de los epigramas de corte.[27]

También incluye este grupo a varios caballeros cortesanos:

— don Juan de Mendoza, autor de varias composiciones poéticas,[28] dejó fama de gran motejador. Conocemos motes

21. *Suplemento al Cancionero general de Hernando del Castillo*, núms. 41 y 186 (el núm. 186 también figura en el *Cancionero del British Museum*, núm. 93, en el *Cancionero de obras de burlas*, núm. 56, y en el *Cancionero de poesías varias (Ms 617)*, núm. 283); *Cancionero de Juan Fernández de Ixar*, núm. 119 (el mismo texto en el *Cancionero de poesías varias (Ms 617)*, núm. 311); *Cancionero del British Museum*, núm. 94 (el manuscrito de *Dichos graciosos de españoles*, núm. 160, atribuye esta última composición a don Antonio de Velasco). Otra composición jocosa del almirante, motejando a Villalobos, se copia en el *Cancionero* de Sebastián de Horozco (núm. 164) y en *Algunas obras del doctor... Villalobos*, p. 87.

22. *Cancionero general* de Hernando del Castillo, núms. 178 y 911.

23. Véase Antonio de Guevara, *Epístolas familiares*, I, pp. 73-75 y 77.

24. *Dichos graciosos de españoles*, núms. 157-158.

25. «¡Qué ingenioso el conde de Ureña!» exclama Gracián (*Agudeza*, I, p. 252) antes de reproducir la canción «Pues quesistes ser ajena» (*Suplemento al Cancionero general de Hernando del Castillo*, núm. 63).

26. *Floresta española*, II, II, 1-13. Otros dichos del conde de Ureña se pueden leer en el *Sermón de Aljubarrota con las glosas*, BAE, 176, pp. 57 b y 60 b. «Era entonces muy viejo, pero muy gentil cortesano», escribe Andrés Navagero, quien le visita en su villa de Osuna el 23 de mayo de 1526 (*Viajes de extranjeros por España y Portugal*, I, p. 853 a).

27. Luis de Pinedo, *Liber facetiarum*, BAE, 176, p. 99 a. El mismo mote aparece como anónimo en la *Miscelánea* de Zapata (núm. 81, I, pp. 190-191).

28. Será el poeta cuyos versos salen en el *Cancionero general* de Hernando del Castillo, núms. 922 y 981; en el *Cancionero del British Museum*, núms. 83 y 91; en el *Cancionero general de 1554*, núms. 16, 86 y 87, y en el *Cancionero de poesías varias (Ms 617)*, núms. 281, 282, 290, 312, 314, 315, 323, 324 (y 475).

suyos que zahieren a don Antonio de Velasco[29] y a Boscán.[30] Sobre todo moteja al almirante Fadrique Enríquez;[31]

— don Antonio de Velasco, primo de don Fadrique Enríquez, a quien debemos veintiuna composiciones incluidas en el *Cancionero general*, el *Cancionero de Juan Fernández de Constantina*, el *Cancionero del British Museum* y el *Cancionero de poesías varias (Ms 617)*,[32] una de las cuales había de recordar Gracián en la *Agudeza*.[33] El *Diálogo de la lengua* de Juan de Valdés, que copia tres motes en equívocos atribuidos a Antonio de Velasco,[34] *El cortesano* de Luis Milán, que refiere una escaramuza de motes entre este caballero y Juan de Mendoza,[35] el *Liber facetiarum* de Luis de Pinedo, que nos ha conservado una frase picante de don Antonio dirigida al almi-

29. Luis Milán, *El cortesano*, pp. 275-278.

30. Luis Zapata, *Miscelánea*, núm. 195, II, p. 241.

31. *Suplemento al Cancionero general de Hernando del Castillo*, núms. 185 (texto reproducido en *Cancionero de obras de burlas*, núm. 56, en *Cancionero de poesías varias (Ms 617)*, núm. 282, y en *Dichos graciosos de españoles*, núm. 174) y 187 (texto reproducido en *Cancionero de obras de burlas*, núm. 57, y todavía en la *Segunda parte del Cancionero general* de Esteban de Nájera, p. 196); *Cancionero de Juan Fernández de Ixar*, núm. 120 (texto reproducido en *Cancionero general de 1554*, núm 18, en *Cancionero de poesías varias (Ms 617)*, núm. 312, y en Zapata, *Miscelánea*, núm. 195, II, p. 271); *Cancionero de poesías varias (Ms 617)*, núm. 282 (el mismo en *Dichos graciosos de españoles*, núm 174) y núm. 314 (el mismo en *Dichos graciosos*, núms. 176-177. Véase también la *Miscelánea* de Zapata, núm. 195, II, p. 252); Luis de Pinedo, *Liber facetiarum*, pp. 112 b-113 a. Antonio de Guevara se cartea con este caballero (*Epístolas familiares*, I, p. 133).

32. *Cancionero general* de Hernando del Castillo, núms. 863 y 916 (el núm. 863 también aparece en el *Cancionero de Juan Fernández de Constantina*, núm. 138); *Suplemento al Cancionero general de Hernando del Castillo*, núms. 34-40 y 42-43; *Cancionero del British Museum*, núm. 80; *Cancionero de poesías varias (Ms 617)*, núms. 135-136, 284-287, 289, 296 y 318. Sobre el personaje y su obra, véase Ian Macpherson, «Conceptos e indirectas en la poesía cancioneril: el almirante de Castilla y Antonio de Velasco» en *Estudios dedicados a James Leslie Brooks*, Puvill, Barcelona, 1984, pp. 91-105.

33. *Agudeza*, I, pp. 252-253: «Si el mal que vos me habéis hecho» (*Cancionero general* de Hernando del Castillo, núm. 863).

34. *Diálogo de la lengua*, pp. 134-135, 136 y 138.

35. *El cortesano*, pp. 275-278.

rante,[36] hacían sospechar que el primo del almirante había sido gran motejador. Confirman esta hipótesis la publicación del *Cancionero de poesías varias (Ms 617)*, que incluye seis obritas de motes (núms. 284-287, 289, 318) debidas al ingenio de Antonio de Velasco, y el manuscrito de *Dichos graciosos de españoles*, que copia trece composiciones atribuidas al mismo caballero, cuatro de las cuales zahieren al almirante;[37]

— don Alonso de Aguilar, hermano del Gran Capitán,[38] quien dejó fama de ingenio agudo, según documenta la *Floresta española*[39] y todavía confirma el abad de Rute;[40]

— don Juan de Velasco, quien burla con don Manuel de Villena[41] y moteja, también él, al almirante Fadrique Enríquez.[42]

Aparte de próceres y caballeros también entran en el número de los motejadores conocidos en la época de Carlos V:

— el músico Gabriel de Mena, criado del almirante, a quien Menéndez Pelayo calificó con cierta condescendencia

36. BAE, 176, p. 103 a.

37. *Dichos graciosos de españoles*, núms. 8 y 159-170. El núm. 159 también aparece en el *Cancionero de poesías varias (Ms 617)*, núm. 318; el núm. 160, con atribución distinta, en el *Cancionero del British Museum*, núm. 94; el núm. 162 en el *Cancionero de poesías varias (Ms 617)*, núm. 286, y en la *Miscelánea* de Zapata, núm. 195, II, p. 252; el núm. 164 en el *Cancionero de poesías varias (Ms 617)*, núm. 135; el núm. 165 en el *Suplemento al Cancionero general de Hernando del Castillo*, núm. 43. Al ingenio de don Antonio atribuye el autor de las *Glosas al sermón de Aljubarrota* el conocido legado del portugués: «Mando miña fantasía / a meu filho môr, / porque he a cousa melhor / que na miña casa avia» (BAE, 176, p. 49 b). Menudearon los retruécanos sobre el apellido de don Antonio, si hemos de creer a Luis Milán: «don Antonio Vellaco», «don Antonio del Asco» (*El cortesano*, pp. 133 y 135).

38. Zapata, *Miscelánea*, núm. 139, II, p. 92.

39. *Floresta*, II, II, 14-21, y VII, II, 12-17.

40. Francisco López Estrada, *El Abencerraje y la hermosa Jarifa*, RABM, Madrid, 1957, p. 267.

41. *Dichos graciosos de españoles*, núm. 37.

42. *Dichos graciosos*, núm. 250. Ignoro quién es este caballero, a quien se refiere el doctor Villalobos en carta dirigida al almirante de Castilla, carta fechada del 23 de noviembre de 1518 (*Algunas obras del doctor... Villalobos*, p. 22).

de «poeta y músico con puntas de bufón»,[43] pero de quien recordó Luis Zapata que fue «muy admitido en el mundo y muy admitidos sus donaires y gracias»;[44]

— el bufón Francesillo de Zúñiga.

Esta lista impone una doble conclusión: la mayoría de los motejadores conocidos son próceres y caballeros cortesanos; la totalidad de los motejadores identificables frecuentan la corte. Dadas estas circunstancias no podemos dudar de que el motejar fuera en efecto pasatiempo cortesano. Refleja la realidad Antonio de Guevara cuando lo señala como entretenimiento ordinario de palacio: «no debe el cortesano alterarse ni escandalizarse ... si le motejó alguno en palacio».[45]

Todos los ejemplos aducidos hasta ahora se refieren al motejar cortesano, lo cual no significa que el motejar sea privativo de palaciegos. La corte es el círculo donde más claramente vemos funcionar esta forma de agudeza porque en la corte es donde con más facilidad se puede documentar. Pero este pasatiempo se extendía sin ninguna duda mucho más allá de fronteras tan estrechas. «Précianse todos de se motejar entre sí», advierte Cristóbal de Villalón,[46] afirmación que corroboran en época posterior, según hemos de comprobar, varios testimonios debidos a unos viajeros extranjeros. Con igual ardor debían de motejar no sólo títulos y cortesanos, sino también caballeros, hidalgos, eclesiásticos, oficiales y criados: la lectura de la *Floresta española* es reveladora al respecto. Tampoco dejaban las damas de practicar este juego de ingenio. Dos cronistas de la agudeza cortesana recuerdan la feliz memoria de doña Ana de Castilla, dama toledana, «la

43. *Antología de poetas líricos*, X, p. 221.

44. *Miscelánea*, núm. 195, II, p. 236.

45. *Menosprecio de corte y alabanza de aldea*, p. 114. Motejar es sin duda pasatiempo predilecto de los caballeros a través de Europa. Por lo que es de Francia recuérdese el texto de Montaigne: «les devis pointus et coupés que l'allégresse et la privauté introduit entre les amis gaussant et gaudissant plaisamment et vivement les uns les autres ...» (*Essais*, III, 8).

46. *El Scholástico*, p. 219.

muy decidora y muy avisada», escribe Luis Zapata,[47] «mujer grande habladora», dice en términos menos galantes Luis de Pinedo.[48] De arriba abajo la sociedad urbana del siglo XVI es invadida por la afición al motejar.

El motejar no se dirige únicamente a los individuos. También se aplica a edificios y pueblos, también se aplica a unas colectividades. Por lo que respecta a las colectividades baste recordar los motes que menudean sobre los habitantes de cualquier pueblo: motes que recaen sobre madrileños, vallisoletanos, toledanos o sevillanos —gatos, ballenatos, cazoleros, berengeneros, jaboneros—[49] y motes pueblerinos que tantas veces apunta el maestro Correas —los conocidos seudogentilicios estudiados por Julio Caro Baroja.[50] Categoría gemela de la anterior es la de los apodos que se aplican a los naturales de las varias regiones de la Península. Merece consultarse al respecto el elocuente bestiario, alguna vez halagüeño y en más ocasiones agresivo, que elabora (¿o recuerda?) Bartolomé Villalba y Estaña en *El peregrino curioso*:[51] el navarro es macho, el corito galgo, el andaluz tigre, el castellano viejo oveja, el valenciano armiño, el catalán mastín, etc.

Más fecundo, si pensamos en los ecos que despertó en la literatura, fue el uso de apodar edificios, jardines y pueblos. Parece haber descollado en tal ejercicio don Alonso Carrillo, caballero cortesano contemporáneo de los Reyes Católicos, alguna vez poeta,[52] el cual «de una casa que tenía los altos bien labrados y los bajos muy toscos, dijo que parecía camisa

47. *Miscelánea*, núm. 195, II, p. 258.

48. *Liber facetiarum*, BAE, 176, p. 116 b. Véase también *ibid.*, p. 112 b.

49. Véase Francisco Rodríguez Marín, *Apéndices* a *Don Quijote*, Atlas, 1947-1949, X, pp. 49-56.

50. *Razas, pueblos y linajes*, Revista de Occidente, Madrid, 1957, pp. 263 y 280-292.

51. «Bibliófilos Españoles», I, XXIII, vol. I, pp. 351-355. Es texto de la segunda mitad del siglo XVI.

52. Dos composiciones suyas en el *Cancionero general* de Hernando del Castillo (núms. 197 y 345).

de mujer»;[53] de la huerta sevillana de Alcoba, «que tiene muchos naranjos, con gran número de naranjas, dijo que parecían espinacas con garbanzos»;[54] «de Sevilla dijo que parecía a los trebejos de ajedrez, tantos prietos como blancos, por los muchos esclavos que hay en aquella ciudad».[55] Otros cortesanos, en especial don Alonso de Aguilar, ya recordado, otros caballeros y algún canónigo toledano también se dedicaban a este juego de ingenio, que igualmente solían practicar los truhanes —por primera vez, no por última, asoma a estas páginas el paralelismo entre caballero y bufón—, según documentan los citados capítulos de la *Floresta española*. No lo desdeñaban los propios soberanos: a Barthélémy Joly le cuentan que el rey Felipe II, gustando mucho de la vega de Calatayud, la comparaba con «un plato de ensalada de hierbas escogidas».[56] Definen estas frases, y sin duda otras muchas que no habrán llegado a nuestra noticia, una tradición ingeniosa en la que se alimentan en ocasiones las prosas de López de Úbeda y alguna vez los versos de Quevedo.

53. Santa Cruz, *Floresta española*, VII, II, 8, p. 194. Un apodo comparable, atribuido a otro ingenio, trae Luis Zapata: «Y don Enrique Enríquez, por la capilla del Gran Capitán en San Jerónimo, en Granada, dijo, como era de sillería lo alto y de obra tosca lo de abajo, que era camisa de holanda con faldas de estopa» (*Miscelánea*, núm. 195, II, pp. 268-269).

54. *Floresta española*, VII, II, 4, p. 193.

55. *Floresta española*, IX, VI, 5, p. 252. Se pueden leer más apodos atribuidos a don Alonso Carrillo en los dos capítulos citados de la *Floresta*.

56. *Viajes de extranjeros por España y Portugal*, II, p. 85 b.

III. FIGURAS DEL MOTEJAR. EL TRIUNFO DEL APODO. LA GLORIA DEL EQUÍVOCO

El apodo es una de las figuras predilectas del motejar. Ya he aducido algún ejemplo de él; recordemos dos más, un apodo debido al ingenio del conde de Chinchón y unas coplas que motejan al almirante don Fadrique:

> El duque de Alba y el conde de Chinchón y otros caballeros estando en palacio en Madrid, entró el condestable don Pedro de Velasco en la sala do estaban, con una ropa de martas, muy arrebozado, y como las martas fuesen de pelo crecido, tuvo lugar el apodarle, especialmente el conde de Chinchón, que dijo que parecía puerco espín.[1]

> De gatilla tiene el tono
> cuanto más alto se entona;

1. Luis de Pinedo, *Liber facetiarum*, BAE, 176, p. 100 a. Ya apelan al apodo, como es lógico, varias composiciones de fecha anterior: en forma esporádica las *Coplas del Provincial*, con más frecuencia las *Coplas de la Panadera*. Sistemáticamente lo emplea la relación de un torneo por Ferrán Manuel de Lande, obrita compuesta hacia 1415 (Castalia, «Clásicos Castalia», núm. 114, Madrid, pp. 84-89). Es de sospechar que aparte de las relaciones brillantes de torneos y justas existieran otras relaciones de las mismas fiestas, menos halagüeñas y más picantes. A Luis Zapata le escapa, al elogiar la justa real, un apodo significativo: «El justador ha de estar y pasear por la tela puesto sobre los estribos, y no sentado en la silla ni encogidas las piernas como gallina asada» (*Miscelánea*, núm. 125, II, p. 69).

de la cinta abajo es mona,
de la cinta arriba es mono,
patillas de macho toma
y las piernas de vencejo;
algo tiene de conejo,
mucho tiene de paloma.[2]

Estos apodos parecerán brutales. Aclaro en seguida que tal carácter no es privativo de los textos citados, textos que se hubieran elegido caprichosa o maliciosamente. Suele en efecto el apodo tal como lo practican los cortesanos hacer burla de los desperfectos corporales y hasta de las desgracias físicas; suele llevar a la animalización o a la reificación de los agredidos. Evidencia este carácter el ciclo de las coplas y dichos cortesanos que zahieren la corta estatura del almirante don Fadrique:

a) Al almirante no miren,
que no le podrán mirar;
y aunque de cerca le tiren,
no le podrán acertar.

Es jota del A.B.C.
y mínimo de natura;
y porque Módico fue,
módica fue su ventura.

Es obra de fray Juan de Melgar según los *Dichos graciosos de españoles*, del «discreto Gabriel» según Zapata.[3]

2. *Cancionero de poesías varias (Ms 617)*; núm. 318. El *Cancionero* y el cartapacio de *Dichos graciosos de españoles* (núm. 159) coinciden en atribuir estos versos a don Antonio de Velasco. Se atribuyen por otra parte al doctor Villalobos (*Algunas obras*, «Bibliófilos Españoles», XXIV, p. 93).

3. *Dichos graciosos*, núm. 171; *Miscelánea*, núm, 195, II, p. 252. También atribuye estos versos al doctor Melgar el *Cancionero de poesías varias (Ms 617)*, núm. 319. Don Fadrique fue señor de Módica, en Sicilia (*Miscelánea*, *loc. cit.*).

b) El almirante don Fadrique servía de maestresala un día a la reina doña Isabel, y don Juan de Mendoza hacía aire con un ventalle, porque era verano, y una vez descuidóse, y díjole la reina:

—¿Por qué no echas aire?

Respondió:

—Señora, por no llevar al maestresala de la mesa.[4]

La misma frasc atribuye la *Floresta española* a don Diego de Mendoza hablando de dos maestresalas anónimos.[5]

c) El conde de Ureña y el almirante don Fadrique estando reñidos sobre cierta cosa que el Conde había dicho del Almirante, el Almirante le escribió una carta de desafío; y el Conde, después de haber detenido muchos días al mensajero, le respondió por otra carta que decía:

—Muy ilustre señor, vuestra carta recebí, que ni quiero matar mono, ni que mono mate a mí.[6]

Este mote, calcado del conocido refrán «No quiero matar moro, ni que moro mate a mí», aparece como anónimo en la *Miscelánea*.[7]

d) *Respuesta de don Juan de Mendoza [al Almirante]*

De la copla que a mí toca
no es vuestro más del papel,
siento las manos de Coca
y oyo la voz de Gabriel.
Y pues que esto ansí es
no tengo ningún remedio,
pues que son contra mí tres
o a lo menos dos y medio.

4. *Liber facetiarum*, pp. 112 b-113 a.
5. *Floresta*, II, II, 33, p. 53.
6. *Liber facetiarum*, p. 99 a.
7. *Miscelánea*, núm, 81, I, pp. 190-191.

Son versos atribuidos a don Juan de Mendoza en el *Cancionero de Juan Fernández de Ixar*, en el *Cancionero de 1554* y en el *Cancionero de poesías varias*, a un fraile anónimo en la *Miscelánea*.[8]

Recordemos ahora las frases que aplica el bufón Francesillo de Zúñiga al Almirante de Castilla:

> Don Fadrique Enríquez, almirante de Castilla, se llegó al rey muy acompañado y dijo a Su Alteza: «Señor, cuanto a lo de Dios soy hombre, y cuanto a lo del mundo no lo parezco, y lo más del tiempo ando debajo de la tierra como topo».[9]
>
> Y el Almirante dijo: «... yo que estoy armado parezco cascabel plateado, y si por caso en la batalla me perdiere, no me busquéis hasta que llueva, como alfiler». Este Almirante fue buen caballero esforzado, animoso, parecía higo cocido en agua de dolientes o mono servante.[10]
>
> En este tiempo don Fadrique Enríquez, almirante de Castilla, después de la muerte de la condesa de Módica, su mujer, pareció ratón con gualdrapa.[11]

No aparece diferencia fundamental, según se puede apreciar, entre el ingenio que demuestra el bufón y el que manifiestan los cortesanos del Emperador. Confirma esta observación el famoso romance «En las Cortes está el rey», «cortesano romance de apodadura» en opinión de Luis Zapata, quien lo clasifica entre las obras que son «gentileza ... [y] ... gracia de caballeros»,[12] no vacilando en atribuirlo a don Luis de Ávila, comendador de la Orden de Alcántara, autor de los

8. *Cancionero de Juan Fernández de Ixar*, núm. 120; *Cancionero general de 1554*, núm. 18; *Cancionero de poesías varias (Ms 617)*, núm. 312 (es el texto que reproduzco); *Miscelánea*, núm. 195, II, pp. 271.

9. *Crónica burlesca*, p. 74

10. *Crónica burlesca*, p. 87.

11. *Crónica burlesca*, p. 167.

12. *Miscelánea*, núm. 222, II, p. 319. Utilizo, por motivos obvios, el texto del romance que copia Luis Zapata (*Miscelánea*, II, pp. 319-322).

Comentarios de la guerra de Alemania, «muy principal caballero y de muy buen gusto».[13] En el texto del romance que copia Luis Zapata surgen veintiún apodos. Once de ellos, un poco más de la mitad, aparecen en forma idéntica o muy parecida en la *Crónica burlesca* de don Francesillo de Zúñiga:

En las Cortes está el rey	*Crónica burlesca*
relleno de diaquilón	hecho de diaquilón (p. 128)
oso	osos (p. 75)
panadero	panadero (p. 71)
anadón	anadón (p. 112)
simio	mono (p. 87)
gozque	perro (pp. 77, 158)
	perra (p. 151)
	mastinazo (p. 132), etc.
dromedario	camello (p. 99)
galguillo	galgo (pp. 72, 123)
culebro	culebrinos (p. 150)
sastre	mujer de sastre viejo (p. 126)
capón	capón (p. 128)

En cuanto el mote zahiere el aspecto físico de los burlados, el motejar cortesano no se diferencia del motejar truhanesco; en cuanto el mote se reduce al apodo —que es el caso más frecuente—, coinciden ingenio bufonesco e ingenio cortesano.

De nada serviría adelantar la hipótesis de que los contemporáneos percibieran un matiz que se nos escapa entre agudeza cortesana y agudeza bufonesca. Se revelan tan incapaces como nosotros de vislumbrarlo. Claramente lo demuestra un lapso revelador de Jiménez Patón. Jiménez Patón suele citar de memoria la *Floresta española*, como lo hacen todos los escritores del Siglo de Oro; y como ellos —recuérdese que el

13. *Miscelánea*, núm. 222, II, p. 322.

maestro Correas se equivoca varias veces al referirse al libro de Santa Cruz— se confunde. Al citar el mote sobre el cardenal como chichón, ya apuntado más arriba, lo achaca a un truhán, cuando Santa Cruz lo atribuía a don Diego de Mendoza, conde de Mélito.[14]

Esta figura de la agudeza choca con nuestra sensibilidad de hombres del siglo XX. Cuestión de mentalidades sobre la cual resulta ocioso insistir. Tanto más nos molesta cuanto que parece poco dudoso que estos motes agresivos fueron los que con más frecuencia se dieron, los que con más fruición se repitieron durante más de un siglo entre cortesanos y discretos: lo sugiere una frase de Luis Zapata —«Los gordos se hacen terrero de graciosos y fisgantes, y son molde de dichos, de motes y de apodaduras»;[15] lo demuestran los siete capítulos de la *Floresta española* dedicados respectivamente a ciegos, chicos, largos, gordos, flacos, corcovados y cojos; lo confirma el que los ejemplos de apodos que trae tan elegante tratadista como Alonso López Pinciano se apoyan casi todos sobre estatura y gordura.[16] Pero fuerza es reconocer que nuestros antepasados —digo nuestros porque mis paisanos tampoco se mordían la lengua en lo de los apodos, según recordaré a continuación— no compartían nuestros escrúpulos. La *Floresta española* tiene clamoroso éxito; sin manifestar inquietud ni reparos comentan los tratadistas el apodo, incluyéndolo entre las metáforas[17] o en el género de la sátira;[18] muchos son los poetas y prosistas del siglo XVI que lo emplean sin el menor empacho, y basta recordar el nombre de Quevedo para darse cuenta de que el apodo tiene brillante porvenir en las letras.

14. *Elocuencia española en Arte* (1604), en *La retórica en España*, Editora Nacional, Madrid, 1980, p. 259.

15. *Miscelánea*, núm. 47, I, p. 127.

16. *Filosofía antigua poética*, III, pp. 49-50.

17. Jiménez Patón, *Elocuencia española*, ed. cit., p. 259.

18. Luis Alfonso de Carballo, *Cisne de Apolo* (1602), II, p. 68. Concreta Carballo que se permiten los apodos entre amigos.

Otra figura predilecta del motejar es el equívoco. Aquí también citaré unos ejemplos del juego de ingenio, procurando a continuación definir unos subgrupos suyos:

Si el almirante se parte,
donosa cosa será;
bien librada quedará
su amiga con la una parte.[19]

Burlándose un gentilhombre con unas señoras, dijo una de ellas:

—No diga locuras, que le atarán con una cuerda.

Respondió:

—Seguro estoy, que no la habrá entre vuestras mercedes.[20]

Un corregidor de Toledo, muy gordo, dormíase en cuantas visitas iba, aunque estuviese con señoras, estando en mitad de la plática. Y decía doña Ana de Castilla, la muy decidora y muy avisada:

—Por fuerza ha de tener el Corregidor mala residencia, porque le pondrán por capítulo que ha dormido con cuantas señoras en Toledo hay.[21]

Dentro de esta categoría tan importante cuantitativa y cualitativamente se pueden distinguir dos subgéneros:

a) *El juego de palabras sobre nombres de personas y lugares*

El precioso librito de Henry N. Bershas, *Puns on proper Names in Spanish*, me dispensa de enumeraciones. Únicamente aduciré un ejemplo:

19. *Dichos graciosos de españoles*, núm. 162. El dueño del cartapacio atribuye estos versos a don Antonio de Velasco; idéntica atribución propone el *Cancionero de poesías varias (Ms 617)*, núm. 686. En cambio Luis Zapata achaca los mismos versos a un «poetastro» anónimo (*Miscelánea*, núm. 195, II, p. 252).

20. Santa Cruz, *Floresta española*, VII, IV, 1, p. 203.

21. Zapata, *Miscelánea*, núm. 195, II, p. 258.

Proveyó el rey de España don Felipe, segundo de este nombre, por virrey de las Indias del Perú a don García de Mendoza, hermano de don Diego de Mendoza, marqués de Cañete, y pasó al Perú con su mujer, dejando acá un hijo que tenían, llamado don Hurtado. Estuvo en las Indias por virrey muchos años. El era muy cuerdo y muy allegado, y de sus acostamientos que ahorró y mandas que algunos le hicieron, cuando volvió a España, y sin mujer, que se le murió allá, trujo grandísima riqueza y grandísima cantidad de plata labrada en cántaros, tinajas, braseros y otras vajillas; y por alegrar un día a su hijo, que ya estaba con él, le dijo:

—Todo esto, Hurtado, hijo, es para ti.

Gentes maliciosas que estaban presentes glosáronlo como maliciosos, y uno de ellos dijo a los otros:

—Buena confesión ha hecho el marqués de Cañete (que ya lo era por muerte de don Diego, su hermano, sin hijos) sin que haya habido necesidad de tormento.

De lo cual rieron todos.[22]

b) *La cita bíblica*

El equívoco a base de cita bíblica puede ser inocente, según demuestra el ejemplo siguiente:

Pasaba el rey de Portugal por la Rua Nova de Lisboa, donde había juntas dos tenderas, una extrema de hermosa y otra extremadísima de fea, y llegóse un caballero muy su privado a él y díjole:

—Por la una de aquéllas dijo Dios: «Por ésta dejará el hombre su padre y su madre»; por esta otra: «No desearás la mujer ajena».[23]

Pero suele resultar venenoso, por aplicarse con frecuencia a los conversos:

22. Garibay, *Cuentos*, BAE, 176, p. 221 b. Obsérvese que los equívocos sobre apellidos se practican abundamentemente en un *gallo* universitario de 1619 (Aurora Egido, «*De ludo vitando*. Gallos áulicos en la Universidad de Salamanca», *El Crotalón*, I (1984), véase en especial p. 630).

23. Zapata, *Miscelánea*, núm. 195, II, pp. 241-242.

> Iba un caballero de noche encubierto, estando la corte en Medina del Campo, y dos confesos hermanos fueron tras él para conocerle, y él ya enfadado volvió a ellos y díjoles:
> —*Quem quaeritis ego sum.*[24]

> Un confeso mandó a un caballero unas perdices, y enviándole por ellas, no se las dio, antes decían siempre que no estaba en casa; y ya enfadado, envióle esta copla:
>
> Tres veces he ya enviado
> por las perdices, y más;
> y tantas habéis mandado
> que diga vuestro criado:
> «Tres veces me negarás».
>
> Si lo hacéis por ventura
> para venderlas, señor,
> mirad que vendáis mejor
> esta vez la criatura
> que la otra al Criador.[25]

Forma particular del equívoco es el juego de palabras por disociación. Baste un ejemplo de juego tan conocido:

> Su hijo [del conde de Ureña], don Juan Girón, siempre fue muy gordo. Alumbrando una noche de verano a su padre con una vela, que leía una carta, como resollaba de gordo muy recio y a menudo, dijo el conde a su mujer:
> —Señora, enviemos éste a Roma, que si no fuere Papa, será resolla.[26]

El equívoco parece vulgar a los hombres refinados que somos. Estamos por tachar de ordinarios, si no de tontos, a los cortesanos y caballeros que lo practicaron con tal entusias-

24. *Miscelánea*, núm. 195, II, p. 234.
25. *Miscelánea*, núm. 195, II, p. 259.
26. *Floresta española*, II, II, 4, pp. 45-46. El chiste aparece también en la *Miscelánea* de Zapata, núm. 195, II, p. 254.

mo. Esa tentación tropieza con un inconveniente bien conocido, aunque gustamos de eludir el hecho o de minorar su alcance: el que Góngora, Quevedo y el propio Gracián, entre otros muchos, siguen apegados a esta forma de agudeza y siguen aprovechando los equívocos que recogieron *El Sobremesa* de Juan Timoneda alguna vez (alguna vez únicamente dado que el recopilador más se atiene a la facecia que a la agudeza verbal) y en mucho mayor escala la *Floresta española*. No pretendo insinuar la especie de que Góngora, Quevedo y Gracián tuvieran que ir mendigando chistes de Santa Cruz. Pero no será ocioso recordar que unos ingenios de prodigiosa inventiva y que manejan con virtuosismo insuperable toda clase de juegos verbales apelaron a unos equívocos corrientes que flotarían en el aire y que conocería cualquier español medianamente agudo, posiblemente sin recordar que se hubieran estampado en las páginas de la *Floresta*. Conviene insistir sobre este fenómeno que evidenció Robert Jammes a propósito de las letrillas gongorinas. Demuestran estas coincidencias que se dan una continuidad y una solidaridad entre la agudeza oral de los caballeros del siglo XVI y la agudeza verbal de los versos de Góngora, de los versos y prosas de Quevedo, de la prosa de Gracián. Sin pretender agotar la materia —sería tarea faraónica—, reúno a continuación unas calas hechas en el fondo común de equívocos de que disponían los contemporáneos de Carlos V o de Felipe IV:

Blanca

Paseábase un galán delante de unas damas que todas eran morenas, a las cuales llegó un pobre a pedir limosna, y ellas enviáronle al galán, el cual le dio medio cuarto. Llamando ellas al pobre, y sabiendo la cuantía que le había dado, corríanle diciendo:

—Pues, ¿cómo, señor, no había un cuarto en poder de vuesa merced?

Respondióles él:

—No se maravillen vuesas mercedes que en mí no haya un cuarto, pues en vosotras no hay una blanca.

(*El Sobremesa*, I, 86)

El cuentecillo se repite en la *Floresta española*, XI, IV, 6, p. 281; el equívoco en el romance gongorino «Dejad los libros ahora», en la comedia de Lope *La batalla del honor* (jornada II, *Acad. N.*, III, p. 596), en la comedia de Alarcón, *La industria y la suerte* (jornada II, BAE, XX, p. 31 a). Más frecuente aún es el equívoco sobre blanca / doña Blanca que ya aparece en la *Floresta* (III, V, 4, p. 97).

Cámara / cámaras

Posó un escudero en casa de un obispo de este reino, y hiciéronle la cama en un corredor, sin ponerle servicio ninguno de los necesarios. A la medianoche diéronle al escudero recias cámaras, que tuvo necesidad de levantarse cuatro o cinco veces. Fue tan grande la correncia que le recreció del frío, que hubo de henchir la cama. Y pareciéndole después que si el obispo lo sabía, le sería gran afrenta, dijo a un criado del obispo, partiéndose muy de mañana:

—Decid a su Señoría que, pues no me mandó dar cama en cámara, que ahí le dejo cámara en cama.

(*Floresta*, I, IV, 4, p. 25)

Compárese *Guzmán de Alfarache*, I, II, 6, p. 303; *El Buscón*, p. 220, y Tirso de Molina, *La Santa Juana. III*, I, en *Obras*, I, p. 747 b.

Por no dar

Un escudero muy lacerado dijo a uno que le mandaría dar palos. Respondióle:

—No creo que lo haréis, porque al fin es dar.

(*Floresta*, VII, VII, 10, p. 214)

El cuentecillo reaparece, con alguna variante, en el *Tesoro* de Covarrubias y en el entremés *Los cuatro galanes* de Benavente (Cotarelo, núm. 220, p. 519 b). El gato gentilhombre de Quevedo (*Poesía*, núm. 750) recuerda el juego equívoco:

no me da jamás castigo;
sólo tengo ese regalo;
aunque yo sospecho de él
que, por no dar, no me ha dado.

El jubón y la camisa

Estándose vistiendo un mancebo ladrón que acababan de azotar, y dándose priesa por ahorrar la grita de los muchachos, dijo uno de dos hombres que lo estaban mirando al otro:

—¿Habéis visto, y qué priesa se da en vestirse?

Respondió el otro:

—Mirad qué tanta, que se ha vestido primero el jubón que la camisa.

(*El Sobremesa*, I, 90)

Con satisfacción reproduce el equívoco un siglo poco propenso a compadecerse de los azotados: *Guzmán de Alfarache*, I, I, 5, p. 175, y I, III, 5, pp. 393-394; Covarrubias, *Tesoro*, p. 279 a; Lope de Vega, *El castigo del discreto*, II, *Acad. N.*, IV, p. 204 b; Quevedo, *Poesía*, núm. 855; Gracián, *Criticón*, II, 1, p. 677 a.

Mozo

A un loco que estaba en la casa del Nuncio, preguntóle un viejo qué haría para tornarse mozo. Respondióle:

—Rápate.

Replicó el viejo:

—¿Y si eso no bastare?

Dijo el loco:

—Ponte con un amo y tornarte has luego mozo.

(*Floresta*, VI, III, 11, p. 159)

Se repite el equívoco en el *Tesoro* de Covarrubias (p. 113 a), en la comedia de Lope *La viuda valenciana* (jornada III, BAE, XXIV, p. 86 c) y en el romance «Viejo verde, viejo verde» (Quevedo, *Poesía*, núm. 692).

Quitar el sombrero

> A los hombres quitábamos el sombrero, deseando hacer lo mismo con sus capas.
>
> (*El Buscón*, p. 206)

Esbozado en un cuentecillo de *El Sobremesa* (II, 60) y otro de la *Floresta española* (VI, III, 12, p. 159), el equívoco viene a ser clásico en las primeras décadas del siglo XVII: Lope de Vega, *El galán de la Membrilla*, I, BAE, 211, p. 302 b; Benavente, *Entremés del Doctor Sánalotodo*, Cotarelo, p. 704; Jacinto Alonso Maluenda, *Cozquilla del gusto*, p. 118.

Servidor / servicio

> Llamaba a la puerta de su dama un galán, y ella ya mohína, aunque lo conoció, díjole quién era. Respondióle muy requebradamente:
>
> —Señora, es un servidor suyo.
>
> Respondió ella entonces:
>
> —Y aun por ese hiede tanto.
>
> (*El Sobremesa*, I, 30)

De envidiable boga gozó este equívoco: *Floresta*, III, IV, 2, p. 94; Góngora, *Letrillas*, pp. 63, 121 y 141; López de Úbeda, *La pícara Justina*, pp. 512-513; Quevedo, *El Buscón*, pp. 173-174, *Poesía*, núms. 764, 778 y 788, entremés de *Diego Moreno* (Asensio, *Itinerario del entremés*, p. 268); Calderón, *Guárdate del agua mansa*, II, BAE, IX, p. 386 a.

Sonado

Escribió uno a un su amigo que le avisase qué era lo que más se sonaba en la Corte. Respondió: «Narices».

(*Floresta*, VII, VIII, 6, p. 217)

Se repite en cantidad de textos: el romance gongorino «A vos digo, señor Tajo»; el romance «Tanta Zaida y Adalifa» (*Romancero general*, núm. 120); López de Úbeda, *La pícara Justina*, p. 186; Quevedo, *Poesía*, núms. 684, 737 y 781; Rojas Zorrilla, *No hay amigo para amigo*, II, BAE, 54, p. 93 a, *El desafío de Carlos V*, II, *ibid.*, p. 413 b, *Don Pedro Miago*, I, *ibid.*, p. 528 c; Gracián, *El Criticón*, I, XI, p. 628 b.

Las coincidencias entre los equívocos que admiten los escritores del Siglo de Oro y los que apunta Santa Cruz en la *Floresta*, coincidencias cuya lista sin dificultad se podría ampliar («bajos», «cuartos», «levante», «soltar presos», etc.), no representan más que un caso particular de un fenómeno más general. Todos los aficionados a la literatura del siglo XVI saben que varios equívocos de los que siguen echando mano los mejores ingenios del siglo XVII son de venerable antigüedad. Unos aparecen ya bajo la pluma de Antonio de Guevara: el conocido «siempre andaba por las iglesias, y no de puro buen cristiano» del *Buscón*[27] o el juego sobre «silla» y «albarda» que practican Lope y Tirso.[28] Otros en el teatro antiguo: es el caso del popularísimo «cardenal».[29] Algún otro —«sier-

27. Guevara, *Epístolas familiares*, II, p. 183; Quevedo, *El Buscón*, p. 85.

28. Guevara, *Epístolas familiares*, II, p. 391; *Auto del sacrificio de Abraham*, BAE, 58, pp. 18 b-19 a; *Tragedia Policiana* (*Orígenes de la novela*, III, p. 36 a); Luis de Pinedo, *Liber facetiarum*, p. 116 a; Lope de Vega, *El amante agradecido*, II, *Acad. N.*, III, p. 118 a; Tirso de Molina, *Amar por señas*, II, en *Obras dramáticas*, I, p. 1688 b, y *La huerta de Juan Fernández*, I, en *Obras dramáticas*, III, p. 603 b.

29. Sobre este equívoco y su fortuna, véase Frida Weber de Kurlat, *Lo cómico en el teatro de Fernán González de Eslava*, pp. 170-171.

vo»/«ciervo»— aparece, creo que en fecha más tardía y, como es lógico, en texto debido a un andaluz —Juan de Mal Lara— antes de ser adoptado por Góngora, Quevedo, Benavente, Calderón y algunos más.[30]

Caso particular del equívoco es el juego de palabras por disociación que practican ardorosamente los cortesanos del Emperador y que tampoco va cediendo terreno en la primera mitad del siglo XVII. Dejemos aparte el trillado «sastre» / «desastre» cuya fortuna se prolonga de Torres Naharro a Gracián (y sin duda más allá), y recordemos unos ejemplos significativos tanto por su frecuencia como por la categoría de los escritores que los manejan:

— «barbacana» / «barba cana» es juego verbal que se atribuye al ingenio del conde de Ureña (*Glosas al sermón de Aljubarrota*, p. 60 b). Repiten el equívoco Eugenio de Salazar en una carta suya (BAE, 62, p. 291 a), la *Floresta* de Santa Cruz (II, II, 10, p. 47; VIII, II, 14, p. 225; X, VII, 12, p. 289), la *Miscelánea* de Luis Zapata (núm. 110, II, p. 42), el romance gongorino «Castillo de San Cervantes», *Las seiscientas apotegmas* de Juan Rufo (núm. 33), *La pícara Justina* (p. 156), una comedia de Lope (*La discreta enamorada*, I, BAE, 247, p. 142) y unos versos de Quevedo (*Poesía*, núm. 697);

— «devota» / «de bota» aparece en el teatro de Torres Naharro (*Comedia Ymenea, Introyto*). Echan mano de él el autor del romance «Señores papantes aire» (*Romancero general*, núm. 665 —es texto publicado en la *Flor* de Luis de Medina, Toledo, 1596), Gaspar Lucas Hidalgo en sus *Diálogos de apacible entretenimiento* (BAE, 36, p. 282 a), el pro-

30. Juan de Mal Lara, *Filosofía vulgar*, II, p. 178; Góngora, «A vos digo, señor Tajo»; Juan de Salinas, *Poesías humanas*, núm. 9; el romance «Mancebetes de mi pueblo» (*Romancero general*, núm. 343); entremés del *Triunfo de los coches* (Cotarelo, núm. 54, p. 214 a); entremés de *Los alcaldes* (Cotarelo, núm. 286, p. 678 b); [?], *Quien bien ama tarde olvida*, II, *Acad. N.*, IX, p. 93 b; Correas, *Vocabulario de refranes*, p. 165 b; Quevedo, *Poesía*, núm. 641; Calderón, *La señora y la criada*, I, BAE, IX, p. 29 a.

pio Cervantes, tan poco dado a este tipo de juegos verbales (*Quijote*, II, 13), Góngora en el soneto «Cierto poeta, en forma peregrina» (Millé, *Sonetos atribuibles*, LXXV), Quiñones de Benavente en el *Entremés de los dos alcaldes encontrados* (Cotarelo, núm. 285, p. 673 b), Jacinto Alonso Maluenda en el *Tropezón de la risa* (p. 286), Calderón (*La estatua de Prometeo*, II, BAE, XII, p. 708 a) y Gracián (*Criticón*, II, 5, p. 729 a);

— «damas» / «da más». Se remontará su fe de bautismo a 1554, año en que se imprime la *Comedia Florinea* (*Orígenes*, III, p. 227 b). Vuelve a salir el equívoco en la canción «Amor, no me sigas más» (*Flor de romances*, Zaragoza, 1578) y en el romance «De unos días a esta parte» (*Romancero general*, núm. 777), en el *Guzmán* apócrifo (*N P*, p. 597 a), en *La pícara Justina* (pp. 427 y 723), en una comedia de Tirso (*Tanto es lo de más como lo de menos*, I, en *Obras*, I, p. 983 b) y en *El siglo pitagórico* de Antonio Enríquez Gómez (p. 116). Felizmente inspirado en esta ocasión, Covarrubias pone en duda la validez etimológica del chiste (*Tesoro*, p. 442 a);

— «martingala» / «Martín-gala». Documenta el equívoco *El cortesano* de Luis Milán (pp. 27-28), aparición temprana que no sorprende puesto que también es chiste de Rabelais. Varias veces lo repite Quevedo (*Poesía*, núms. 618, 657 y 763).

Más clara veríamos la historia del equívoco si poseyéramos más estudios comparables con la investigación modélica que debemos a Antonio Alatorre sobre la fortuna de los versos gongorinos: «él fue pasado por agua, / yo estrellada mi fin tuve».[31] A falta de ellos, espero que los apuntes que se pueden leer más arriba, con todo lo incompletos que son, permitirán

31. «Fortuna varia de un chiste gongorino», *NRFH*, XV (1961), pp. 483-504.

formar una idea de la expansión y supervivencia de unos equívocos familiares en las letras del Siglo de Oro.[32]

Muy lejos de censurar esta figura que andando el tiempo ha de caer bajo los anatemas de clásicos y neoclásicos, o por lo menos de poner algún reparo sobre su empleo, no se cansan los ingenios del siglo XVI y de las primeras décadas del XVII de alabar el equívoco:

> Digo que tenemos muy muchos vocablos equívocos, y más os digo que, aunque en otras lenguas sea defecto la equivocación de los vocablos, en la castellana es ornamento, porque con ellos se dicen muchas cosas ingeniosas, muy sutiles y galanas.[33]

> Otros [de los dichos que recopila la *Floresta*] tienen su sal en las diversas significaciones de un mismo vocablo, y para esto es menester que ansí el que lo escribe como el que lo lee tenga ingenio para sentirlo y juicio para considerarlo.[34]

32. Lo mismo se podría delinear la genealogía de varias formas de paronomasia, figura que alaban unos buenos ingenios, aunque no con tanto fervor como el equívoco. «Es... muy acomodada para donaire y agudeza», escribe Juan de Robles (*El culto sevillano*, p. 199), y Rodrigo Caro, elogiando a Juan de Salinas, «agudísimo en sus conceptos», observa que «ninguno usó de la alusión o paronomasia de los nombres con mayor ventura y ajustamiento» (véase Alberto Blecua, prólogo a Juan Rufo, *Las seiscientas apotegmas*, Espasa-Calpe, «Clásicos Castellanos», núm. 170, Madrid, p. 107, nota 8). Dos ejemplos de estas genealogías:

— albarda / alabarda: Lucas Fernández, *Farsas y églogas*, Castalia, «Clásicos Castalia», núm. 72, Madrid, p. 152; Sebastián de Horozco, *Cancionero*, núm. 300; Eugenio de Salazar, *Cartas*, BAE, LXII, p. 290 b; Santa Cruz, *Floresta*, VII, I, 28, p. 191 (de allí pasará al *Deleite de la discreción*, de 1743, núm. 2196). Correas, en su *Arte de la lengua* (p. 413), cita *alabardero / albardero* como ejemplo de paronomasia clásica —y verosímilmente lexicalizada.

— romera / ramera aparece bajo la pluma de Guevara (*Epístolas familiares*, I, p. 226) y en *El cortesano* de Luis Milán (p. 279). Se repite en el romance «A ver la feria de Sevilla», impreso en 1593 (*Fuentes del Romancero general*, III, fol. 219 r.°), en *Guzmán de Alfarache* (II, III, 2, p. 764), en *Persiles* (ed. Schevill-Bonilla, II, p. 181), y dos veces en el *Criticón* (I, VIII, p. 591 b, y III, X, p. 968 a). Correas la apunta dos veces en su *Vocabulario de refranes* (pp. 559 b y 564 b) y la da como clásica en su *Arte de la lengua* (p. 413).

33. Juan de Valdés, *Diálogo de la lengua*, p. 133.

34. Santa Cruz, *Floresta española*, Dedicatoria.

Y de este disímil y del símil, jugando del equívoco, se harán mil formas de mover a risa, y especialmente en castellano porque abunda de más equívocos que otra alguna nación, así como el griego de metafóricos.[35]

Mas para el decir no hay nación tan aguda como la española, ni lengua con equívocos, con retruécanos, con mil diferencia de gracias tan acomodada ...[36]

En nuestra lengua castellana tenemos muchos nombres equívocos, lo cual es ocasión de algunas galanterías y dichos agudos, jugando del vocablo tomado en diversas significaciones.[37]

Juan de Robles, después de citar un epigrama de Marcial fundado en un equívoco, lo comenta en la forma siguiente:

Esto, dicho por artificio, es galanísimo, y ocasionado para muy buenos dichos; agudeza muy propia y antigua de ingenios españoles, como se ve en lo que cuenta Aulo Gelio, libro IX, capítulo XV, de nuestro Antonio Julián que, preguntado de sus discípulos qué le parecía de un estudiante que había en unas conclusiones argüido muy pesada y confusamente, respondió que «verdaderamente es discreto sin duda ninguna». Donde, pareciendo que quería decir que no había duda en que era discreto o sabio, no dijo sino que mientras que no le ponían dudas ningunas era sabio, porque en poniéndoselas mostraba no serlo.[38]

El maestro Correas recoge con evidente fruición las frases equívocas. Recordemos un ejemplo, de los decentes (que son los menos): «Uno nada, y otro nonada». «Por antigüedad tiene gracia», subraya el autor del *Vocabulario de refranes*.[39]

Pero aún mayor trabajo pasan cuando quieren traducir alguna poesía castellana, cuya gracia es imposible guardar en

35. López Pinciano, *Filosofía antigua poética*, III, p. 49.
36. Luis Zapata, *Miscelánea*, núm. 195, II, p. 233.
37. Covarrubias, *Tesoro de la lengua*, p. 528 b.
38. Juan de Robles, *El culto sevillano*, p. 171 (aduce a continuación una serie de equívocos de Juan Farfán).
39. *Vocabulario de refranes*, p. 180 a.

otra lengua, porque suele ser sabrosísima por mil maneras, y todas brevísimas y agudísimas, como es con la mudanza de una letra, o del acento, o alusión o equivocación con un eco, en las cuales cosas creo que aún se quiere ir a las barbas a la lengua latina y griega.[40]

No deja de impresionar consenso tan armonioso y tan inaudito. Sobre las excelencias de esta figura están de acuerdo hombres de estirpes y culturas muy distintas: el fino catador de la lengua y la literatura que es Juan de Valdés, un hombre «de ningunas letras» como Santa Cruz, un médico erudito, un cortesano culto, unos sabios clérigos y un sapientísimo catedrático. Unidos en maravillosa conformidad, celebran las múltiples virtudes del equívoco. El equívoco se da con frecuencia en la lengua española (Valdés, López Pinciano, Zapata, Covarrubias); tal frecuencia es superioridad con relación a otros idiomas (López Pinciano, Zapata); este carácter, que podría ser defecto en otros idiomas, es mérito en la lengua española (Valdés); en fin, la venerable antigüedad es fiadora de la validez de los juegos equívocos (Juan de Robles). ¡Cuán relativo es el concepto de gusto! Solía la Reina Católica hablar de «buen gusto»:[41] apostemos a que los criterios de este buen gusto poco tendrían que ver con los de Boileau.

Dadas estas circunstancias no es de extrañar que el equívoco se considere como elemento fundamental de la agudeza. Sabido es que durante más de un siglo y con notable continuidad, mucho antes de que proclame Gracián que «la agudeza prevalece en ellos», los españoles —unos españoles doctos en su casi totalidad— se ufanan de su propia agudeza y la van

40. *Equívocos morales del Doctor Viana*, en *Las apologías de la lengua castellana en el Siglo de Oro*, «Los Clásicos Olvidados», VIII, p. 184. Desconozco la fecha exacta de este texto.

41. Ramón Menéndez Pidal, «El lenguaje del siglo XVI», en *La lengua de Cristóbal Colón ... y otros estudios sobre el siglo XVI*, Espasa-Calpe, «Austral», núm. 280, Madrid, p. 54.

encareciendo: Juan de Valdés en el *Diálogo de la lengua* (1535),[42] Cristóbal de Villalón en *El Scholástico* (hacia 1540),[43] Melchor de Santa Cruz en la dedicatoria de la *Floresta* (1574), Argote de Molina en su *Discurso sobre la poesía castellana* (1575),[44] Suárez de Figueroa en la *Plaza universal* (1615),[45] Juan de Robles en *El culto sevillano* (1631).[46] ¿En qué consiste dicha agudeza? No lo concretan Argote de Molina y Suárez de Figueroa, pero sí Juan de Valdés, Cristóbal de Villalón y Juan de Robles. Al motejar se refiere Villalón; Valdés y Robles se refieren al equívoco. (¿Será atrevido estimar que en la misma figura, de la que tantos ejemplos ofrece su colección, pensará Santa Cruz?) El equívoco anda muy lejos de ocupar un lugar de honor en la enmarañada selva de la *Agudeza* que ha de definir Gracián. Pero es piedra angular de la agudeza tal como la practican los cortesanos y caballeros en tiempos de Carlos V y de Felipe III.

La desazón que inspiran a los modernos apodos y equívocos asoma alguna vez en los textos del siglo XVI. Los tratadistas de la vida palaciega y de la urbanidad recomiendan incansablemente la moderación a los motejadores, cuya violencia verbal conocerían mejor que nosotros. La *Doctrina de gentileza* del comendador Hernando de Ludueña, texto que entra en el *Cancionero general* en 1514,[47] ya procura refrenar la labia de los cortesanos. Las mismas reglas, u otras parecidas, se repiten en todos los textos del siglo XVI que se ocupan del problema. La primera —regla de oro que unánimes enuncian Castiglione, Luis Milán, Cristóbal de Villalón y Lucas Gracián Dantisco— es que el cortesano nunca se ha de rebajar al

42. *Diálogo*, p. 135.
43. *El Scholástico*, p. 222.
44. *La retórica en España*, Editora Nacional, Madrid, 1980, p. 204.
45. Texto citado por Andrée Collard, *Nueva poesía. Conceptismo, culteranismo en la crítica española*, Castalia, Madrid, 1967, p. 86.
46. *Ibid.*, pp. 85-86.
47. *Suplemento al Cancionero general*, núm. 178.

nivel del bufón y siempre ha de cuidar de diferenciarse de él.[48] Más concretamente, el cortesano deberá tener en cuenta el sitio en que se mueve, el momento en que habla y la calidad de la persona a quien se dirige;[49] evitará en especial, por obvios motivos de prudencia, burlar con los poderosos.[50] Más concretamente aun ha de considerar el cortesano que el buen gusto excluye una serie de bromas: queda prohibido en especial «el mote descubierto», que consiste en burlar de los desperfectos corporales,[51] y queda prohibido el apodo vulgar:

> Hay asimismo algunos que huelgan de apodar hombres y mujeres a caballos, a perros, a aves, a casas, a carros y a semejantes disparates, lo cual algunas veces parece bien, otras es una muy gran frialdad.[52]

Sobre todo —y los tratadistas españoles van insistiendo con vigor creciente sobre el particular según avanza el siglo— evitará el cortesano «motejar de linaje»:[53] la admonición no sorprende en una época en la que tan trágica importancia ha tomado en el vivir de los españoles el concepto de limpieza de sangre. A fines del siglo, Luis Zapata, avezado a las costumbres de palacio, propone extensa lista de las personas y asuntos que no ha de rozar la lengua maliciosa del buen motejador:

> Mas en los dichos y motes ... concluyo que se han de guardar estos términos: que no sean sucios ni deshonestos, ni desacatados a Dios ni al rey; ni de lástima ni malicia; ni

48. Castiglione, *El cortesano* (trad. de Boscán), p. 213; Cristóbal de Villalón, *El Scholástico*, p. 219; Lucas Gracián Dantisco, *Galateo español*, p. 148.
49. Castiglione, *El cortesano*, pp. 241 y 259; *El Scholástico*, p. 224; Zapata, *Miscelánea*, núm. 81, I, p. 201.
50. Castiglione, *El cortesano*, p. 214; Zapata, *Miscelánea*, núm. 81, I, p. 201.
51. *El Scholástico*, p. 222; *Galateo español*, p. 148.
52. Castiglione, *El cortesano*, p. 241.
53. *Galateo español*, p. 148.

> contra la honra que en los hombres consiste en la valentía y en la honestidad de las mujeres; ni de cosa que se está ella dicha; ni contra el pobre ni afligido, que es crueldad; ni al poderoso, que no conviene; ni al amigo, que no es razón, y es perderle; ni al enemigo, que es provocarle; ni al padre, ni al hijo, ni al hermano, ni a la mujer ... Que sean las cosas galanas, agudas y nuevas y leves; que no toquen en lo vivo, sino que solamente pasen por las plumas por alto.[54]

Ya sabemos cuán relativamente respetaron tales preceptos cortesanos y caballeros. Esta misma insistencia de los tratadistas demuestra que los progresos de la delicadeza en el arte de motejar fueron insignificantes, a no ser que fueran nulos, a lo largo del siglo XVI. Agudamente observó Norbert Elias que las reglas de la urbanidad, una vez que se han aceptado, suelen desaparecer de los manuales pedagógicos.[55] La constante repetición de las mismas prohibiciones hace sospechar que dichas prohibiciones se acatarían, pero no se obedecerían. Querer poner frenos al motejar en el siglo XVI era querer poner puertas al campo. Muy dudoso parece que el motejar haya perdido algo de su virulencia durante el reinado de Felipe II y hasta en las primeras décadas del siglo siguiente. Ha de escribir Quevedo en un arranque de generosidad que «los enanos, agigantados, contrahechos, calvos, corcovados, zambos y otros que tienen defectos corporales... fuera inhumanidad y mal uso de razón censurar ni vituperar, pues no adquirieron ni compraron su deformidad»: [56] la frase no pasa de ser concesión verbal, como bien saben los lectores de la poesía quevediana. Gracián ha de citar entre los ejemplos de «prontas retorsiones» un mote de la *Floresta* que leemos no sin cierto malestar:

54. *Miscelánea*, núm. 81, I, p. 201.
55. *La civilisation des moeurs*, p. 245.
56. *Capitulaciones de la vida de corte*, Espasa-Calpe, «Clásicos Castellanos», núm. 56, Madrid, p. 93.

> Uno que era tuerto de un ojo topó una madrugada, cuando quería amanecer, a un corcovado y díjole:
>
> —Compadre, de mañana habéis cargado.
>
> Respondió el corcovado:
>
> —Por cierto sí es de mañana, pues vos no tenéis abierta más de una ventana.[57]

En este terreno, las reacciones de los escritores, las de los mejores ingenios, reflejan verosímilmente las costumbres de la época. «No conviene —dictamina el Doctor de *El Pasajero*— ni es lícito menospreciar los que menos saben o pueden; antes se debe tener de ellos piedad y compasión ... Es justo usar de este mismo término con los que descubren en sí alguna lesión natural, tales son los corcovados, tullidos, mudos, sordos y mancos.» Pero observa poco después que mal se practican estos preceptos tan razonables como caritativos: «Huid asimismo de acompañaros con quien padezca alguna deformidad y corporal lesión, como tuertos, cojos, gibados; ya que os pondrán los apodos que aplican a su fealdad en ocasión de perder la paciencia».[58] (Acaso proyecten estas observaciones nueva luz sobre la violencia de las sátiras personales que escriben Góngora, Quevedo y algunos más.)

El *Diccionario de Autoridades* propone una breve definición del motejar: «notar, censurar las acciones de alguno con apodos u motes». Definición valiosa porque apela al concepto de apodar, que tantas veces se confunde con el motejar. Pero definición que peca de optimista por conferir al motejar un propósito moral a todas luces excesivo. El motejar no va encaminado a enmendar conductas; el motejar pica, muerde y zahiere. Pertenece a la categoría del ingenio agresivo defini-

57. *Floresta española*, VIII, VI, 3, p. 231. Prefiero citar el texto de Santa Cruz, por ser más inteligible. Compárese *Agudeza*, I, p. 189. Con idéntica admiración citan el mismo mote Gracián Dantisco (*Galateo español*, p. 148) y Carballo (*Cisne de Apolo*, II, p. 68).

58. *El Pasajero*, pp. 304 y 348.

do por Freud, ingenio que tan frecuentemente se manifestó y se manifiesta en los círculos reducidos, cualesquiera que sean, y en especial en los círculos cortesanos del Siglo de Oro. No se les escapó esta realidad a los contemporáneos. «Si es malicioso [el rico], lo llaman astuto ... si mordaz, cortesano», escribe Mateo Alemán,[59] y haciéndole eco unas décadas más tarde, Tallemant des Réaux, refiriéndose a la vida de corte en época de Luis XIII: «este ingenio algo malicioso, que es el que más gusta».[60]

Erraríamos el camino si creyéramos que únicamente unos hombres frívolos hicieran caso del motejar. Primero porque arbitrario sería decretar que todos los títulos y caballeros del siglo XVI fueran unos mediocres. Pero además, los buenos ingenios del siglo que tratan del motejar o a él se refieren lo suelen alabar. El único en emitir unos reparos sobre este pasatiempo es Damasio de Frías: «el motejar, que algunos lo tienen por muy intrínseco de la gracia (aunque a mí no me lo parece) ...».[61] En cambio lo aprecia Juan de Valdés, quien cita elogiosamente en el *Diálogo de la lengua* tres motes a base de equívocos atribuidos a don Antonio de Velasco,[62] uno de los cuales se le antojó insulso a Menéndez Pelayo.[63] Pero sobre todo conviene releer el fragmento de *El Scholástico* en que uno de los interlocutores, replicando a otro que se había atrevido a censurar esta forma de ingenio, elabora una defensa e ilustración del motejar:

> Tacháis con todas vuestras fuerzas el motejar que hay en nosotros, en lo cual no tenéis razón, pues entre los antiguos

59. *Guzmán de Alfarache*, I, III, 1, p. 354.
60. *Historiettes*, II, p. 287.
61. *Diálogo de la discreción* (1579), en *Diálogos de diferentes materias*, «Colección de Escritores Castellanos», núm. 161, p. 157.
62. *Diálogo*, pp. 134-135, 136 y 138.
63. *Antología de poetas líricos castellanos*, CSIC, III, p. 157.

sabios fue cosa tan usada y de que se preciaban todos como de gracia muy notable y que les daba gran loor a quien lo sabía mejor hacer. Y si no me creéis, leed qué persona fue Tulio en elocuencia y saber y cuánto de ello se preció, de tocar a todos los varones de estima de su tiempo con motes y donaires de mucha gracia; y si todos lo sufrían sin se afrontar, era porque veían que era cosa muy usada y de gran loor, y ellos le llamaban su truhán, y fue notado entre todos los romanos por el más agudo en aquel género de decir. Pues mirad si esto es falta de reprehender, que Platón quiere en sus libros *De república* que el buen varón de ella sepa motejar, y muestra que Sócrates con toda su gravedad lo usó con sus amigos en convites y ayuntamientos. Pues Macrobio en su segundo *Saturnal* aprueba el buen decir de motes y donaires, y trae muchos ejemplos de antiguos sabios que se preciaron de ellos y recolígelos allí. Aquel gran Plutarco tanto lo aprobó que por lo enseñar a todos los buenos varones, entre los libros de su filosofía moral hizo un particular libro llamado *Apotemas*, en el cual puso todos los donaires y dichos graciosos de sabios antiguos, griegos y latinos. Así que, pues tanto varón excelente ha aprobado este género de decir, de creer es que tuviese en sí algún bien; y no lo podemos negar, pues en él se aviva el juicio y se afina la industria y se adelgaza el ingenio y se perfeccionan los hombres en la invención, buscando maneras de decir sutiles y agudas con las cuales se motejan en las buenas conversaciones para su pasatiempo y placer. Todo esto ha sido, señor Manrique, para os persuadir que de aquí adelante tengáis a los castellanos en más porque ellos mejor que otra alguna nación usan de este género de agudeza, pues de sabios es tan aprobada y estimada; y si lo reprehendéis entre sabios varones, tenerlo han por pura pasión.[64]

Fiadores del motejar son Sócrates y Cicerón; Platón, Macrobio y Plutarco lo escudan con su autoridad: el texto, en el

64. *El Scholástico*, p. 172.

que se trasluce además evidente orgullo nacional, es perfectamente elocuente.[65]

Tal orgullo es legítimo. Subraya Castiglione la destreza de los españoles en el arte de motejar: «pare ancor che ai Spagnoli sia assai proprio il motteggiare» (II, 42). Más concretamente, al alabar el equívoco, demuestra gran admiración por el donaire con que esgrimen los españoles esta forma de agudeza: dos equívocos de los que cita a continuación se deben, el primero a Diego de Quiñones, el segundo a Alonso Carrillo.[66] Fuera de la Península son testimonios aislados en aquella época, hasta donde alcanzo. Pero los van a ratificar en las décadas siguientes los extranjeros que viajan a España. El motejar del siglo XVI, nutrido de apodos y de equívocos, podrá parecernos vulgar. Esta apreciación nuestra únicamente demuestra que somos neoclásicos, aunque vergonzantes. Cualquiera que sea nuestro sentimiento íntimo, no importa mucho lo que opinemos si nuestro objeto es estudiar la historia del ingenio en España, y en Europa. Si queremos entender esta historia, tendremos que abrir los ojos ante dos realidades. Primero, la sonada agudeza española del siglo XVI descansa sobre la destreza de los españoles en motejar, es decir en manejar el apodo y el equívoco. El *vir facetus*, que tan acertadamente sitúa Antonio Prieto en la portalada de su estudio sobre prosa del siglo XVI,[67] es en España, y sin duda en Europa, el motejador. Segundo, las coplas de motes de los cortesanos han dc engendrar numerosa prole; en ellas y en los paradigmas que de ellas se derivan está la raíz de la poesía aguda de Quevedo.

65. Algún eco del motejar cortesano se percibe aún en la *Floresta española* (1728) de Francisco Asensio: véase el núm. 1592. Luego desaparecen las coplas de motes de las colecciones chistosas, quedando sustituidas por los versos de Quevedo y las chanzas de los graciosos del teatro.

66. «Essendo ancor a tavola col Gran Capitano Diego de Chignones, disse un altro Spagnolo, che pur vi mangiava, per domandar da bere: "Vino"; rispose Diego: "Y no le conocistes", per mordere colui d'esser marrano» (II, 63). El segundo de los aludidos equívocos es la ya citada disociación de *damasco* (II, 78). Ya había destacado Pontano (*De sermone*, XVIII) el ingenio de los españoles.

67. *La prosa española del siglo XVI*, I, Cátedra, Madrid, 1986, capítulo I.

IV. LA CARICATURA A BASE DE APODOS. NACIMIENTO Y DESARROLLO

Varios textos producidos entre 1520 y 1575 documentan un fenómeno nuevo: el motejar evoluciona haciéndose genérico. No podemos dudar de que se sigue aplicando en la realidad cotidiana a unos sujetos particulares. Pero se eleva a un plano más general y se dirige ahora a unas categorías, lo cual significa que se viene afirmando su carácter de género (o subgénero) literario. Progresivamente se van delineando unos tipos de motejados, que han de ser blancos privilegiados del arte de motejar.

El extenso repertorio que representa la *Floresta* de Santa Cruz permite formar una idea de lo que fueron estos tipos. Se reparten entre dos categorías básicas:

— caricaturas de estados y oficios, nutridas de la tradición de los refranes y cuentos: leguleyos, médicos, boticarios, estudiantes, casadas, viudas, venteros, taberneros, sastres y zapateros;

— caricaturas de personajes ridículos, mejor dicho, de personajes que considera el siglo como ridículos:

a) sea por su aspecto físico: chicos, largos, gordos, flacos, feos, desgraciados y tullidos (ciegos, tuertos, corcovados, cojos), feas (alguna vez viejas);

b) sea por motivos de orden social, moral o intelectual: necios, tontos, escasos, cobardes, bebedores, cornudos, pobres, individuos de linaje sospechoso, mujeres de vida airada.

A este catálogo conviene añadir dos tipos que dejó escapar la red barredera de Santa Cruz: el rufián bravucón, definido en *La Celestina* y sus continuaciones así como en la literatura germanesca; y el marido paciente, el Diego Moreno que dibujan varias obritas en verso a partir de 1573. Así complementado, el repertorio de los motejados no ha de enriquecerse mucho en las décadas posteriores: será el de Góngora, de Quevedo y sus émulos. Únicamente le han de añadir Mateo Alemán, Cervantes y Quevedo la dueña; Castillo Solórzano y varios dramaturgos el hidalgo pueblerino ridículo.

No todos los motejados han de alcanzar igual fortuna en el terreno de la literatura. Dentro de esta galería, poetas y prosistas van a escoger, privilegiando unos tipos: el chiquito, la fea, la vieja en especial. Pero los procedimientos a que apelan al dibujar estas caricaturas son tan exactamente parecidos a los que manejaban y manejan los motejadores cortesanos que resulta imposible no establecer entre unos y otros una relación de filiación. No será excesivo afirmar que frases picantes y coplas de motes engendran una escena de farsa y un paradigma —el de la caricatura a base de apodos.

1. *La escaramuza de apodos escenificada*

En la *Comedia Eufemia* de Lope de Rueda, el simple Melchor Ortiz y la vieja Ximena de Peñalosa cambian unas nutridas series de apodos: «gesto de renacuajo», «cucharón de comer gachas», «molde de bodoques», «pailón», «aguja de esartar metalafes», dice Ximena; «cara de mula que tiene torozón», «paramento de bodegón», «cantón de encrucijada», «aparejo para cazar abejorucos», replica el simple.[1] Se lee un

1. Espasa-Calpe, «Clásicos Castellanos», núm. 59, Madrid, pp. 15-17.

diálogo muy comparable en el *Auto del rey Asuero cuando descompuso a Basti*:

TRUHÁN

¡Costalazo de carbón,
calderazo de lejía,
propia cara de almofía!
¿por qué me comes, pailón,
el plato que yo tenía?

BOBO

El plato, cataldе ahí;
lo de dentro me comí;
y si querés porfiar,
¡Dios! que os tengo de apodar
como vos hacéis a mí.

TRUHÁN

Hombre vaciado de plomo,
canastaza de colar,
semejanza del rey Momo,
¿tú me quieres apodar,
bastonazo de buen tomo?

BOBO

¡Cascabelejo de hurón,
molde de hacer requesones,
turquesa de sabañones,
mollejuela de ansarón
comida por los rincones! [2]

Timoneda adoptará el procedimiento en su *Auto del castillo de Emaus*, en el momento en que el mesonero y su mujer

2. *Colección de autos, farsas y coloquios del siglo XVI*, ed. Léo Rouanet, I, pp. 273-274.

cambian lindezas de la misma tinta.[3] Esta escena cómica ha de tener prolongado éxito, puesto que Lope de Vega la llevará a las tablas en varias ocasiones.

2. *La caricatura a base de apodos*

a) El chiquito. Esta caricatura, esbozada en una composición poética del *Cancionero de Gallardo* (núm. 88), se desarrolla en la *Comedia Eufemia* de Lope de Rueda —«palominillo», «ansarino», «ratoncillo», «golondrinillo»—[4] lo mismo que en los versos de Sebastián de Horozco:

Taponcillo de bujeta,
cabezuela de mochuelo,
o cabo de una agujeta
que cuelga de la bragueta
de Juan Antonio Pinelo,
o cabillo de candela,
o mazuelo de matraca,
o clavija de vihuela,
o trompico o rodajuela,
sois, en fin, hominicaca.[5]

Simples variaciones sobre las coplas de motes, acumulación aparte, según se puede apreciar. Este tipo, bien documentado en la primera mitad del siglo XVI, no tendrá posteridad considerable, aunque lo aprovechan Castillo Solórzano en un romance de sus *Jornadas alegres*[6] y Quevedo en una canción que moteja a una mujer de corta estatura (*Poesía*, núm. 628).

b) De la caricatura del hombre mal encarado a la creación hiperbólica del monstruo. Sebastián de Horozco, dirigién-

3. *Ternario sacramental*, en *Obras*, II, p. 125.
4. Espasa-Calpe, «Clásicos Castellanos», núm. 59, pp. 27-30.
5. *Cancionero*, núm. 286.
6. «Colección Selecta de Antiguas Novelas Españolas», XI, pp. 309-311.

dose al licenciado Oseguera, «porque era muy barbado y muy velloso y cejijunto», escribe:

y aun según se me figura,
yo os hago pleito homenaje,
que en tal espesa espesura
se debe criar hartura
del oso y puerco salvaje,
mucho del lobo y venado,
conejo tanto que embaza,
y estando el bosque vedado,
como nunca es desmontado,
multiplicará la caza.[7]

Parecen estos versos ser algo como unos primeros rasguños de un fragmento de Quevedo:

Rascábanse de lobos y de osos,
como de piojos los demás humanos,
pues criaban, por liendres de vellosos,
erizos y lagartos y marranos.[8]

7. *Cancionero*, núm. 92.

8. *Poema de las necedades y locuras de Orlando*, I, vv. 425-428. Otro paralelismo: «una legua de andadura / tiene el triste en el pescuezo» (Horozco, *Cancionero*, núm. 44) y «agarró mi caballo un repollo ... y ni fue visto ni oído cuando lo despachó a las tripas, a las cuales, como iba rodando por el gaznate, no llegó en mucho tiempo ... yo echaba la culpa a las dos leguas de rocín esprimido que me dieron» (*Buscón*, pp. 94-95). Sabido es que no faltan las coincidencias entre Horozco y Quevedo. Coincidencias en los temas jocosos primero: bromas de Horozco sobre los pupilajes (*Cancionero*, núm. 4), los médicos (núms. 11 y 298), los medicamentos asimilados a los excrementos (núm. 21), los taberneros (núm. 10), los coches (núm. 355. La sátira de los coches habrá pasado a ser lugar común antes de que eche mano de ella Quevedo: véase también al respecto Guillén de Castro, «A los coches de una mula que llaman por mal nombre guitarra», *Cancionero de la Academia de los Nocturnos*, I, pp. 112-113). Coincidencias de juegos de palabras por disociación después: compárense por ejemplo *don / desdón / remendón / dongolondrón / baldón* (Horozco, *Cancionero*, núm. 349) y *Buscón*, p. 189; *pelo / terciopelo* (*Cancionero*, núm. 19) y *Buscón*, p. 212; *aire / donaire* (*Cancionero*, núms. 109 y 349) y Quevedo, *Poesía*,

Pero donde se desencadena la creatividad de los poetas, y alguna vez de los prosistas, es en la caricatura de la mujer. (Aunque se ha puesto de moda el discurso sobre la misoginia, jurando y perjurando a porfía los intelectuales que no les ha contaminado este sida mental, huiré del vocablo y del concepto por el motivo de que los elementos de esta caricatura indiferentemente se aplican a machos y hembras a lo largo del siglo.)

a) La fea. La caricatura a base de apodos de la mujer fea aparece en fecha temprana en una composición breve, debida (lo cual no sorprenderá después de lo dicho más arriba) al ingenio de unos caballeros, «Cuatro coplas de cuatro gentileshombres maldiciendo a una dama»:[9]

> sois el potro de fray Nuño
> o corteza de tocino,
> o caxa de tamborino,
> o çamarra del demuño,
> o pared enxalvegada ...
> *espantajo de higuera*,
> monumento de madera,
> paparrassolla de niñas ...

Pocos años después sale otra caricatura de la misma tinta en la prosa de la *Comedia Serafina* (1521):

> ... bella es como la cimbarra [*sic*] del Corpus Cristo y de hechura de almario, larga y desvaída, y el color y gesto como máscara mal pintada, el talle como rocinazo de molinero, la

---

núm. 620. No pretendo insinuar la especie de que haya leído Quevedo los versos de Horozco: dichos temas y juegos verbales son demasiado corrientes en la España del siglo XVI para que sea legítimo sacar de estas coincidencias una conclusión que pecaría de temeraria. Pero dice bien Jack Weiner cuando señala el carácter «prequevedesco» de la producción poética de Horozco (p. 19).

9. *Cancionero general*, fol. 226. *Cancionero de obras de burlas*, núm. 11. (En esta composición y en las que copio a continuación, subrayo los calificativos que se han de repetir en la tradición de la caricatura.)

> vista como ídolo del tiempo antiguo, el andar y visión de estantigua y fantasma de la noche; en verdad que tanto temiese encontrarla de noche como ver una mandrágula. ¡Jesús, Jesús! ¡Dios me libre de tan mal encuentro! [10]

Texto es éste que había de regocijar a Brantôme. Pero no anticipemos. Hacia mediados del siglo, o algo más tarde, el oidor Eugenio de Salazar, en una carta jocosa, no se cansa de apodar a las mujeres de Asturias, desencadenando sobre las desgraciadas auténtico diluvio de apodos: «puerco», «erizo», «cuba», «asno», «buey», «mosca», «araña», «gato», «galápago», «roble», «carrasca», «cierzo», «humo de la cebolla».[11]

b) Una innovación de entidad: la vieja. (Pido perdón por seguir empleando la terminología a todas luces inadecuada y anticuada que manejan los hombres del siglo XVI.) Esta caricatura aparece por primera vez, si bien lo entiendo, en el *Cancionero* de Horozco (núm. 63), texto interesante por incluir ya una serie de apodos que han de tener larga fortuna: «*tasajo* seco», «cortina vieja», «*espantajo de higuera*», «*cuero seco*», «pavés viejo», «espingardera», «cureña de ballestón», «orinal». Idéntica caricatura vuelve a aparecer en el *Tesoro* (1580) de Pedro de Padilla:

> galga sarnosa sin pelo,
> muerte viva con pellejo ...
> jimia triste que pretendes ...
> cabriola de ahorcado,
> varilla de vaca al sol ...
> quebrantahuesos maldito,
> descarnada *anatomía* ...
> seco *tasajo* con toca ...
> cuerpo hecho de *raíces*,
> mandrágora desdichada ...[12]

10. Alonso de Villegas Selvago, *Comedia Serafina*, p. 380.
11. BAE, 62, p. 305 a.
12. *Tesoro de varias poesías*, fols. 371 r.°-373 r.°.

y en el soneto «Gesto de clueca, vieja desabrida» del *Cancionero de Pedro de Rojas* (núm. 99). Aquí no termina el itinerario de esta forma literaria que ha de florecer años más tarde en Valencia y en Madrid. Florecimiento tan lozano hace sospechar que la caricatura de la vieja ya pertenece a la tradición escrita culta. Así es, en efecto, puesto que John Minsheu —o su colaborador español— introduce en su *Diálogo séptimo* un retrato de la vieja, suma y compendio de un género considerado ya como trozo clásico de la agudeza española:

> Ella es más vieja que Matusalén, más arrugada que una pasa, más sucia que una mosca, más seca que un palo, diente y muela como por la mano, la boca sumida como ojo de culo, los ojos el uno tuerto y el otro que no se le sacaran con un garabato; finalmente toda ella es un retrato de la envidia.[13]

Poesía de academias, poesía de cenáculos ésta. ¿Habremos de calificarla de «poesía de circunstancias»? La fórmula no parece ser de las más acertadas. Sugiere en efecto la idea de que brotaran estas composiciones menudas al calor de un acontecimiento, de que algo tengan de la anécdota y del *fait divers.* Algún motivo tendremos para poner en duda concepto tan ingenuo cuando observemos que tales «acontecimientos» se repiten con regularidad sospechosa: el autor tiene un amigo narigudo, conoce a un cornudo, le han contado que a una dama se le soltó un *crepitus ventris.* Confesemos que dichos acontecimientos nada tienen de inverosímil. Pero, ¿no se reducirán a unos motivos puramente convencionales? «¿Piensas tú —pregunta don Quijote a Sancho— que las Ama-

13. «Diálogos de antaño», *R. Hi.*, 45 (1915), p. 137. Los diálogos de Minsheu se imprimen en 1599. Reproduce este texto Juan de Luna en sus *Diálogos familiares* (Sbarbi, I, pp. 267-268). Aurora Egido llamó nuestra atención sobre una caricatura de vieja que sale ya desde 1553 en el *Segundo libro de cartas mensajeras* de Gaspar de Tejeda («Retablo carnavalesco del Buscón don Pablos», *H.R.*, 46 (1978), pp. 195-196).

rilis, las Filis, las Silvias, las Dianas, las Galateas, las Fílidas y otras tales de que los libros, los romances, las tiendas de los barberos, los teatros de las comedias están llenos, fueron verdaderamente de carne y hueso, y de aquellos que las celebran y celebraron?» (*Quijote*, I, 25). Pregunta pertinente si las hay. ¿Será impertinente pensar que las obras de Sebastián de Horozco son otra cosa que una colección de anécdotas toledanas? ¿Y que las poesías leídas en la Academia de los Nocturnos no serán crónica de la vida valenciana? Posiblemente se discuta este parecer; en cuanto a mí, me parece indicado, tratándose de piezas jocosas de esta categoría, retorcer el pescuezo al concepto ambiguo de poesía de circunstancias.

V. UNOS JUGUETES DE INGENIO

Entre la época de Enrique IV y el reinado de Felipe II elabora o reelabora la literatura española una serie de géneros jocosos. Son juguetes más o menos ingeniosos, debidos en muchos casos a unos anónimos o a unos escritores mal conocidos, pero que han de alcanzar en ocasiones existencia multisecular, puesto que algunos de ellos, arreglados y retocados, se imprimen en pliegos del siglo XIX. Con frecuencia son textos difíciles de fechar. Teniendo en cuenta nuestras ignorancias, parece ser que surgen en el orden cronológico siguiente:

— época de Enrique IV: la carta jocosa, el inventario heteróclito, el pronóstico perogrullesco, el desfile incoherente;

— en 1496 Juan del Encina, padre fundador de la literatura del disparate, reúne en su *Cancionero* tres textos decisivos: la *Almoneda* y el *Juicio sacado de lo más cierto de la astrología*, obritas que llevan a su punto de perfección el inventario heteróclito y el pronóstico perogrullesco, y los famosos *Disparates* («Anoche de madrugada / ya después de mediodía»). Estos textos, que verosímilmente se escribieron para divertir a la pequeña corte que se reunía en torno del duque de Alba, tuvieron extraordinaria resonancia. Frecuentemente los recuerdan los ingenios de los siglos XVI y XVII, y no sólo Quevedo, Covarrubias[1] y Correas,[2] sino también el

1. *Tesoro*, p. 477.
2. *Vocabulario de refranes*, pp. 293 a y 329 a.

condestable de Castilla en la polémica que mantiene con Herrera, fray Juan de Pineda en su *Agricultura cristiana* y el autor de *Estebanillo González*;[3]

— a principios del siglo XVI las composiciones en germanía;

— a mediados del siglo XVI la carta en refranes, la pragmática y la genealogía paródicas;

— hacia la misma época, o algo más tarde, la ensalada de equívocos que se suele titular «retrato del monstruo» o «retrato del gigante»;

— hacia 1580 el testamento paródico.

Detallo a continuación estos géneros, adoptando una clasificación que no me satisface del todo, pero que tendrá el mérito de la claridad.[4]

A. Los géneros paródicos

1. *El pronóstico perogrullesco*

Esbozado en la *Profecía* de Evangelista, obrita que se remonta a la época de Enrique IV,[5] alcanza su punto de per-

3. Fernando de Herrera, *Controversia sobre sus Anotaciones a las obras de Garcilaso de la Vega*, Sociedad de Bibliófilos Andaluces, Primera serie, II, p. 3. Fray Juan de Pineda, *Agricultura cristiana*, BAE, 169, p. 288 a. *Estebanillo González*, Castalia, «Clásicos Castalia», núm. 87, Madrid, p. 473.

4. Utilizo en este capítulo las abreviaturas siguientes: Chevalier-Jammes: Maxime Chevalier y Robert Jammes, «Supplément aux *Coplas de disparates*», en *Mélanges offerts à Marcel Bataillon par les hispanistes français*, Féret, Burdeos, 1962, pp. 358-393; Marcel Gauthier: Marcel Gauthier [Foulché-Delbosc], «De quelques jeux d'esprit», *R. Hi.*, XXXIII (1915), pp. 385-445; Hill: *Poesías germanescas*, ed. John M. Hill, Indiana University, Bloomington, Indiana; Periñán: Blanca Periñán, *Poeta ludens. Disparate, perqué y chiste en los siglos XVI y XVII*, Giardini, Pisa, 1979; Rodriguez-Moñino: Antonio Rodríguez-Moñino, *Diccionario bibliográfico de pliegos sueltos poéticos (siglo XVI)*, Castalia, Madrid, 1970.

5. BAE, 176, p. 14.

fección en el *Juicio sacado por Juan del Encina de lo más cierto de la astrología.* Posiblemente se trate de un género europeo: idéntica inspiración alienta a la *Pantagrueline Prognostication* de Rabelais. La obrita maestra de Juan del Encina había de tener prolongada descendencia. Dos pronósticos jocosos se imprimen en pliegos sueltos de primeros años del siglo XVI: *La profecía de Perogrullo trobada por Almaraz*[6] y un *Juicio* conservado por la biblioteca de la Universidad de Cambridge.[7] Más numerosos son los testimonios de la fortuna del género a fines del siglo: *Pronóstico del cometa que se vio año de 77*, composición incluida en el *Tesoro* de Pedro de Padilla,[8] la *Profecía de la Cueva de Salamanca para el año presente, y después, usque ad finem seculi* ,[9] los *Pronósticos* de «Rodolpho Stampurch» (1593), arreglo y desarrollo del texto de Juan del Encina, según demostró María Cruz García de Enterría,[10] y las *Profecías de Pero Grullo* recogidas en el *Cancionero de Gabriel de Peralta* (Periñán, núm. 5). Este juguete de ingenio cuyo éxito ha de prolongarse a través de los siglos, según observaremos a continuación, se considera por aquellos años como característico de la agudeza española, puesto que John Minsheu (o su colaborador español) ofrece una muestra de él en su *Diálogo V*.[11]

6. Rodríguez-Moñino, núm. 16. Sobre esta obrita, véase María Cruz García de Enterría y Antonio Hurtado Torres, «La astrología satirizada en la poesía de cordel: el *Juyzio* de Juan del Encina y los *Pronósticos* de Rodolpho Stampurch», *Revista de Literatura*, XLIII, núm. 86 (1981), p. 25, nota.

7. Rodríguez-Moñino, núm. 911; texto en Periñán, núm. 4. Véase María Cruz García de Enterría y Antonio Hurtado Torres, *art. cit.*, p. 27, nota.

8. *Tesoro de varias poesías* (1580), fols. 373 v.°-376 v.°.

9. Julián de Medrano, *Silva curiosa* (1583), Sbarbi, X, p. 296.

10. Rodríguez-Moñino, núm. 551; texto en «Les *romancerillos* de la Bibliothèque Ambrosienne», *R. Hi.*, XLV (1919), núm. 202. Véase el artículo citado más arriba (nota 6).

11. «Diálogos de antaño», *R. Hi.*, XLV (1919), pp. 121-122 y 124-125. Texto reproducido por Juan de Luna, *Diálogos familiares* (Sbarbi, I, pp. 249, 252-253).

2. *La pragmática*

Este género es de los más tardíos entre los géneros jocosos. (Se entiende el hecho: la pragmática paródica no podía nacer antes de la multiplicación de las pragmáticas, y la manía reglamentaria de los estados modernos mal podía desarrollarse plenamente antes del triunfo de la imprenta.) Apunta bajo la pluma de Juan Fernández de Heredia, caballero valenciano que muere en 1549. Su *Premática*[12] acuerda que los viejos ya no tendrán derecho a teñirse las barbas, que los caballeros ya no podrán hablar a voz en grito, etc. No conozco otra muestra del género anterior a las pragmáticas de Mateo Alemán y Quevedo, aunque es legítimo suponer que otras debieron de escribirse.

3. *La genealogía*

Aparece en dos textos del siglo XVI, ambos redactados en prosa. El primero, el *Memorial de un pleito*,[13] es puramente jocoso; sobre el segundo, la *Genealogía de la Necedad*, de estilo más bien jocoserio, volveré a continuación.

4. *El testamento*

a) *El testamento de animales*

Circulan en el siglo XVI varios testamentos jocosos de animales. Dos de ellos nos han conservado unos pliegos poéticos: el *Testamento del Gallo* (Rodríguez-Moñino, núm. 67; texto en Periñán, núm. 9 —verosímilmente impreso en 1586) y el

12. Espasa-Calpe, «Clásicos Castellanos», núm. 139, Madrid, pp. 60-67.
13. BAE, 176, p. 121.

Testamento de la Zorra (Rodríguez-Moñino, núms. 65-66; texto en Periñán, núm. 10, impreso en 1597). Por otra parte, documenta indirectamente un fragmento de *Guzmán de Alfarache*[14] la existencia de un *Testamento del Asno*. No hemos conservado, al parecer, ningún texto de dicho testamento que se remonte al siglo XVI, por lo cual resulta imposible apreciar exactamente los retoques que diera Mateo Alemán a la obrita que conoció. Es legítimo sospechar que ésta, a diferencia de los testamentos del Gallo y de la Zorra, tendría carácter más satírico que jocoso. Coincidiría, en cuanto a su esquema, con las versiones tardías del *Testamento del Asno*, acudiendo al reparto malicioso de órganos y vísceras que aprovecha la prosa de *Guzmán* —se regala la lengua a los maldicientes, los ojos a los lascivos, el seso a los alquimistas, etc.—, y lo mismo que ellas se relacionaría con los regocijos de Carnestolendas.[15] La escasa cantidad de pliegos que han escapado a la destrucción da muy pobre idea de la extraordinaria difusión que debieron alcanzar estas obritas: Rodrigo Caro nos informa que los niños cantaban en las escuelas los testamentos del Gallo y de la Zorra,[16] llegando el segundo a hacerse proverbial.[17]

b) *El «Testamento de Celestina»*

Se imprime en un pliego de 1597 (Rodríguez-Moñino, núm. 66; texto en Periñán, núm. 11), pero circulaba en fecha

14. *Guzmán*, II, II, 5, p. 656.

15. Sobre este punto, consúltese José Pérez Vidal, «Romances vulgares. Testamentos de bestias», *RDTP*, III (1947), p. 528.

16. *Días geniales o lúdricos*, Espasa-Calpe, «Clásicos Castellanos», núm. 213, Madrid, pp. 237-238. Sobre un pliego de 1608 que reproduce el *Testamento del Gallo*, véase Durán, BAE, X, p. LXXXIV b.

17. Correas, *Vocabulario de refranes*, pp. 110 b y 498 a. Entre las obras predilectas de versificadores mediocres cita Salas Barbadillo el *Testamento de la Zorra* (*Coronas del Parnaso y Platos de las Musas*, Prólogo —texto citado por Émile Arnaud, *La vie et l'oeuvre de Alonso Jerónimo de Salas Barbadillo*, tesis mecanografiada, Universidad de Toulouse-Le Mirail, 1979, p. 689, nota).

anterior puesto que en el prólogo a *Florando de Castilla* (1588) lo menciona Jerónimo de Huerta entre otros textos adocenados.[18] Poseemos de él una considerable cantidad de versiones manuscritas: la del Romancero de la Biblioteca Brancacciana,[19] las que copian varios cartapacios poéticos conservados por las bibliotecas madrileñas,[20] la que ofrece un cancionero de la Biblioteca de la «Accademia dei Lincei», texto exhumado por Giovanni Caravaggi,[21] y por fin la que presenta un documento del archivo de Pamplona,[22] fechada de 1619.

B. Los géneros acumulativos

1. *El inventario heteróclito*

Este género medieval que voluptuosamente desarrolla Rabelais y que vuelve a surgir en los versos de Jacques Prévert lo esboza en la España del siglo XV el ya mentado Evangelista en su conocida *Profecía*. Pero el verdadero creador del género es Juan del Encina en su *Almoneda* y sus *Disparates*. Estas composiciones tienen inmediato éxito, según demuestran los *Disparates compuestos por don Pedro Manuel de Urrea* (Marcel Gauthier, núm. 4), éxito que no se desmiente a lo largo del siglo XVI, según documentan las numerosas composiciones de este tipo que se escriben en fechas indeterminadas, en

18. BAE, XXXVI, p. 226.

19. *R. Hi.*, 65 (1925), núm. 50.

20. Sobre este punto, véanse el *Cancionero del bachiller Jhoan López*, ms. 3168 de la Biblioteca Nacional de Madrid, ed. Rosalind J. Gabin, Porrúa, Madrid, 1980, núm. 221, y sobre todo el *Cancionero de Pedro de Rojas*, ms. 3924 de la Biblioteca Nacional de Madrid, eds. José J. Labrador Herraiz, Ralph A. Di Franco y María T. Cacho, Cleveland, 1988, núms. 136, 139 y 140.

21. «Apostilla al *Testamento de Celestina*», *Revista de Literatura*, XLIII, núm. 86 (1981), pp. 141-151.

22. José María Satrástegui, «*La Celestina* en la literatura popular», *Revista de Literatura*, XVI, núms. 31-32 (1959), pp. 146-158.

especial «En la tarde hay almoneda / en tañendo el esquilón» (Marcel Gauthier, núm. 9; Rodríguez-Moñino, núm. 650) y «En Cartama se ha hecho una almoneda» (Marcel Gauthier, núms. 16-17; Chevalier-Jammes, núm. 10),[23] éxito que se prolonga hasta los primeros años del siglo XVII, según hemos de observar a continuación.

2. *El desfile incoherente de personajes*

Lo mismo que el inventario heteróclito y el pronóstico perogrullesco, es género esbozado en la *Profecía* de Evangelista. Pero en este caso también el verdadero creador del género es Juan del Encina en sus famosos *Disparates.* El texto, inmediatamente imitado por Pedro Manuel de Urrea (Marcel Gauthier, núm. 4), había de engendrar una cuantiosa prole. Por fortuna, podemos fechar en forma relativamente exacta varias composiciones de éstas: los *Disparates de Saravia*, que se imprimen en 1552 en la *Segunda parte del Cancionero general*, colección que da a luz en Zaragoza Esteban de Nájera;[24] la *Nueva guerra en muy graciosos disparates*, obrita de Romero de Cepeda publicada en 1582 (Marcel Gauthier, núm. 12); «De su esposo Pingarrón / parió Marina en Orgaz», ensalada recogida en dos pliegos fechados de 1597 (Rodríguez-Moñino, núms. 1134-1135; texto en Chevalier-Jammes, núm. 2). Otros textos de la misma tinta —«El conde Partinuples / y el obispo de Zamora», «San Ginés de Cartagena / vi que conjuraba un día», «La blancura de Guinea / y la obediencia de Adán» (Rodríguez-Moñino, núm. 891; Marcel Gauthier, núms. 6, 7 y 8)— salen en un pliego que no lleva fecha. Por fin, una serie de composiciones de fecha incierta, pero vero-

23. Otras muestras del género en Chevalier-Jammes, núms. 3 y 11.
24. *Segunda parte del Cancionero general*, Castalia, Madrid, 1956, p. 139. Rodríguez-Moñino, núm. 538; texto en Periñán, núm. 1.

símilmente de los últimos años del siglo XVI, se copian en varios manuscritos o salen en alguna colección: «Si entre Aragón y Castilla / se hace un juego de cañas» (Chevalier-Jammes, núm. 9),[25] la *Sátira de disparates* incluida en el *Cancionero de Juan Fernández de Ixar* (núm. 83), así como el ciclo de coplas que refieren la gesta del doncel de Orgaz (Chevalier-Jammes, núms. 1, 2, 4, 6 y 7). La crecida cantidad de composiciones de este tipo que nos conservan manuscritos y pliegos demuestra, a la vez que la amplia difusión del género, el éxito que alcanzó, éxito duradero según hemos de comprobar más adelante.

3. *El delirio de los adynata*

Otra vez hay que saludar en Juan del Encina, autor de los *Disparates*, al creador del género. Pronto le sigue las huellas Pedro Manuel de Urrea con una composición de idéntico título (Marcel Gauthier, núm. 4). Abundante es la posteridad de ambas obras: «No teniendo qué hacer / por quitarme de debates», glosa de romances de Gabriel de Saravia impresa en la *Segunda parte del Cancionero general* de Esteban de Nájera y en dos pliegos;[26] la *Nueva guerra en muy graciosos disparates* de Romero de Cepeda (Marcel Gauthier, núm. 12); y dos textos recogidos en pliegos —«Escuchadme lo que digo / deciros aquí en proviso» (Rodríguez-Moñino, núm. 802; Marcel Gauthier, núm. 10) y «Caminando un viernes santo / vigilia de Navidad» (Rodríguez-Moñino, núms. 846-847; Periñán, núm. 6). Pero la obra maestra es sin duda el disparatorio de Diego de la Llana «Yo queriendo caminar / de Burgos para Medina» (Rodríguez-Moñino, núm. 320; Marcel

25. Imprimen el texto los *Romances varios de diversos autores* (Zaragoza, 1640) y las reediciones de esta colección.

26. *Segunda parte del Cancionero general*, Castalia, Madrid, 1956, p. 144. Rodríguez-Moñino, núms. 538 y 541; texto en Marcel Gauthier, núm. 11.

Gauthier, núm. 5; Durán, núm. 1887), auténtica joya de la poesía del siglo XVI. Recordemos alguna muestra:

do vide una procesión
que ordenaban los mosquitos;
y un atabal dando gritos
que le han robado su casa;
y un cesto lleno de brasa
calentando el río Jordán;
y un cuervo vendiendo pan,
hecho regatón de corte ...
y una grulla pregonando
un manojo de bellotas ...
un grillo con dos sisones
jugando a la dobladilla;
un ruejo en una parrilla
que se iba disciplinando;
un mono que confesando
estaba cuatro obispados ...
y en un alto campanario
un erizo rebuznando ...
un broquel decía un responso
por un molino de viento;
un serón contaba un cuento
que le oyó a su bisabuelo ...
dos colmenas sin cabezas
dispuestas ¡cosas sin par!
que sembraban en la mar
castañas de las muy buenas;
un cuchillo en graves penas,
herido del mal de amor ...
un besugo en un tejado,
mirando el curso celeste;
y de ranas una hueste,
que volaban por los vientos;
un asno por argumentos
pretendía ser bachiller...

La multiplicación de estas piezas y la cantidad relativamente elevada de pliegos que las reproducen son indicios evidentes de la difusión que alcanzó este juguete de ingenio y de la afición que le manifiestan los españoles a lo largo del siglo XVI.[27]

En forma elocuente documenta Rodrigo Caro la difusión del género: «Nuestros muchachos a este tono: *por la mar corren las liebres, por la tierra las anguilas*».[28] Obsérvese que el fenómeno no es privativo de España. Igual entusiasmo por unas composiciones muy parecidas demuestran mis paisanos por los mismos años. De 1594 es la obrita de mentiras debida a la pluma de «Bredin le Cocu»:

> Je trouvai un pommier doux
> tout chargé de griottes;
> je jetai mon bâton dessus,
> je fis tomber des poires ...

En 1603 se imprime la canción que cuenta:

> Je m'en allai à Bagnolet
> oú je trouvai un grand mulet
> qui plantait des carottes ...
> je m'en allai un peu plus loin,
> trouvai une botte de foin
> qui dansait la gavotte ...[29]

Moda que unos años más tarde desemboca en la famosa oda de Théophile de Viau:

27. Me guardaría hoy de calificar este género de «popular», como lo hice en 1962.

28. *Días geniales o lúdricos*, Espasa-Calpe, «Clásicos Castellanos», núm. 213, Madrid, p. 201.

29. Se pueden leer cómodamente estas canciones y otras en la linda recopilación de Martine David y Anne-Marie Delrieu, *Aux sources des chansons populaires*, «Le français retrouvé», 9, Belin, París, 1984.

Ce ruisseau remonte en sa source;
un boeuf gravit sur un clocher;
le sang coule de ce rocher;
un aspic s'accouple d'une ourse;
sur le haut d'une vieille tour
un serpent déchire un vautour ...

4. *La carta en refranes*

A 1545 se remonta la primera edición completa de las *Cartas en refranes* de Blasco de Garay. Tres cartas de éstas, y más concretamente la cuarta, que es relato —«Carta que envía un galán a una dama, en que por los más usitados refranes le da cuenta de cosas que en su ausencia le habían sucedido»—,[30] definen el paradigma que ha de reproducir Quevedo en el *Cuento de cuentos*. Sin ninguna duda conoció Quevedo ya desde sus años mozos un opúsculo que múltiples reediciones tuvo en las últimas décadas del siglo XVI y primeras décadas del siguiente.

C. Dos géneros en busca de definición

1. *La carta jocosa*

En un principio es género paródico que aparece ya en el siglo XV con la «Carta de privilegio que el rey Don Juan II dio a un hijodalgo».[31] Pronto pierde este carácter: más se interesan los cortesanos del Emperador por unas cartas puramente jocosas como las que componen el bufón Francesillo

30. Sbarbi, VII, pp. 98-107.
31. BAE, 176, pp. 25-28.

de Zúñiga[32] y el doctor Villalobos.[33] Este género nuevo debió de tener éxito, puesto que en 1549 ofrece Gaspar de Texeda en su *Estilo de escribir cartas mensajeras* un modelo de «carta graciosa».[34] Unos años después lo había de ilustrar Eugenio de Salazar en sus famosas cartas sobre la corte, los catarriberas, Asturias y sus habitantes, la milicia de una isla y la vida que pasan los que viajan por mar. La agudeza que practica Salazar se puede caracterizar brevemente: uso relativamente frecuente del apodo (según hemos observado ya), uso moderado del equívoco, inflación de la paronomasia, que viene a ser la figura más corriente de su escritura. Apela con discreción a la creación de palabras nuevas de valor expresivo, pero creyéndose en la precisión de explicarlas: «estos truhanes ... si los bautizásemos con su verdadero nombre, los llamaríamos bellaquiarcas, como llamamos heresiarcas a los caudillos mayores de los herejes».[35] Rasgos todos por los que se acerca su manera a la de su contemporáneo Sebastián de Horozco.

Dentro de estas cartas jocosas merecen destacarse dos aspectos que con los años han de engendrar unos fragmentos o unas obritas de consideración. El primero es la paradoja del pecador, sobre la cual he de volver a continuación. El segundo es la crítica del habla común que asoma ya en la *Carta de las setenta y dos necedades* (¿mediados del siglo XVI?). El anónimo autor de la *Carta* condena el modismo «como dijo el Otro», añadiendo que don Alonso Carrillo ya burlaba de tal locución en presencia de la reina Isabel. No podemos afirmar la autenticidad de la anécdota, pero interesa hasta si es apócrifa, porque demuestra que un ingenio del siglo XVI se

32. *Crónica burlesca*, pp. 148, 160, 171 y 174.

33. En especial una carta dirigida al Almirante, fechada el 7 de diciembre de 1518 (*Algunas obras*, p. 27), y otra, sin fecha, dirigida al obispo de Palencia (*ibid.*, p. 59).

34. «Carta graciosa de una dama a otra dama casada donde hay dichos de los graciosos que suelen decir», *Estilo de escrebir cartas mensajeras* (1549), fols. 135 v.º-136 v.º.

35. BAE, LXII, p. 285 a.

inquieta por el «buen lenguaje», por un hablar correcto y refinado, opinando además que idéntica inquietud se habría manifestado en los círculos cortesanos y que la habría compartido la propia Reina Católica. Se trata de fenómeno internacional: recuérdese que, años más tarde, los cortesanos de Luis XIII quieren excluir *car* de la lengua francesa y le arman un pleito a *on*. Dentro de esta tradición se sitúa el romance «En estas Cortes se pide» de Gabriel Lasso de la Vega.[36] Propone dicho romance que se destierren del buen uso varios modismos, entre los cuales figuran —una vez más— «como dijo el Otro» (recuérdese que *el Otro* aparece en el desfile del *Sueño de la Muerte*) y también «en volandas» y «traque barraque», que ambos salen en el *Cuento de cuentos* de Quevedo.

Paralelamente a la carta aguda crea el siglo XVI el género de la carta del bobo. La risa que suscita entre cortesanos la forma en que redactan sus epístolas los semicultos asoma ya en un texto de Guevara.[37] Tales burlas debieron de divertir sobremanera a los caballeros, y más generalmente a los hombres cultos del siglo XVI —época en la que no se consideraba como criminal bromear a costa de los ignorantes—,[38] de juzgarlo por las frecuentes alusiones a cartas de bobos que salen en la *Floresta española*: bobada pura de un criado —«Estando este canónigo en Flandes, en una carta que le escribió Cristóbal Alonso ... puso en un capítulo: "Señor, Juan Fernández vido el macho y dijo que tenía necesidad de sangrarse. Vea vuestra merced qué manda que se haga"» (I, v, 4, p. 27)—, paralelismos enfadosos debidos a inadvertencias

36. Texto incluido en el *Manojuelo de romances* (1601).

37. *Epístolas familiares*, I, p. 408.

38. Particularmente elocuentes al respecto son las bromas acerca de las viejas que adulteran el latín litúrgico: véanse los ejemplos aducidos en el *Galateo español* (p. 122) y los que traen los *Diálogos de apacible entretenimiento* de Gaspar Lucas Hidalgo, más numerosos éstos (p. 299 a). Compárese Quevedo, *El Buscón*: «Entraba por el *Justo Juez* y acababa en el *Conquibules* —que ella decía—, y en la *Salve Rehína*. Decía las oraciones en latín, adrede, por fingirse inocente, de suerte que nos despedazábamos de risa todos» (p. 133).

—«De alimpiar la caballeriza y hacer la barba a su merced, tres reales» (I, v, 3, p. 27); «De un pastel que compré para mí, cuatro maravedís. De paja y cebada para su merced, veinticinco maravedís» (II, VI, 8, p. 80)—, confusión de un portugués en los nombres —«A un caballero que se llamaba don N. de Velasco envió un portugués en el sobrescrito: "Ao muito magnífico señor don N. de Averasco"» (VI, v, 2, p. 167)—, imitación desgraciada de una fórmula de cortesía —«Una condesa viuda firmaba "La triste condesa", escribiendo a un criado, labrador, que tenía cargo de cierta hacienda que tenía en el campo. Respondiendo el labrador a la carta de la condesa, puso en la firma: "El triste Pero García"» (VI, VI, 7, p. 170)—. El creador del género de la carta de bobo es Juan Timoneda con sus cartas de vizcaínos.[39] El mismo camino toma Lucas Rodríguez al imprimir las epístolas de un campesino enamorado y de su amiga, obritas no exentas por otra parte de cierta poesía rústica.[40] El género dejó alguna huella en la comedia[41] y sobre todo en las correspondencias de Sancho y Teresa en ambos *Quijotes*, el auténtico y el apócrifo.

2. *La poesía germanesca*

Iniciador de esta forma literaria es Rodrigo de Reinosa a primeros años del siglo XVI. Varias obritas suyas se han de imprimir en pliegos sueltos —«Catalina de mí querida, / Catalina Torres Altas» (Rodríguez-Moñino, núms. 473-474; Hill, núm. 1), «A boca de sorna / por ir encubierto» (Rodríguez-

39. *Portacuentos*, núm. 33 (véase también núm. 35); *Sobremesa* núm. 28.

40. *Romancero historiado* (1582), ed. Antonio Rodríguez-Moñino, Castalia, 1967, pp. 250-264. ¿Se deberán estos versos a Pedro de Padilla? Sobre este punto, véase A. Rodríguez-Moñino, *Poesía y cancioneros (siglo XVI)*, Madrid, 1968, p. 99.

41. Lope de Vega, *El desprecio agradecido*, III, *Acad. N.*, XII, p. 27 b; Juan de Matos Fragoso, *La dicha por el desprecio*, III, BAE, XLVII, p. 332 c.

Moñino, núms. 897-898; Hill, núm. 2), «¡Pese a tal! ¡Reniego de tal! / por la fama de Mendoza» (Rodríguez-Moñino, núm. 1046 —con variante; «Les *cancionerillos* de Prague», *R. Hi.*, 61, núm. 20; Hill, núm. 4)—, lo cual es indicio de la aceptación que encontraron.[42] Otro indicio del éxito del género es que el vocabulario agermanado no tarda en penetrar en las imitaciones y continuaciones de *La Celestina*: pertenece al lenguaje de rufianes y criados a partir de la *Comedia Thebayda*.[43] Mención aparte merece *Lisandro y Roselia* (1542), aunque la germanía no aparece en la obra más que en forma esporádica, porque en la tragicomedia sale por primera vez una frase que ha de despertar largos ecos: «Dime luego las personas que te han enojado, que *bien pueden doblar por ellas*».[44]

Etapa importante en la historia del género señala la edición del *Cancionero general* impresa en Amberes en 1557. Entre las piezas nuevas que incluye esta reedición figuran tres obritas germanescas: «¿Quién te me enojó, Isabel?» (núm. 284), «Plega al coime de las cumbres» (núm. 303), «De cuantas coimas tuve toledanas» (núm. 309). Estas composiciones representan un acontecimiento literario por tres motivos: entre las heroínas de «De cuantas coimas tuve toledanas» aparece, creo que por primera vez, el personaje de la Méndez; «Plega al coime de las cumbres» corresponde al primer ensayo de mitología agermanada; «¿Quién te me enojó, Isabel?» es la primera poesía germanesca que ha de alcanzar ruidoso éxito. Pero acontecimiento más decisivo, si cabe, desde el punto de vista de una sociología del público: el *Cancionero* concreta en efecto que estas poesías se deben al ingenio de

42. Más obritas del mismo estilo aparecen en pliegos anteriores a 1540: Rodríguez-Moñino, núms. 790-793, Hill, núm. 3; Rodríguez-Moñino, núms. 872-873, Hill, núm. 6.

43. M. R. Lida de Malkiel, *La originalidad artística de «La Celestina»*, Eudeba, Buenos Aires, 1970, p. 711.

44. «Libros Españoles Raros o Curiosos», III, p. 44. La cursiva es mía.

unos caballeros españoles que residieron en Londres en 1555, apunte que comprueba la afición de los caballeros a esta forma de literatura jocosa.

Animados por tan noble ejemplo o simplemente siguiendo una moda, varios poetas se lanzan a componer obritas de la misma tinta: los anónimos a quienes debemos varias piezas recogidas en pliegos (Rodríguez-Moñino, núms. 1.138 y 1.150 —fechado éste en 1598—, Hill, núm. 22) o copiadas en manuscritos (Hill, núms. 13-21), el autor del romance «De Toledo sale el jaque», recogido por Timoneda en su *Rosa de amores* (Hill, núm. 5), Pedro de Padilla (Hill, núms. 10-12), acaso Liñán a quien se atribuyen los núms. 13-19 de la recopilación de Hill. A 1609 se remonta la primera edición conservada de los *Romances de germanía* reunidos por Juan Hidalgo, aunque está fuera de dudas que existió una edición anterior:[45] esta colección incitaría a Quevedo a escribir sus celebradas jácaras.[46]

D. El retrato del monstruo

Los «retratos del monstruo», que suelen presentar la imagen de un ser fantástico, añadiéndole en ocasiones la descripción de un banquete o de una boda, son fundamentalmente sartas de equívocos encadenados e inconexos. Buena idea de la forma que revisten da el primero de los que se recogen en la Península, el que copia Luis Zapata en su *Miscelánea*:

> Tiene el cuerpo de casa, cabellera de proceso, cabellos de sillero, frente de escuadrón, orejas de abad, cejas de guitarra,

45. Antonio Rodríguez-Moñino, «Cinco notas sobre romances», *Anuario de Letras*, II (1962), pp. 21-25.

46. En el baile «Todo se lo muque el tiempo» (*Poesía*, núm. 865) recordó claramente Quevedo los versos del *Perotudo*: «En la ciudad de Toledo / donde flor de bailes son».

ojos de puente, pestañas de raso, nariz de navío, ventanas de torre, boca de calle, lengua del agua, dientes de sierra, barba de ballena, cuello de garrafa, brazos de mar, manos, una de papel y otra de mortero, coyuntura de negocios, muñecas de Flandes, piernas de sábanas, rodillas de fregar, y tres pies, uno de banco y otro de copa y otro de copla ...[47]

Comenta Luis Zapata el texto que reproduce en la forma siguiente:

> He aquí cómo yo no tengo otro principal fin de mi propia gloria, sino de acarrear al lector cosas que le den gusto, aunque sean ajenas, como fue esta invención nueva que salió en nuestros tiempos, de que yo no sé el autor: mas Dios le dé salud, o temporal o eterna, por tan agradable parto de su entendimiento.[48]

Estos breves apuntes ofrecen tres indicaciones de interés. Primera, el texto que copia Luis Zapata es obrita anónima, rasgo que dista mucho de ser privativo suyo dentro de la serie de estos juguetes: la mayoría de los «retratos del monstruo» han de tener carácter anónimo. Segunda, es texto de fecha reciente: parece ser en efecto que estas caricaturas jocosas se pusieron de moda en una época no muy anterior a 1590 y no muy posterior a 1620. Tercera, las obritas de este tipo tuvieron gran aceptación por aquellos años: confirman el aserto de Zapata la cantidad relativamente elevada de «retratos del monstruo» que han llegado hasta nosotros —cuya lista detallo en otro apartado de este libro— y la atención que les dedica el propio Quevedo.

Paralelamente al río majestuoso de la poesía culta corren varios riachuelos de literatura jocosa o aguda. Esta literatura proteiforme circula en manuscritos, pliegos y cancioneros des-

47. *Miscelánea*, núm. 106, II, p. 28.
48. *Ibid.*

de los primeros años del siglo XVI; a partir de 1580 entra en los tomos de poesías que imprimen varios escritores. En los últimos años del siglo y en los primeros años del siguiente, la publicación de las *Flores* y del *Romancero general* acrecienta su caudal, mientras que le dan impulso nuevo el auge de las academias, receptáculo privilegiado de tales ejercicios, y la alegre vida de corte.[49]

49. Juego de ingenio corrientemente practicado entre cortesanos debió de ser el descifrar las invenciones de los justadores. «Esto de interpretar letras ... es grandísima gala», escribe Luis Zapata (*Miscelánea*, núm. 81, I, p. 189). Por desgracia tanto este capítulo de la *Miscelánea* como el de la *Floresta española* que trata «de enmiendas y declaraciones de letras» (III, VI) apenas si ofrecen algún ejemplo concreto de tales interpretaciones. La más significativa es la que trae la *Floresta* en otro capítulo: «Uno traía en una capa bordado unas esportillas, y cabe cada una esportilla estas letras: GADO. Que quiere decir: Es por ti lla-gado. Don Alonso de Aguilar se allegó a él y le dijo: "Señor, si como es esportilla, fuera esportica, ¿qué diría?"» (II, II, 19, p. 50). Se nos antojará grosero el juego de ingenio: obsérvese con todo que Gracián lo recuerda con admiración, achacándolo además no a don Alonso de Aguilar, sino a su hermano el Gran Capitán (*Agudeza*, II, p. 215).

VI. UN ADMIRADOR DE LA AGUDEZA ESPAÑOLA: BRANTÔME

Conocido es el entusiasmo de Pierre de Bourdeille, señor de Brantôme, por España y los españoles, un entusiasmo que le llevó a formar el proyecto de desnaturalizarse y pasarse al servicio de Felipe II.[1] Brantôme fue sin duda uno de los caballeros franceses del siglo XVI que tuvieron relaciones más estrechas con los españoles: viajó a España en 1564, presenció la famosa entrevista de Bayona (1565), llegó a Malta (algo tarde) para ayudar a los defensores de la isla (1566) antes de hospedar en su castillo a unos supervivientes de la Armada Invencible (1588). Tuvo regular conocimiento de la lengua española, aunque no tan perfecto como pretende cuando afirma que la tenía tan familiar como la suya:[2] alguna vez peca de jactancioso el señor de Brantôme. En cuanto a cultura, salta a la vista que Brantôme ha leído y aprovecha una extensa serie de textos historiográficos, en especial el *Comentario de la guerra de Alemania* (1548) de Luis de Ávila y Zúñiga, *El felicísimo viaje del príncipe don Felipe en Alemania y*

1. *Les vies des grands capitaines français*, en *Oeuvres complètes de Pierre de Bourdeille, seigneur de Brantôme*, ed. Ludovic Lalanne, Vve. Jules Renouard, París, 1864-1882, V, pp. 209-210. Todas mis citas de Brantôme remiten a esta edición. Sobre la biografía del escritor, véase el excelente libro de Anne-Marie Cocula-Vaillières, *Brantôme*, Albin Michel, París, 1986.

2. *Rodomontades*, en *O.C.*, VII, p. 7.

Flandes (1552) de Calvete de Estrella, la *Historia de don Hernando de Ávalos, marqués de Pescara* (1558) de Pedro Valles, *La conquista de África* (1562) de Diego de Fuentes, textos que cita él repetidas veces y que identificó Ludovic Lalanne, editor de las obras de Brantôme. Lalanne es mucho más discreto sobre las citas literarias de Brantôme, que son las que interesan a mi propósito.

Cita en efecto Brantôme cantidad de dichos españoles tanto en las *Rodomontades* y en los *Serments et jurements espagnols* como en *Les dames galantes.* ¿De dónde proceden estos textos? Determinar su origen es tarea que Menéndez Pelayo dejó encomendada a «alguno de los doctos hispanistas con que hoy cuenta Francia».[3] Fuerza es reconocer que, doctos o indoctos, los hispanistas franceses no se apresuraron a contestar al llamamiento. Somos dos en haber aceptado el desafío: Pierre Heugas y yo. Demostró Pierre Heugas que Brantôme reproduce un fragmento de la *Thebayda*[4] y una serie de juramentos entresacados de las continuaciones de *La Celestina*,[5] textos a los cuales conviene añadir la historieta de la oración del ahorcado, tomada de la *Thebayda*,[6] y una caricatura de mujer fea, que procede de la *Comedia Serafina* —caricatura ya citada en un capítulo anterior.[7] Los últimos fragmentos merecen especial atención por el motivo de que presentan notables variantes con relación al texto original. Cotéjense las dos versiones del cuento del ahorcado:

> Has de saber que en el Puerto de Santa María iban a ahorcar a un hombre, y estando al pie de la horca y muy acompañado de la justicia, dijo a un fraile que le estaba esforzando a bien morir:

3. *Orígenes de la novela*, III, p. 134.
4. *«La Célestine» et sa descendance directe*, Burdeos, 1973, p. 521, nota.
5. *«La Célestine»*, pp. 520-522.
6. *Comedia Thebayda*, «Libros raros o curiosos», XXII, p. 91. *Rodomontades*, en *O.C.*, VII, pp. 50-51.
7. *Supra*, pp. 69-70. *Les dames galantes*, en *O.C.*, IX, pp. 304-305.

—Padre, sacadme de la manga izquierda del jubón unas devociones que traigo, y leédmelas.

El fraile lo hizo con propósito de inducirle a más devoción; y cuando acabó de leer «el que esta oración trujere no morirá en fuego ni en agua, y sabrá el día de su muerte», dijo el pobre del hombre:

—¡Pese a tal! ¡y qué verdadera habéis vos salido!

En el texto de Brantôme la sobria reflexión del reo se alarga en una retahíla de imprecaciones:

> Vete al diablo, señor fraile, que tan bien habéis [*sic*] profetizado, y tan mal me ha servido tu oración, porque no muero en fuego ni agua, mas en el aire, que es peor, y tan bien lo sabes [sin duda por «lo sé»] y conozco el día de mi muerte.

Sorprende que Brantôme no se limite a copiar el texto de la *Thebayda*, evidentemente superior al suyo por su eficaz brevedad. ¿Acceso de mal gusto? Existe otra hipótesis para explicar conducta tan extraña, y es la posibilidad de que Brantôme no conociera el texto de la *Thebayda*, sino algún mediocre arreglo suyo. Sugiere esta hipótesis el fragmento de la *Comedia Serafina* recordado más arriba: de este retrato caricaturesco nos dice Brantôme que se lo comunicó un caballero español, quien lo hubiera dado como obra de su pluma y parto de su propio ingenio.

Algo parecido habrá pasado con los otros textos de la celestinesca que copia Brantôme. Dudo mucho que se haya tomado el trabajo de leer varias continuaciones de *La Celestina*, y mal imagino que un hombre que tan poca lectura tiene en el terreno de la literatura de entretenimiento —ni una vez cita a Garcilaso, ni una vez a Montemayor— haya ido espigando con paciencia en obras de relativa rareza. Sospecho que la única obra de entretenimiento puro que leyó con atención fue la *Floresta* de Santa Cruz. Sospecho que los fragmentos de la celestinesca que reproduce llegaron a sus manos a través de una antología manuscrita de trozos escogidos del género formada por un caballero español —o a través de unas antologías formadas por unos caballeros españoles. Si vale la hipótesis, no deja de interesar respecto a la lectura de *La Celestina* y sus continuaciones: sin poner en duda el valor moral que unos círculos de intelectuales reconocieron a la celestinesca, sigo pensando que estas obras se leyeron a varios niveles en el siglo XVI, y que una porción de los lectores se apasionaron con preferencia por los fragmentos jocosos que ofrecía el género.

Volvamos a Brantôme. Según lo anticipaba, pienso que leyó con excepcional interés la *Floresta* de Santa Cruz, de la cual toma prestados unos cincuenta y dos textos. La cifra es considerable, y sorprende que deuda tan masiva no se haya observado hasta la fecha. No la observó Menéndez Pelayo; no la observó Joaquín López Barrera;[8] no la observó Cioranescu.[9] Nadie, al parecer, lee la *Floresta*. Hecho significativo: al comentar unos versos de la *Comedia Serafina* de Torres Naharro («¿Consumiste el matrimonio? —Y aun consumí el patrimonio»), tan buen conocedor de las letras españolas como Joseph Gillet remite a las *Rodomontades*, donde en efecto figura el juego de palabras,[10] sin percatarse de que Brantôme lo copia de la *Floresta*.[11] Hay más: Brantôme refiere, achacan-

8. «Brantôme y el género bufo y grotesco de las *Rodomontadas españolas* en la literatura francesa», *R.A.B.M.*, XLIV (1923), pp. 56-81.

9. «Las *Rodomontades espagnoles* de Nicolas Baudouin», en *Estudios de literatura española y comparada*, Universidad de La Laguna, 1954, pp. 115-135; *Le masque et le visage. Du baroque espagnol au classicisme français*, Droz, Ginebra, 1983. María Rosa Lida de Malkiel observó el fenómeno, pero propuso una lista incompleta de los fragmentos que Brantôme toma prestados de la *Floresta* («De Centurio al mariscal de Turenne: fortuna de una frase de *La Celestina*, *H.R.*, 27 (1959), pp. 150-166) por desatender el texto de *Les dames galantes*.

10. Torres Naharro, *Propalladia and other Works*, Bryn Mawr, Pennsylvania, 1943-1951, II, p. 17 y nota. *Rodomontades*, en *O.C.*, VII, p. 195.

11. *Floresta española*, VI, IV, 15, pp. 163-164.

do la frase al papa Alejandro VI, el siguiente cuento de la *Floresta*:

> Quéjose un cardenal al Santo Padre Clemente séptimo que Michael Angel, en el Juicio que había pintado en la capilla de su Santidad, había puesto su retrato al natural en el infierno, que fuese servido de mandarle quitar de allí. Respondió:
>
> —Ciertamente no tengo poder para ello; a estar en el purgatorio, bien lo pudiera yo hacer.[12]

Comenta Brantôme, ocultando y confesando su fuente: «Así lo oí contar de un monje español; y si fuera preciso mostrarlo escrito e impreso, bien lo mostraría en algún rincón de un librito». Y comenta ingenuamente Lalanne: «Este librito que Brantôme no quiere nombrar, es probablemente un libelo protestante; pero no lo he podido descubrir». Cito la frase, no para ridiculizar el valioso trabajo de Lalanne, sino para recordar a qué errores puede llevar la leyenda negra, y más generalmente cualquier concepto apriorístico de la historia.

Examinemos ahora más concretamente la deuda de Brantôme hacia la *Floresta*. La afición del caballero francés al libro de Santa Cruz interesa a los historiadores de las letras y de la cultura por varios motivos:

1. Perfectamente documenta Brantôme el éxito de la *Floresta* entre los franceses, éxito que igualmente han de documentar en el siglo siguiente las *Historiettes* de Tallemant des Réaux y *L'élite des contes* del señor d'Ouville (1680).

2. Brantôme no tiene respeto supersticioso a la letra del texto de la *Floresta*. Al contrario, lo retoca en varias ocasiones. Citemos dos ejemplos significativos:

12. *Floresta*, I, I, 3, p. 16. *Rodomontades*, en *O.C.*, VII, p. 67.

—Mirando unos caballeros las damas de la reina doña Isabel, mujer del Rey Católico, iba a la postre la guarda de damas, que era vieja y flaca y fea. Dijo Alonso Carrillo que parecía muerte en cabo de rosario.[13]

Le seduce a Brantôme tan agudo apodar. Pero en la versión que propone[14] la reina Isabel de Valois sustituye a la reina Isabel la Católica, y un caballero anónimo a don Alonso Carrillo.

—Los portugueses suelen decir por afrenta: «¡Andad para castellano!». Aconteció en Lisboa que un castellano de buena disposición y traje llegó a una tienda de joyería y preguntó a una moza que guardaba la tienda si tenía una pieza de holanda. La moza se paró a una puerta que estaba dentro, en la tienda, y llamó a su señora diciendo:

—Aquí está un castellano que quiere comprar una pieza de holanda.

Saliendo la portuguesa, volvió muy enojada a la moza y díjole:

—Bellaca mal criada, a un hombre honrado como éste, ¿no has vergüenza de llamarle castellano?[15]

Brantôme reproduce la historia, pero convirtiéndola en suceso real cuyo protagonista hubiera sido él.[16]

3. Más interesante es el hecho de que Brantôme reproduce un romance y unos refranes y cuentecillos que conoció por vía oral. Demos un rodeo por estos fragmentos que nos conducen, según veremos, a hacernos alguna pregunta acerca de la redacción de la *Floresta*. Bastará con recordar el romance del *Marido prisionero* que oyera cantar Brantôme en España.[17]

13. *Floresta*, VII, II, 1, p. 192.
14. *Rodomontades*, en *O.C.*, VII, p. 196.
15. *Floresta*, VII, I, 3, pp. 185-186.
16. *Rodomontades*, en *O.C.*, VII, p. 124.
17. *Rodomontades*, en *O.C.*, VII, pp. 162-163. R. Menéndez Pidal, *Romancero hispánico*, Madrid, 1953, II, pp. 408-409.

Menos estudiadas son las variantes que trae el caballero francés de algunos refranes recogidos por Correas:

— «De una mula que hace *hin* y de una hija que habla latín, *libera nos, Domine*».[18] Compárese Correas: «Mula que hace *hin* y mujer que parla latín, nunca hicieron buen fin».[19]

— «Viñas y niñas son muy malas a guardar».[20] Compárese Correas: «Viña y niña, peral y habar, malos son de guardar».[21]

Sobre todo documenta Brantôme el juego de ingenio que consiste en alterar un refrán en forma maliciosa, juego que se practicó corrientemente en la España del Siglo de Oro y del cual se perciben ecos en la literatura jocosa: «Mucho sabe la zorra, mas sabe más la dama enamorada»[22] es variante del conocido refrán: «Mucho sabe la zorra, pero más el que la toma».[23]

Por otra parte, reproduce Brantôme unos relatos jocosos —alguno de los cuales se reduce a una frase alusiva— que tan de acuerdo están con las formas de la agudeza peninsular que no podemos dudar de que en efecto las habrá oído en boca de españoles:

> —Grandes palabras dijo el rey don Hernández [*sic*] a don Pedro mi abuelo: «Sacad mis botas».[24]

Compárese Correas:

> —Alza la lanza, necio.

18. *Les dames galantes*, en *O.C.*, IX, p. 572.
19. *Vocabulario de refranes*, p. 562 b.
20. *Les dames galantes*, en *O.C.*, IX, p. 581.
21. *Vocabulario de refranes*, p. 523 b.
22. *Les dames galantes*, en *O.C.*, IX, p. 714.
23. *Vocabulario de refranes*, p. 565 a.
24. *Rodomontades*, en *O.C.*, VII, p. 32.

Para los que se alaban de cosas impertinentes. Alabábase un villano que le había hablado el rey; y preguntado qué le había dicho, respondió que le dijera: «Alza la lanza, necio».[25]

— Sube un caballero gordo las gradas de Palacio. Bromean dos hidalgos: «Mirad el puerco que sube» —«Sí, replica el otro, soy un puerco; mas vos no me mataréis, y vos no me comeréis».[26]

— Diciendo la reina Isabel de Valois que, por gustarle tanto la villa de Madrid como la ciudad de Valladolid, quisiera ella tener un pie en la primera y otro pie en la otra, exclama un truhán: «Y yo quisiera estar en medio de las dos».[27] Es dicho internacional (y creo que chiste tradicional) que en Francia se atribuye al ingenio del mariscal de Bassompierre.[28] Dada esta coincidencia, cabría suponer que la localización de la historieta en España se debe a la inventiva de Brantôme. Pero no es así, puesto que Lope de Vega en carta dirigida al duque de Sessa en fecha del 6 de agosto de 1611 documenta la circulación del chiste en la corte: «...tiene un pie en Castilla y otro en Portugal, como deseaba un truhán ver a la reina doña Isabel en Madrid y Toledo, y estar él en Illescas».[29]

A partir de estas observaciones, no podemos dudar de que Brantôme haya recogido en efecto dichos y agudezas que circulaban oralmente entre los caballeros españoles. Acaso proyecte el hecho alguna luz sobre la composición de la *Flo-*

25. *Vocabulario de refranes*, p. 49 b.
26. *Rodomontades*, en *O.C.*, VII, p. 50.
27. *Les dames galantes*, en *O.C.*, IX, p. 526.
28. «La reine mère disait: "J'aime tant Paris et tant Saint-Germain que je voudrais avoir un pied à l'un et un pied à l'autre". — "Et moi, dit Bassompierre, je voudrais donc être à Nanterre. C'est à mi-chemin"» (Tallemant, *Historiettes*, I, p. 601). Obsérvese una vez más cuán poco difieren entre 1500 y 1650 ingenio cortesano e ingenio bufonesco.
29. *Epistolario de Lope de Vega Carpio*, ed. A. González de Amezúa, III (1941), p. 50.

resta. En dos ocasiones, Brantôme nos proporciona versiones distintas de los relatos de Santa Cruz. El primer ejemplo es como sigue:

> A un viejo que hablaba en amores a una señora, le respondió:
> —¿A completas habla vuestra merced de esa manera?[30]

La versión de Brantôme, muy superior, da paso a una agudeza galante:

> Un cavalier, parlant un jour d'amour à une femme àgée, mais pourtant belle encore et fort désirable, elle lui dit: «¿Y cómo, señor, me habla V.S. de esta cosa a mis completas?». L'autre lui répondit: «Señora, sus completas valen más que las horas de prima de cualquier otra».[31]

Segundo ejemplo:

> Tenía una dueña una hija muy regalada, y la noche de la boda, yendo a dormir con su marido, como la viese ir muy medrosa, consolábala diciendo:
> —Pluguiera a Dios, hija mía, que pudiera yo pasar ese dolor por vos.[32]

¿Bobada o malicia? La versión de Brantôme no deja lugar a dudas:

> Une dame espagnole, pensant que sa fille appréhendât le forcement du premier lit nuptial, et y allant, se mit à l'exhorter et persuader que ce n'était rien, et qu'elle n'y aurait point de douleur, et que de bon coeur elle voudrait être en sa place

30. *Floresta*, XI, VII, 20, p. 290.
31. *Rodomontades*, en *O.C.*, VII, pp. 168-169. El mismo texto en *Les dames galantes*, en *O.C.*, IX, p. 359.
32. *Floresta*, XI, II, 14, p. 272.

pour le lui faire mieux à connaître; la fille répondit: «Beso las manos, señora madre, de tal merced, que bien la tomaré yo por mí».[33]

A la vista del último ejemplo podemos preguntarnos si los dichos de la *Floresta*, tales como los conocemos, no hubieran sufrido unos prudentes arreglos, debidos al propio Santa Cruz.[34]

4. Hipótesis aparte, lo cierto es que Brantôme aprecia y alaba constantemente la agudeza española. Menéndez Pelayo se dio cuenta de la admiración que sintió por España el caballero francés, subrayó que sus *Rodomontades* nada tenían que ver con otras obritas de título parecido que son burdos libelos antiespañoles, recordó que le encantaron las «belles paroles proférées à l'improviste» por los de aquella nación «fort prompte d'esprit».[35] Con todo, no destacó el título —tan elocuente— de la obra: «Discours d'aucunes rodomontades et gentilles rencontres et paroles espagnoles» (digo título elocuente porque «bien rencontrer», es decir, replicar agudamente, es en la opinión de Brantôme la forma suprema del ingenio), y no recordó la frase —esencial a mi entender— en que declara Brantôme: «Les Espagnols sont fort subtils à gentiment brocarder et piquer, et appellent cela *motejar*».[36] Título y frase

33. *Les dames galantes*, en *O.C.*, IX, p. 554.

34. A pesar de lo cual mandará el Santo Oficio que se tache este cuento de la *Floresta*, así como algunos más.

35. *Orígenes de la novela*, III, p. 134. Véase *Rodomontades*, en *O.C.*, VII, p. 5.

36. *Rodomontades*, en *O.C.*, VII, p. 166. Interesa observar que el carácter blasfematorio de unos chistes españoles le asusta a Brantôme. «Conviene advertir —escribe él— que algunos españoles tanto gustan de motejar que no perdonan ni religión ni religiosos ni cualquier persona o cosa» (*Rodomontades*, en *O.C.*, VII, p. 187). En apoyo de esta afirmación refiere Brantôme (*ibid.*) que cierto día en que cenaba en Velletri a la mesa de Carvajal («sergent major de Naples»), les sirvieron una ensalada detestable, que llevaba mucho aceite y poquísimo vinagre. Al verla exclamó Carvajal: «Señores, ¿quién quiere morir de vosotros? que aquí está la extremaunción». Se rieron todos, menos un monje quien observó: «Señor capitán, estas palabras no son buenas a decir [*sic*]». Pero Carvajal no le hizo caso.

reveladores si los hay, con los cuales perfectamente se amolda el contenido del libro. El famoso motejar español y las no menos famosas agudezas españolas representan un 50 por 100 de las citas literarias de Brantôme, porcentaje impresionante, máxime si tenemos en cuenta el que ocupan en su obra el debido espacio los dichos altaneros de capitanes y caballeros españoles.[37]

Las historias de la literatura española, de su expansión e influencia no suelen conceder gran espacio a Brantôme. Actitud lógica porque no podemos considerar al caballero gascón como fino catador de unas letras a las que no parece haber dedicado gran atención. Actitud algo injusta porque Brantôme es uno de los primeros caballeros extranjeros que manifiestan interés por la *Floresta* y demuestran afición al motejar tal como lo esgrimen los españoles, es decir, a la agudeza verbal tal como la practican los españoles. Este interés y esta afición no son privativos del autor de *Les dames galantes*; reflejan una sensibilidad y un gusto muy difundidos entre sus contemporáneos. Los caballeros franceses aprecian como él esta agudeza; aprecian como él la *Floresta* de Santa Cruz. Y estas aficiones no se han de extinguir tan pronto, según hemos de ver.

37. Reproduce en especial tres dichos atribuidos al Gran Capitán en la *Floresta*: II, II, 27, p. 52 (*Rodomontades*, en *O.C.*, VII, p. 124); II, III, 1, pp. 66-67 (*Rodomontades*, p. 125); II, III, 7, p. 68 (*Rodomontades*, p. 126).

VII. EN ESPERA DE QUEVEDO

Años después de las andanzas de Brantôme, otro francés, Barthélémy Joly, pasa el Pirineo y observa con interés las costumbres del país. Confirma su relación el apego de los españoles al arte de apodar:

> ...aquellos que saben decir bien la palabra y dar el ataque, que llaman *apodo*, *matraca* o *pulla*, lo que es tan usado y empleado en España, que no hay allí quien no se meta en ello, y se sentiría muy enfadado si no se le estimase como diestro e ingenioso para eso.[1]

Por desgracia no ejemplifica esta afirmación Barthélémy Joly ni se mete en más detalles, sin duda por no permitírselo sus conocimientos lingüísticos.

Mucho más concreto ha de ser el oidor Tomé Pinheiro da Veiga, quien reside en Valladolid de abril a junio de 1605. Su *Fastiginia*, que en forma sorprendentemente rara mencionan los estudios sobre conceptismo, presenta una fascinadora imagen de la agudeza española, tal como se manifestaba en la vida cotidiana y en el habla coloquial. Únicamente los testimonios de Brantôme y Luis Zapata sufren la comparación

1. *Viaje por España* (1603-1604), en *Viajes de extranjeros por España y Portugal*, II, p. 122 a.

con el de la *Fastiginia*, aunque remiten a unas épocas de fechas más borrosas, aunque no son tan ricos ni concretos. Tomé Pinheiro da Veiga nos muestra damas y caballeros vallisoletanos ejercitándose en el arte de apodar. Estos apodos no siempre resultan originales, ni mucho menos: a los portugueses se les califica de *sebosos* con una regularidad que raya en monotonía.[2] Otras veces manifiesta el apodo creatividad más acentuada: «parece sacristán enfermo»,[3] «graja»,[4] «bodegonero del dios Baco»,[5] «trompetero de Dios Padre»,[6] «las siete Cabrillas».[7] Los que pertenecen a la sociedad más escogida tampoco escapan de tales agresiones: a doña Ana de Sourza, esposa de un regidor de Valladolid,[8] la bautizan «la gitana».[9] Y el apodar es visiblemente pasatiempo y juego de ingenio, como lo hacía sospechar un breve relato de la *Floresta española*,[10] y según evidencia un fragmento de nuestro texto en el cual una señora (quien por otra parte no parece ser parangón de mujeres virtuosas) pide que jueguen a apodarla.[11]

Tampoco brilla constantemente por su novedad el motejar: a los italianos se les tacha de homosexuales,[12] a los portugueses de locos.[13] Alcanza un nivel apenas superior cuando

2. *Fastiginia*, pp. 18 a, 20 b, 96 a y 206 a. Se trata, como es sabido, de calificativo proverbial en el Siglo de Oro.
3. *Fastiginia*, p. 39 a.
4. *Fastiginia*, p. 82 a.
5. *Fastiginia*, p. 96 a.
6. *Fastiginia*, p. 97 b.
7. *Fastiginia*, p. 134 b.
8. Véase *Fastiginia*, p. 130 a.
9. *Fastiginia*, pp. 61 b y 139 b.
10. «Un canónigo de Toledo, apodando en un banquete a muchas señoras, díjole una de ellas que apodase a una doncella, hija del canónigo. Respondió: "Señora, basta que la plante, sin que la pode"» (*Floresta española*, I, v, 7, p. 28).
11. *Fastiginia*, pp. 117 b-118 a.
12. *Fastiginia*, p. 42 a.
13. *Fastiginia*, p. 134 b. Compárese: «El español parece cuerdo y es loco. El francés parece loco y es cuerdo. El portugués parece loco y lo es. El italiano no parece cuerdo y lo es» (Francisco de Espinosa, *Refranero*, «Anejos del BRAE», XVIII, p. 109).

unas damas califican de «caballo» al conde de Cabra, el cual hubiera dicho al ver un rocín muerto: «He aquí lo que somos».[14]

En el manejo del equívoco es donde sobresalen damas y caballeros, si dejamos aparte unos equívocos ya desgastados.[15] Citemos unos diálogos de esos en que rivalizan en ingenio portugueses y españoles:

> Bien sabéis que sin estas digresiones no hay historiador ni poeta; y dígolo además porque, estando yo con otro amigo portugués, se nos confiaron unas señoras, dos de las cuales parecían muy principales y hermosas; y el lusitano, por no perder la costumbre, jugaba de manos, de lo que una se me quejó, pidiéndome le dijese no fuese portugués sino en ser buen enamorado; y continuando él, le dijo una:
>
> —Yo di a v. md. oficio de guardián; dígame qué oficio es ése de romperme mi sayo—. Respondió él:
>
> —Señora, quería ser sumiller de corps—. Y ella replicó luego:
>
> —Pues los hombres cortesanos, con las doncellas como yo, no han de querer ser más que gentileshombres de la boca.[16]

> Yendo yo un día con otros amigos, pasaba una señora en una carroza y llevaba tres o cuatro niñas, de las cuales la mayor no tenía siete años, muy lindas. Dije yo al pasar:
>
> —Bien se podría dar por una niña de éstas los dos ojos.[17]

> Y estando yo en San Martín por la cuaresma, una embozada fea preguntaba mucho a un hidalgo que no hacía caso, y una vez la dijo:

14. *Fastiginia*, p. 111. Es majadería tradicional: Quiñones de Benavente la pone en la boca de un médico (*Entremés del Burlón*, Cotarelo, *Colección de Entremeses*, núm. 324, p. 786 b). La señora de Sévigné y Tallemant la achacan al señor de Monbazon, padre putativo de cantidad de bobadas que regocijan a los franceses del siglo XVII (Tallemant des Réaux, *Historiettes*, II, p. 222).

15. «Servicio» (*Fastiginia*, p. 82 b), «grillos» y «esposas» (p. 126 b), «herrador» y «erradas» (p. 134 b).

16. *Fastiginia*, pp. 48 b-49 a. Conviene recordar que Pinheiro apunta en lengua española los diálogos que reproduce.

17. *Fastiginia*, p. 126 a.

—Es fuerte cosa que me hagan caer en dos excomuniones, hablar en la iglesia, y con mujer fea. —Y respondió ella:

—Harta más descomunión es preguntar a un necio. —Y él replicó:

—Que me ahorquen si se hallare una cuerda.[18]

En eso no para la agudeza de los vallisoletanos. Practican con fervor el juego de palabras por disociación,[19] juego que aplican con frecuencia a los apellidos: todos conocen la disociación clásica de Puñoenrostro,[20] y exclaman unas señoras al pasar el marqués de Barcarrota: «¡Rota va la barca!».[21] Juegan equívocamente sobre los nombres de pila —Victoria / victoria—[22] lo mismo que sobre los nombres de lugares —Lerma / Belerma—.[23] Se saben mil historietas maliciosas,[24] y pronto burlan del incauto bastante ingenuo para imaginar que será posible deslizar en la conversación un chiste desgastado.[25] Tomé Pinheiro se deshace en alabanzas de «la viveza y presteza de las respuestas de las damas castellanas»,[26] de «la agu-

18. *Fastiginia*, p. 204 a.

19. Véase por ejemplo *don / donaire / algodón* (*Fastiginia*, p. 135 a).

20. *Fastiginia*, p. 98 a.

21. *Fastiginia*, p. 57 b. Este juego de palabras aclara un fragmento alguna vez mal entendido de *La pícara Justina* (II, II, 1, p. 299).

22. *Fastiginia*, p. 136 a.

23. *Fastiginia*, p. 100 a.

24. Relatos que ridiculizan a los portugueses (pp. 147 b-150 a) o hacen burla de los médicos (pp. 183 b-184 a). Una historieta irreverente sobre el bautismo —«Cuando el cura dejó la sal en la boca a la niña, conté la historia del conde de Redondo, que dijo al cura que no sabía lo que hacía, que le dejase la sal entre las piernas, que por allí se dañaban ellas» (p. 49)— vuelve a aparecer en los *Diálogos de apacible entretenimiento* de Gaspar Lucas Hidalgo (p. 315 a). El breve relato que se lee en p. 175 b —«Porque, yendo en un coche dos clérigos, uno más dado a Venus y otro a Baco, dijeron a una embozada en el Prado: "Mi señora, ¿quiere v. md. que la metamos aquí?". Y respondió: "Eso sería estar entre cuero y carne"»— es versión anticlerical (¿la versión primitiva?) de un chiste de la *Floresta española* (III, 1, 15, p. 89). El verso de Quevedo «y al fin la boda fue entre carne y cuero» (*Poesía*, núm. 594) será adaptación de este equívoco conocido.

25. *Fastiginia*, p. 133 b.

26. *Fastiginia*, p. 5 b. Véanse también pp. 18 a y 110 b.

deza de sus dichos»,[27] talento que, según observa él con sorpresa, igualmente brilla en las mujeres del pueblo:

> El viernes, estando en casa, vi una cosa nunca vista en Valladolid, que fue pelearse a dos vecinas, cruzándose insultos y gritando en la calle, porque, de las dos veces que he estado en la corte, ni yo ni amigos a quienes pregunté vimos nunca pelear como nuestras revendedoras; cuando mucho se dicen sus remoques y palabras equívocas o de segunda intención, como dicen nuestras viejas, porque ordinariamente tienen un modo de hablar metafórico y de traslaciones, y no vulgar ni ordinario, en lugar de los adagios y refranes de nuestros ciegos y viejos, al modo de nuestra *Eufrosina*, con lo que hacen alegre y apacible la conversación; y como se crían en esto desde pequeñitos, son muy avispados.[28]

Última observación: cuando nuestros joviales portugueses se ensayan en el género satírico, sus meditaciones poéticas dan el fruto siguiente:

Y la causa de este daño
viene de su signo fiero
donde Virgo es siempre extraño,
reinando por todo el año
el Capricornio y Carnero ...

Con sus deudas cuántos deudos
gastan su renta tan mal,
que, por haber paga igual,
le pagan ellas sus feudos
con servicio personal ...

Los más fuertes corazones,
con quien nada puede amor,
los doblan cuatro doblones;

27. *Fastiginia*, p. 159 b.
28. *Fastiginia*, pp. 125 b-126 a.

a soberbia, alma y honor
hacen perder los arzones.[29]

Al leer estos versos, ¿quién no creerá leer un borrón de Quevedo? Un borrón sin vigor, un borrón deslavazado. Pero los fragmentos reunidos más arriba demuestran que a primeros años del siglo existe en Valladolid —y pronto ha de existir en Madrid— una sociedad de damas y caballeros que sumamente aprecia el apodo, el motejar, el equívoco, el juego de palabras por disociación. Esta sociedad, cuyo carácter lúdico sólo en forma parcial se ha estudiado y entendido, juega con pasión. Juega a la pelota y juega a los naipes. Juega también con las palabras, y con idéntica pasión, rasgo éste que evidencian con claridad meridiana la relación de Pinheiro da Veiga igual que los *Diálogos* de Gaspar Lucas Hidalgo o los *Cuentos* de Juan de Arguijo. Tal pasión forzosamente había de dejar huella en la literatura de aquellos años.

La misma *Fastiginia* también descubre, aunque en ocasiones mucho menos frecuentes, otra cara del conceptismo. Reproduzcamos unos diálogos significativos:

Quedábamos muy próximos a una tienda de adornos y aderezos de mujer; dijo una de las mozas:

—¿Hay ahí algún portugués que se enamore de mí, que soy la más linda (del bando) y me dé (compre) unas tocas, que no hay en mi casa blanca por ahora?— Respondió Jorge Castrioto, que iba con nosotros:

—Por imposible tengo yo que donde v. md. anduviere, falte ni blancas ni cornudos.[30]

Se observa en esta plática, aunque deslustrado por la última palabra de la réplica, el paso de un conocido equívoco

29. *Fastiginia*, pp. 118-119.
30. *Fastiginia*, p. 17 b.

agresivo —«Tres hermanas, algo morenas, pidieron a un escudero un real prestado. Él dijo que de buena gana le diera, pero que no le tenía. Respondió la una de ellas: "¿Cómo? un hombre tan honrado ¿no tiene un real?". Dijo él: "Pues ¡cuerpo de tal! no hay entre vosotras tres una blanca ¿y maravilláisos que no tenga yo un real?"»—[31] a un equívoco galante.

> Al marcharnos, ya casi de noche, vimos salir de la iglesia a unas señoras que conocía de vista, mujer y hermana del doctor Herrera, médico del rey, con una hija muy linda y que canta en extremo bien, a quien llaman doña María de Herrera, y otras. Dijímosles que hacían bien en salir con las estrellas; contestó una que antes como feas buscaban el manto de la noche y debían disfrutar de las luminarias. Replicamos que al menos no pagarían pena de coche en llevarlas, pues en él había tan buenos ojos y rostros. Díjome ella:
>
> —Y ¿cómo puede vuestra merced ver de noche, no siendo de gato, sino negros, los míos?— Respondí «que las estrellas mejor se ven de noche que de día, y más que la luna, de envidia del sol, nos viene siguiendo; ¿qué hiciera si viera cantar a v. md.?».[32]
>
> Yendo nosotros en un coche, cruzábamos muchas veces con otro, en el que iba, del lado del estribo, una doncella, hija de doña Catalina de Mercado, a quien vos conocéis, que se ha hecho muy bonita; y parándonos una vez, ella corrió la cortina y echóse el manto. Díjela yo:
>
> —Si servimos de nublado y damos disgusto a v. md., pasaremos luego.[33]

Estas palabras del enamoradizo portugués nos traen a la memoria la escena de *Amar sin saber a quién* en que don

31. *Floresta española*, XI, IV, 6, p. 281.
32. *Fastiginia*, p. 50 a.
33. *Fastiginia*, p. 19 b.

Juan pregunta ansiosamente a Leonarda, con quien conversa por primera vez:

> ¿Por qué, señora, se encubre
> ese sol con el nublado
> de ese manto? [34]

Según se puede apreciar, Pinheiro da Veiga y sus compañeros portugueses se ensayan en el conceptismo galante, que no serán los únicos en practicar. Pero se observa en seguida que sus diálogos pronto salen de esta tonalidad. La muchacha del primer relato concluye: «Y aun por eso ando yo buscando un portugués, por enriquecerle en esa moneda»; y la del último: «Disgusto, no; mas andando y hablando, como decía la mujer del ahorcado» («Porque, deteniéndose un ahorcado a recomendar muchas cosas a su mujer, dicen que le dijo: ''Marido, hablando y andando, que se hace tarde''»). El vocabulario del motejar y el cuentecillo familiar no tardan en surgir. Todavía no parecen dispuestos los vallisoletanos y las vallisoletanas a expresarse en el habla refinada de las damas y los galanes de Lope. Pero sobre el teatro lopesco volveré más adelante.

La pasión por la agudeza que anima a los vallisoletanos no es privativa de la corte. Todos los focos culturales de España manifiestan idéntico fervor en los primeros años del siglo XVII: Sevilla, que admira los dichos del maestro Farfán, igualmente celebrados en los *Cuentos* de Juan de Arguijo, en *El culto sevillano* de Juan de Robles y en las composiciones poéticas de Juan de Salinas; Córdoba, donde impera el ingenio de Luis de Góngora y donde escribe Juan Rufo sus *Apotegmas*; Madrid, donde publica Alonso de Ledesma sus *Conceptos espirituales* (1600, 1606, 1611) y su *Romancero y Mons-*

34. Lope de Vega, *Obras, Acad. N.*, XI, p. 298 b.

tro imaginado (1615); Barcelona, donde se vuelven a imprimir los *Conceptos espirituales* de Ledesma (1603, 1604, 1605, 1606, 1607, 1612), así como la mayor parte de las ediciones de los *Diálogos de apacible entretenimiento* de Gaspar Lucas Hidalgo (1605, 1606, 1609).

Ignoro si será lícito afirmar con Paul Valéry que existen «obras creadas por su público». Pero es cierto que, cuando existe un público relativamente extenso —y éste es el caso de la España de 1600—, y cuando espera algo este público, la oferta no tarda en acompañar a la demanda. Pronto menudean las obras y obritas nutridas de agudeza. Obras en prosa primero: los *Diálogos de apacible entretenimiento* de Gaspar Lucas Hidalgo y *La pícara Justina* de Francisco López de Úbeda. Los *Diálogos de apacible entretenimiento* son una olla podrida de fragmentos jocosos y agudos: incluyen la relación de unos *gallos* que se dieron en Salamanca, la gesta del «Gigante imaginado» y la «Imposible Doncella», una *invención* debida al ingenio de unos roperos, la relación de una máscara, un elogio de las bubas, unos cuentos de «ayudas», las escaramuzas del cura y del sacristán de Ribilla, amén de cantidad de historietas y chistes. Muchos relatos de éstos forman un breviario del arte de motejar: motejar de asno, de borracho, de converso, de avariento, de cobarde, de cornudo, de ladrón, de pobre, de mala mujer. Por fin apela con frecuencia el texto al equívoco. Ignoramos a qué público se dirigía el librito y cuáles fueron sus lectores; en cambio, teniendo en cuenta las alusiones que encierra, resulta indudable que *La pícara Justina*, obra rellena de artificios agudos —y sobre la cual he de volver más adelante—, se dirigía al público de los cortesanos de Valladolid.

Pero sobre todo responde al llamamiento la poesía, la de los romances y redondillas, la que se lee en academias y corrillos, la que con tanta facilidad se copia en hojas sueltas, la que se imprime en pliegos, la que entra en colecciones y antologías. Esta poesía, que en forma tan fragmentaria habremos conservado, sigue desarrollando las caricaturas que ya conocemos, diversificándolas o perfeccionándolas según los casos. La caricatura de la mujer fea admite una innovación, que no será excesivo calificar de decisiva, teniendo en cuenta la posteridad que ha de engendrar, el día 4 de noviembre de 1592, cuando López Maldonado lee ante la Academia de los Nocturnos una *Sátira contra las mujeres flacas*:

las que de flacas parecéis lancetas,
las que de vivas servís de *anatomías*,
y de noche de hierros de saetas;
las que tenéis las tripas tan vacías
que se han tornado flacas burjoletas,
muy buenas para huesos de calvario,
sirviendo el espinazo de rosario ...
y sin esto, si bien consideramos,
el nombre de flaqueza entenderemos,
que cuantas cosas malas confesamos
con este nombre discurrir podremos ...
Reniego, pues, de la señora flaca
y de quien quiera ser su prisionero,
que es lo mismo que serlo de una haca
criada a la dieta del buldero,
y como estar atado de una estaca
de seco mimbre o palo más ligero ...
las fuertes lanzas con razón temidas
nunca tuvieron hierros tan agudos,
ni pusieron a nadie en tal trabajo
como una pierna que es toda zancajo ...
pueden hacer *cureñas de ballesta*
de los mondados huesos mujeriles,
y es lo mismo que ver una azagaya
vestida en el solaz de cuera y saya.[35]

35. *Cancionero de la Academia de los Nocturnos de Valencia*, I, pp. 122-124.

Otros prefieren seguir derroteros más familiares: varias composiciones impresas en Valencia entre 1597 y 1601 van perfeccionando la caricatura de la vieja. Véanse unas muestras del género, tomadas de unas *Redondillas a una dama vieja vestida de verde*: «Una muerte parecéis / con alcacel enramada, / mas si carne no tenéis / ¿para qué es el perejil? ... túmulo de Todos Santos ... almendro con alma de alcornoque... que como breva pasada / de madura habéis caído».[36]

Los poetas del reino de Castilla desarrollan la misma caricatura, puesto que el *Romancero general* de 1600 acoge varios romances de idéntico asunto (a estos romances me he de referir más adelante) y otros ofrece el *Manojuelo* (1601) de Gabriel Lasso de la Vega. Algunos versos del madrileño ya anuncian la manera de Quevedo, aunque distan de alcanzar su brevedad lacónica y su densidad poética:

riéndose por minutos
con mil frunces en los labios,
que no hay bolsa de corito
que se abra con tal recato.[37]

que se le frunce la boca
como bolsa de recuero,
y que la nariz y barba
se están del ojo haciendo

36. *Las series valencianas del romancero nuevo y los cancionerillos de Munich. Noticias bibliográficas por Antonio Rodríguez-Moñino*, Diputación Provincial de Valencia, núm. 172. Véanse también en la misma colección «En un estrado de damas» (núm. 24, admitido en la *Segunda parte del Romancero general* de Miguel de Madrigal, *Romancero general*, núm. 1.183) y «Las cuatro efes de la mujer desdeñada» (núm. 171). Idéntico tema explota Andrés Rey de Artieda en la «Carta a un caballero divirtiéndole de unos amores lascivos» (*Discursos, epístolas y epigramas de Artemidoro*, Selecciones Bibliófilas, Barcelona, 1955, pp. 115-122).

37. «Quiero murmurar un poco» (*Manojuelo*, núm. 83).

para venir a juntarse
por el uno y otro extremo.[38]

Entonces surge Quevedo. Sobre tal escenario, el éxito de un ingenio tan brillantemente dotado es inmediato. Años antes de que *Escarramán* se cante por toda España, Pinheiro documenta la fama que en Valladolid merecen al joven escritor sus obras primerizas. Pinheiro copia un fragmento de una premática paródica debida a la pluma de Quevedo[39] y las *Indulgencias concedidas a los devotos de monjas*;[40] se cuidará años más tarde de deslizar en su manuscrito los versos perogrullescos del *Sueño de la Muerte*, escritos en fecha posterior.[41] Apreciamos en forma más exacta el alcance de estas citas cuando observamos que Pinheiro únicamente cita dos versos de Góngora.[42] En la opinión de nuestro portugués, el único español que puede competir con Quevedo es Alonso de Ledesma, a quien cita varias veces, y en el tono más elogioso.[43] Tan clamoroso éxito no sorprende, puesto que ninguna de las obras escritas y divulgadas por aquellas fechas —ni siquiera las poesías jocosas de Góngora— se amoldaba tan exactamente con los anhelos del público cortesano como las obritas jocosas de Quevedo.

La obra quevediana no surge de la nada. Quevedo apro-

38. «Acábelo de creer» (*Manojuelo*, núm. 94).

39. *Fastiginia*, p. 10 a, «... aquel malicioso que, en una de las pragmáticas que hizo sobre el buen gobierno de la corte, decía: "ordenamos y mandamos que todo el que fuere hallado de noche con escala de cuerda, ganzúa o genovés, como instrumentos perjudiciales a la moneda y patacas de España, sea azotado, porque es gravemente sospechoso a los Reales Castellanos, etc."» (compárese *Premáticas y aranceles generales*, Espasa-Calpe, «Clásicos Castellanos», núm. 56, Madrid, p. 49).

40. *Fastiginia*, p. 162.

41. *Fastiginia*, p. 16 a (y nota de la p. 213). Figuran los versos en el *Sueño de la Muerte*, pp. 220-221.

42. «Hoy viuda y sola / y ayer por casar» (*Fastiginia*, p. 179 b), versos del romancillo «La más bella niña».

43. *Fastiginia*, pp. 11 b, 101 b, 131 y 194 a.

vecha la literatura jocosa (o aguda) del siglo XVI; aprovecha los paradigmas que le ofrece la poesía contemporánea; aprovecha en especial unos temas y formas que le sugiere el *Romancero general.* Estos temas y formas los renueva, los enriquece, los altera, echando por unos caminos originales que hemos de examinar a continuación. Pero, previamente a este estudio, conviene recordar unas opciones básicas del escritor.

Manifiesta Quevedo, ya desde sus años mozos, unas convicciones fundamentales:

— comparte con sus antecesores y coetáneos la convicción de que los españoles son esencialmente agudos, de que «la agudeza prevalece en ellos», según ha de proclamar Gracián;

— comparte con los mismos la convicción de que la virtud y superioridad de la lengua española consiste en la rica cantera de juegos verbales que encierra;

— concluye que la lengua española se basta a sí misma. Ocioso es buscar fuera de ella unas riquezas inéditas; basta con explorar las posibilidades que ofrece a un buen ingenio.

Explican estas convicciones básicas las opciones de Quevedo en el debate que se entabla sobre el léxico, así como unos rasgos característicos de su manera de escribir.

1. *La cuestión del léxico*

La práctica de Quevedo escritor no obedece religiosamente a las reglas que enuncia Quevedo como crítico. Quevedo admite en sus versos varios cultismos de los que hace mofa en sus obritas satíricas.[44] No menos cierto resulta que la característica de su léxico consiste en fabricar palabras a partir de la lengua española. Góngora había optado por aclimatar; prefie-

44. Sobre estos cultismos, véase la Introducción de José Manuel Blecua a su edición de Quevedo, *Poesía original*, Planeta, 1963, p. XCI.

re Quevedo el injerto. De esta opción proceden tantos neologismos como forja: *diabliposa, cornicantano, naricísimo, pretenmuela, protomiseria*, etc.[45] Este tipo de creaciones idiomáticas, al cual había de dar su ingenio un lustre fuera de lo común, se había manifestado en las letras españolas antes de que saliera Quevedo a la palestra literaria: aparece en los versos de Sebastián de Horozco, en las *Cartas* de Eugenio de Salazar, en la prosa de *Guzmán de Alfarache*. Estos textos reflejan un procedimiento familiar corrientemente practicado en el habla coloquial, y verosímilmente practicado con tanta frecuencia en el Siglo de Oro como en el nuestro.

Me pregunto en especial si la formación del superlativo jocoso *naricísimo* no procederá de una tradición alegre que viviera entre clérigos y estudiantes. En mis años mozos circulaba entre los latinistas en ciernes una frase cuya fe de bautismo no puedo por desgracia determinar: «Homo homini lupus, mulier mulieri lupior, monachus monacho lupissimus». Varios juegos verbales de la misma tinta debieron de resonar en las aulas salmantinas y complutenses. Pero confieso que se trata de pura hipótesis.

Valga o no la hipótesis, parece indudable que no le hacemos justicia a Quevedo como creador de neologismos. Desde que dejó sentado Dámaso Alonso que la mayoría de los cultismos forjados por Góngora habían sido admitidos en la lengua española, varios eruditos que se dedican a estudiar las letras del Siglo de Oro, y en especial unos especialistas de la poesía gongorina, parecen mirar a Quevedo, cuyos neologismos no sobrevivieron al siglo XVII, con cierta condescendencia. Tal sentimiento no se justifica. Es cierto que los neologismos forjados por Quevedo no fueron consagrados en forma póstuma; no menos cierto es que no aspiraban a tal honor.

45. Remito al clásico estudio de Emilio Alarcos García, «Quevedo y la parodia idiomática», *Archivum*, V (1955), pp. 3-38.

Son creaciones jocosas, que únicamente apuntan al valor expresivo —y lo consiguen—. Más importa observar que el procedimiento quevediano se reveló rico en posibilidades, puesto que razonable cantidad de escritores del siglo XVII, y no siempre de los menores, lo hicieron suyo. Más fructuoso que prolongar las polémicas del pasado sería observar las huellas que dejaron estas creaciones en la literatura del siglo XVII —tarea ésta a la cual dedicaré más abajo un apartado.

2. *Los juegos verbales lexicalizados*

El apego de Quevedo al habla coloquial se acompaña de idéntico apego a los juegos verbales que acarrea la misma. Los comentaristas de la literatura quevediana han apuntado cantidad de correspondencias de este tipo: nunca las conoceremos todas. Únicamente recordaré aquí tres ejemplos:

— «más quiero ... estar en un sitio, la nieve a la cinta, hecho un reloj ...» (*Buscón*, p. 169). «Armado como reloj» es imagen antigua que ya emplea Antonio de Guevara y vuelve a salir bajo la pluma de «Avellaneda» y otros;[46]

— «armado de tinto en blanco» (*Poesía*, núm. 858). Compárese Correas, *Vocabulario de refranes*, p. 37 a: «Por donaire dicen "armado de tinto en blanco", como decir "bien bebido"»;[47]

— «que solamente Elvirilla / a quien adora Elvirote» (*Poesía*, núm. 690). Compárese otra vez Correas, *Vocabulario de refranes*, p. 524 a: «"Vos, ¿cómo os llamáis?" —"Yo, Elvira". —"¿Y vos?" —"Yo, Elvirote, por mordella"». Comenta Correas: «Pregunta del cura a dos que casaba. "Por

46. A los textos aducidos por Domingo Ynduráin en su edición del *Buscón* se pueden añadir el romance «Vuestras mudas sin razones» (*Romancero general*, núm. 673) y *El Guitón Honofre*, Estudios de Hispanófila, p. 155.

47. Idéntico chiste en Lope de Vega, *La villana de Getafe*, II, *Acad. N.*, X, p. 387 a (habla un lacayo).

mordella'' a lo rústico: ''por amor della''». Teniendo en cuenta la riqueza polisémica de la palabra *virote* y el hecho de que *morder* significa *futuere* según los eruditos autores de *Poesía erótica del Siglo de Oro*, parece lícito sospechar que la frase encierra malicia más rebuscada que la que declara Correas.

3. *El refrán alterado*

Es juego de ingenio familiar que ya se practicaba en la corte de la reina Germana —«cuanto más monos, más ganancia»— [48] y que aprecia Brantôme. Alguna vez lo documenta Lope, poniéndolo en boca del gracioso y tachándolo de vulgar:

HENRIQUE

... porque en fin quien más no puede...

NUÑO

¿Qué dices?

HENRIQUE

... morir se deja

NUÑO

Así el proverbio lo dice,
pero hayle de dos maneras:
una entre la gente grave
que la primera se cuenta,
en que, a quien no puede más,
que se muera le aconseja;

48. Luis Milán, *El cortesano*, p. 278.

otra es término vulgar
que dice que cuando llega
un hombre a no poder más,
que con su mujer se acuesta ...[49]

Abundantemente lo documenta Correas: «Líbrenos Dios de las ollas menguadas» (p. 215 b), «Los huevos, con pan son buenos» (p. 223 a), «Debajo de mala capa hay buen vividor» (p. 323 a), «Donde una puerta se cierra, otra se cierra» (p. 334 b), «Cobra buena cama, y échate a dormir» (p. 430 a), «Más sabe el cuerdo en su casa que el necio en la ajena» (p. 533 b), «Más saben unos velando que otros durmiendo» (p. 533 b), «Tener parientes en la cocina» (p. 732 a). Quevedo echa mano de él en varias ocasiones: «A más cuernos más ganancia» (*Poesía*, núm. 700), «¿Dueña?, no por mi casa» (*Sueño de la Muerte*, p. 224), «No hay tono como el del ahito» (*Sueño de la Muerte*, p. 232), «Niñas, la codicia quita el asco» (*La hora de todos*, XVIII).

4. *Unos juegos verbales consagrados*

Aparte de los equívocos corrientes ya aludidos más arriba, viven sin duda en la España de 1600 cantidad de juegos verbales canonizados por el uso de los que no deja Quevedo de echar mano. Evidencia el fenómeno un rápido cotejo entre los juegos verbales de la poesía quevediana y los que traen los versos de Baltasar del Alcázar. Escojo este ejemplo porque Baltasar del Alcázar muere en 1606, después de pasarse la vida en Sevilla y sin haber imprimido sus versos. Dadas estas circunstancias, es muy dudoso que el madrileño haya conoci-

49. *Quien más no puede...*, II, *Acad. N.*, IX, pp. 140 b-141 a. En sus *Memorias*, en fecha de 1622, emplea Diego Duque de Estrada la forma «vulgar» del proverbio (BAE, XC, p. 348 b). Correas apunta ambas versiones, y alguna más (p. 417 a), sin comento.

do la obra del sevillano (con la excepción de lo poco que recogen las *Flores* de Pedro Espinosa), por lo cual es de presumir que las coincidencias entre ambos poetas reflejan unos juegos de palabras que ya se habrán hecho triviales. Citemos en particular:

— el equívoco sobre el adjetivo *liviano* (Baltasar del Alcázar, *Poesías*, p. 115; Quevedo, *Poesía*, núm. 515);

— el juego de palabras sobre *Santo Tomé* y *tomar* (Baltasar del Alcázar, p. 76; Quevedo, núms. 722 y 726);

— el chiste sobre *Ovidio / nasón* (Baltasar del Alcázar, p. 72; Quevedo, núm. 513). No parecerá exageradamente atrevido afirmar que este último lo conocería cualquier estudiante.

Los estudiantes... Si algún ingenio del Siglo de Oro se hubiera tomado el trabajo de apuntar razonable cantidad de las agudezas verbales que circularían en patios de escuelas, colegios y pupilajes, entenderíamos sin duda de forma mucho más clara el fenómeno conceptista. Por desgracia, nuestra información sobre estas realidades es pobre, reduciéndose a los *Coloquios de Palatino y Pinciano* de Juan Arce de Otálora y a unos *gallos* estudiados por Aurora Egido.[50] Interesan estos materiales, pero andan lejos de poderse equiparar con los tesoros que representan, por lo que toca a la agudeza cortesana, la *Floresta española* y la *Fastiginia*.

Huelga decir que Francisco de Quevedo igualmente admite en sus prosas y versos unas chanzas tradicionales que, si bien nos pueden sorprender, no chocaban a ningún lector del Siglo de Oro. Tal es el caso de los pasteles supuestamente rellenos de carne humana. La afirmación no pasa de ser una broma venerable que circuló por mucho tiempo a través de

50. «*De ludo vitando*. Gallos áulicos en la Universidad de Salamanca», *El Crotalón*, I (1984), pp. 609-648.

Europa.[51] El detalle resulta espeluznante —¿esperpéntico?— para el lector del siglo XX. En opinión de Quevedo y de sus primeros lectores es un chiste inocente, perfectamente inocuo, y parece por lo menos inadecuado hablar de «canibalismo» a propósito del *Buscón*, como lo hace Léo Claretie.[52]

Consecuencia: la brevedad expresiva

Quevedo gusta de la brevedad; Quevedo gusta de la concisión; Quevedo gusta de la densidad —«lo bueno, si breve, dos veces bueno»—; le encanta la frase de corte senequista, el verso de Marcial. Pero también es cierto que sus opciones le llevan a adoptar tal solución. La pluma de Quevedo camina de prisa. Forzosamente camina de prisa por aprovechar cantidad de materiales ya conocidos. Sus chistes son con frecuencia chistes de chistes: de ahí el carácter elíptico que ofrecen. Véanse dos ejemplos: el de la comida eterna de los pupilajes y el de la cortesía (o descortesía) de los calvos:

Arce de Otálora, *Coloquios de Palatino y Pinciano*, fol. 70 v.°

> Uno de los enigmas oscuros de entender que dicen ellos [los estudiantes] que se preguntó al oráculo de Apolo, fue cuál era la cosa que sin ser nada tenía principio y medio y fin, y dicen que respondió que la comida del pupilo, que tiene ante y postre y medio, y no es nada.

Juan de Arguijo, *Cuentos*, núm. 318

> Farfán. Diéronle un día el caldo y la ración a comer, sin ante ni postre, y dijo:
> —Sin ser Dios, no tengo principio ni fin.

51. Paul Sébillot, *Le folklore de France*, Maisonneuve, París, IV, pp. 225-226.
52. *R. Hi.*, 43 (1918), p. 57.

El Buscón, p. 101

Comieron una comida eterna, sin principio ni fin.

Libro de todas las cosas, I, 22

Para que, aunque seas calvo, no lo puedas parecer, sin cabellera ni casquete.

Ten sombrero perdurable y de por vida, y no te le quites aun para dormir; y si otro te quitare el sombrero, remítete a la cabezada y a la reverencia; y si por esto te dijeren que eres descortés, di que más vale ser descortés que calvo.[53]

La hora de todos, X

A los calvos se les huyeron las cabelleras con los sombreros en grupa y quedaron melones con bigotes, con una *cortesia* de los polvos del Miércoles Corvillo.

53. Compárese la *Floresta española*, II, II, 2, p. 45: «Topando por la calle a un arzobispo, hízole [el conde de Ureña] el acatamiento que a tan gran prelado convenía. El arzobispo quitó muy poquito el capelo. Volvió el conde la cabeza a un criado que venía cerca del arzobispo, y díjole: "Su Señoría debe de ser tiñoso o desorejado, pues no se atreve a quitar el bonete"».

VIII. CINCO GÉNEROS JOCOSOS APROVECHADOS POR QUEVEDO

Quevedo se ensayó en varios géneros jocosos que había creado la literatura del siglo XVI. Por muy grande que fuera su ingenio, forzoso es reconocer que no consiguió renovar todos los paradigmas que le ofrecían sus predecesores, lo cual, sin duda, equivale a decir que renovar algunos de ellos sería tarea imposible.

1. *El testamento paródico*

El «Testamento de don Quijote» (*Poesía*, núm. 733), de fecha incierta, aunque forzosamente posterior a 1615, pertenece al grupo de los testamentos paródicos, según apuntó Giovanni Caravaggi.[1] El romance no es de los mejores de Quevedo.[2]

2. *El centón de refranes y frases hechas*

El *Cuento de cuentos* (1626) reúne dos elementos heterogéneos que alguna vez se habrán confundido. La dedicatoria

1. «Apostilla al *Testamento de Celestina*», *Revista de Literatura*, XLIII (1981), núm. 86, p. 151.

2. No he visto *El testamento y mandas del Cavallero viandante Don Quixote de la Mancha*, obrita del licenciado Alonso de Vayllo, impresa por Juan de Larumbe en Zaragoza (1626) (Gallardo, IV, 920).

a Alonso Messía de Leyva es censura de «las vulgaridades rústicas» del habla común, caracterizada por el propósito crítico que ya informaba la *Premática de 1600*, en la cual se reprobaban los «bordoncillos inútiles» y «el malo y ordinario lenguaje». El *Cuento de cuentos* propiamente dicho, si bien pretende ilustrar las afirmaciones de la dedicatoria, es juguete de ingenio, definido en una de las *Cartas en refranes* de Blasco de Garay.[3]

La alianza del relato a base de frases proverbiales y de una crítica del habla coloquial dentro de un mismo texto ya se había dado en *El perro y la calentura* de Pedro Espinosa, obrita impresa en 1625, que propone excluir de la lengua las «voces vulgares, mal sonantes, humildes, etc.».[4] Posiblemente llegara a manos de Quevedo el opúsculo de Pedro Espinosa; posiblemente le irritara la imitación que ofrecía de la *Premática de 1600*: de ser acertada la hipótesis, pudiera escribir el *Cuento de cuentos* para competir con el autor de *El perro y la calentura*. Hipótesis aparte, Quevedo salió de la empresa mucho más airoso que su rival, demostrando una destreza muy superior en la construcción del relato disparatado, que bajo la pluma de Pedro Espinosa es pura olla podrida. Obra de prodigiosa riqueza verbal, además de ser francamente divertido, el *Cuento de cuentos* alcanzó gran éxito. Con todo, no presenta originalidad decisiva si lo comparamos con los ensayos anteriores.

3. El entremés de *Las civilidades* (Cotarelo, núm. 212), obra de Benavente, versifica la dedicatoria del *Cuento de cuentos*, según observó Menéndez Pidal («Gran innovación en el habla común del siglo XVII. Los diversos gustos lingüísticos», en *Los Reyes Católicos y otros estudios*, Espasa-Calpe, «Austral», núm. 1.268, 1962, Madrid, p. 125). De entremeses que presenten la forma de centón característica del *Cuento de cuentos* únicamente conozco el *Entremés de los refranes* (Cotarelo, núm. 44). No me atreveré a afirmar que su anónimo autor se haya inspirado en Quevedo por el doble motivo de que ignoro la fecha en que se compuso este entremés y de que el procedimiento no es privativo de don Francisco.

4. Pedro Espinosa, *Obras*, RABM, 1909, p. 194.

3. *El pronóstico perogrullesco*

Quevedo se dedica a este género en fecha tardía: el *Tratado de la adivinación*, incluido en el *Libro de todas las cosas*, parece remontarse a *c.* 1630.[5] Es juguete de originalidad muy relativa. Basta para convencerse de ello comparar su primera proposición —«Señales de agua: ver llover, no tener para vino, ahogarse en ella»— con dos frases proverbiales recogidas por Correas:

> ¿Cuál es la mayor señal de agua? —No haber para vino.
> Graciosa parupónoia.[6]
>
> Cuando la perdiz canta, y llueve, es señal de agua.
> Donoso pronóstico.[7]

4. *La «Genealogía de la Necedad»*

Recuerda Quevedo esta obrita satírico-jocosa en el *Sueño del Infierno* y en *La hora de todos*. No será ocioso delinear, dentro de lo posible, la historia de esta genealogía fantástica que habrá seducido a los ingenios del Siglo de Oro.

El texto más antiguo de los que poseemos posiblemente sea el que descubrió Astrana Marín en un manuscrito conservado por la Academia de la Historia. Este texto (designado en adelante como A) es como sigue:

Genealogía de la Necedad

Dicen los antiguos que el *Tiempo gastado* (o perdido y mal gastado) fue casado con la *Ignorancia*, y tuvieron un hijo

5. Sobre este punto, véase la Introducción de Pablo Jauralde Pou a las *Obras festivas* de Quevedo, Castalia, «Clásicos Castalia», núm. 113, Madrid, p. 37.

6. *Vocabulario de refranes*, p. 437 b. También en Gaspar Lucas Hidalgo, *Diálogos de apacible entretenimiento*, p. 289 a.

7. *Vocabulario de refranes*, p. 715 a.

que se llamó *Penséque*; y la *Juventud* fue casada con el *Pecado*, y hubieron tres hijos: uno se llamó *No sabía*, y el otro *No miraba*, y el otro *No pensaba*.

Este *Penséque* y esta *No sabía* se casaron sin licencia de sus padres y tuvieron por sus hijos a *Tiempo hay*, y a *Bien está*, y a *Mañana se hará*.

Este *Tiempo hay* fue casado con su tía *No pensaba*, por error, y tuvieron por hijos a la *Necedad* y a *¿Qué dirán?* y a *Descuidéme* y a *Yo me lo sé* —que fue judío.

Esta *Necedad* fue casada con *Quizá*, y tuvieron tres hijos, la *Honra vana del mundo*, y a *Quizá el chico* y a *Quizá no el grande*.

Esta *Honra vana* fue casada con su tío *Descuidéme*, y tuvieron por hijo al *Desastre*.

Este se casó con *No faltará*, y tuvieron por hijos a la *Desdicha* y a la *Necesidad*; y estos hermanos, no hallando casamiento, determinaron viéndose perdidos de si ir a la guerra o meterse frailes; y la *Necesidad*, como devota, estando un día rezando el *Pater noster*, encontró con *Da nobis hodie* y con *Santificetur*, y la dicha *Da nobis hodie* como honrada dueña hubo piedad de ellos y díjoles que el *Santificetur* era muy gran letrado y compañero suyo y legado del Papa,[8] y tomando consejo con él de lo que harían, díjoles:

—Pues sois gente honrada y de tales parientes, yo, por la autoridad que tengo, dispenso con vosotros, la *Necesidad* y la *Desdicha*, que os caséis, pues sois para en uno.

Y estos hermanos casados así tuvieron por hijos a *A censo tomaremos*, y a *No ha de faltar* y a *¿Quién pensara?* —y estos beatos hermanos, no hallando casamiento, determinaron irse a morar a la cárcel. Y puestos allí, vino *Dios habrá merced* a los visitar y díjoles: «No estáis bien ahí. Andad acá conmigo, que no os puedo faltar», y rogó que los recibiesen en el hospital, y allí los tuvieron hasta que murieron, y dícese que fueron al infierno con su bisabuela la *Necedad*.

8. En esta frase recordará el anónimo autor los conocidos Santo Ficeto y doña Bisodia (Joseph E. Gillet, «*Doña Bisodia* y *Santo Ficeto*», *H.R.*, X (1942), pp. 68-70).

Desconocemos la fecha de este texto que en opinión de Astrana Marín se remontaría a las primeras décadas del siglo XVI. Lo cierto es que la *Genealogía de la Necedad* circularía en la península a mediados del siglo, puesto que Juan de Mal Lara se refiere con toda naturalidad a dicha genealogía al comentar el proverbio «Pensé que no tenía marido, y comíme la olla».

> Dos cosas hay en este refrán: la gran necedad de la mujer en el *Pensé*, el cual es hijo legítimo del *Tiempo perdido* y de la *Ignorancia*, según traen los que saben el origen de la *Necedad* (que es harto saber), porque en el *Penséque* pueden caer cuantas ignorancias y necedades hay en el mundo...[9]

Diez años después de la publicación de la *Filosofía vulgar*, el licenciado Juan Costa, catedrático de retórica de la Universidad de Salamanca, da a la estampa *El regidor o ciudadano*, libro en el que recuerda también él la conocida genealogía:

> ... el *No pensé*, al cual el día de hoy asientan ya los prudentes en la categoría o descendencia de la *Necedad*, haciéndolo por derecha línea su bisnieto.[10]

En 1585 el bachiller Pérez de Moya reproduce en la *Filosofía secreta*[11] una versión distinta de la *Genealogía de la Necedad*, versión que titula *De la Descendencia de los Modorros*. Reproduzco este texto (designado en adelante como B):

> *De la Descendencia de los Modorros*
>
> Dicen que el *Tiempo perdido* se casó con la *Ignorancia*, y hubieron un hijo, que se llamó *Penséque*; el cual casó con la

9. *Filosofía vulgar*, II, p. 146.
10. *El regidor o ciudadano*, Salamanca, 1578, fol. 59 v.°.
11. «Los Clásicos Olvidados», VI, pp. 306-307.

Juventud, y tuvieron los hijos siguientes: *No sabía, No pensaba, No miré en ello, ¿Quién dijera?*

¿Quién dijera? se casó con el *Descuido*, y tuvieron por hijos a *Bien está, Mañana se hará, Tiempo hay, Otra ocasión habrá.*

Tiempo hay se casó con la señora doña *No pensaba*: tuvieron por hijos *Descuidéme, Yo me entiendo, No me engañará nadie, Déjese de eso, Yo me lo pasaré.*

Yo me entiendo casó con la *Vanidad*: tuvieron por hijos *Aunque no queráis, Salir tengo con la mía, Galas quiero, No faltará.*

No faltará casó con *Galas quiero*: tuvieron por hijos *Holguemos* y la *Desdicha*; la cual se casó con *Poco seso* y tuvieron por hijos a *Bueno está eso, ¿Qué le va a él?, Paréceme a mí, No es posible, No me diga más, Una muerte debo a Dios, Salir tengo con la mía, Ello dirá, Verlo heis, A voluntad determinada, Excusado es el consejo, Aunque me maten, Diga quien dijere, Preso por mil, preso por mil y quinientos, ¿Qué se me da a mí?, Nadie murió de hambre, No son lanzadas, que dineros son.*

Enviudó *Galas quiero* y casó segunda vez con la *Necedad*; y gastado todo su patrimonio, dijo el uno al otro: «Tened paciencia, que a censo tomaremos dineros con que nos holguemos este año, y el otro, Dios proveerá». Y aconsejados con *No faltará*, lo hicieron así; y como al plazo no hubiese con qué pagar lo que debían del censo, el *Engaño* púsoles en la cárcel. Fueron visitados por *Dios hará merced*. La *Pobreza* los llevó al hospital, donde murieron la autoridad de *Galas quiero* y *No miré en ello* [*sic*]. Enterráronlos con su bisabuela la *Necedad*; dejaron muchos hijos y nietos derramados por el mundo.

En 1598 el licenciado Jerónimo de Mondragón imprime en Lérida la *Censura de la locura humana y excelencias della*. En este opúsculo propone un nuevo texto de la *Genealogía de la Necedad* (en adelante C).[12] Cosa sorprendente, Jerónimo de

12. *Censura de la locura humana*, «Selecciones Bibliófilas», Barcelona, 1953, pp. 116-118.

Mondragón, aunque cita el nombre de Pérez de Moya, no se inspira en la versión B, sino en la versión A. Verosímilmente dispone de un texto manuscrito de A (o de la familia de A), pero, animado de loable escrúpulo, quiere hacer constar que la genealogía que reproduce ya se ha imprimido en otra parte, si bien en forma distinta.

En fechas difíciles de concretar se escriben una nueva *Descendencia de los Modorros*,[13] que es versión alargada de B, y una *Genealogía de los Modorros* (en adelante D), que es glosa de A.[14] Esta *Genealogía* alguna vez se ha atribuido a Quevedo, pero no existe motivo serio para achacar al autor de los *Sueños* glosa tan ramplona.

Los dramaturgos no tardan en echar mano de la *Genealogía de la Necedad*: una loa impresa en 1616 nos ofrece otra versión del texto (en adelante E)[15] —versión derivada de B—, mientras que un arreglo original de la ya sonada genealogía presenta Lope de Vega en *La corona de Hungría* (1623).[16]

Por fin, Gracián reproduce la misma *Genealogía de la Necedad* en su *Agudeza*, siguiendo con alguna variante el texto de B,[17] y calca sobre el mismo paradigma la genealogía de Vulgacho que esboza el *Criticón*.[18]

13. BAE, 176, p. 137.

14. Quevedo, *Obras completas en prosa*, ed. Astrana Marín, Aguilar, Madrid, 1945, pp. 33-38.

15. Cotarelo, *Colección de Entremeses*, núm. 148.

16. *La corona de Hungría*, I, ed. Richard W. Tyler, Estudios de Hispanófila, 20, pp. 77-80 (*Acad. N.* no imprime estos versos).

17. *Agudeza*, XXVII.

18. *El Criticón*, II, 5, p. 737 b. Escolta a la *Genealogía* una serie de frases proverbiales. Véase Correas, *Vocabulario de refranes*, pp. 465 b-466 a:

«Penséque» es voz de necios.
Dícese esto a los que se excusan de sus descuidos en negocio de importancia, diciendo: «No pensé», «¿Quién pensara?», porque el prudente todo ha de mirar.

Penséque, asnéque, burréque, con sus parientes.
Añádenlo al que se excusa diciendo: «Pensé que...».

Penséque y asnéque y burréque, todos son hermanos.
Trata de asno y burro al que pierde las cosas y se excusa con «Pensé que...» (véase también *Vocabulario*, pp. 108 a, 465 b, y 721 a).

En esta larga cadena falta un eslabón: el texto de *La hora de todos* en que la Ocasión increpa a los humanos echándoles en cara las frases hechas que la Necedad derramó entre ellos.[19] Van apuntadas a continuación estas frases, acompañadas, cuando se da el caso, de las referencias a las varias versiones de la *Genealogía de la Necedad* en que aparecen:

¿Quién dijera?	B, E
No pensaba	A, B, C, D, E
No miré en ello	B, E
No sabía	A, B, C, D, E
Bien está	A, B, C, D, E
¿Qué importa?	
¿Qué va ni viene?	
Mañana se hará	A, B, C, D, E
Tiempo hay	A, B, C, D, E
No faltará ocasión	B
Descuidéme	A, B, C
Yo me entiendo	B, E
No soy bobo	
Déjese de eso	B, D, E
Yo me lo pasaré	B
Ríase de todo	
No lo crea	
Salir tengo con la mía	B, E
No faltará	A, B, C, D, E
Dios lo ha de proveer	B

Hacen eco los escritores al *Vocabulario de refranes*. Lope de Vega: «Son necios *Penséque* y *Dizque*» (*El mesón de la corte*, I, *Acad. N.*, I, p. 280 a); «¿No sé? / ¿No dicen que fue nieto / de *Penséque*, y que *Penséque* / fue legítimo de *Asnéque?*» (*El alcalde mayor*, III, *Acad. N.*, XI, p. 242 b). Tirso de Molina: «¿Tú no sabes / la descendencia y parientes / del *Penséque*, que en el mundo / tantos mentecatos tiene, / dando piensos de cebada?» (*El castigo del Penséque*, III, *O.C.*, I, p. 585; véase también *Ventura te dé Dios, hijo*, III, O.C., I. p. 1559 a). López de Úbeda titula *De la del penséque* un apartado de *La pícara Justina* (p. 393). Se condena el *penséque* en el *Sueño del Infierno* (pp. 139-140) y en *El Criticón* (II, 13, p. 820 b).

19. *La hora de todos*, p. 69.

Más días hay que longanizas	
Donde una puerta se cierra, otra se abre	
Bueno está eso	B, D, E
¿Qué le va a él?	B, D, E
Paréceme a mí	B, D, E
No es posible	B, D, E
No me diga nada	B, D, E
Ya estoy al cabo	
Ello dirá	B, D
Ande el mundo	
Una muerte debo a Dios	B, D, E
Bonito soy yo para eso	
Sí, por cierto	
Diga quien dijere	
Preso por mil, preso por mil y quinientos	B, E
Todo se me alcanza	
Mi alma en mi palma	
Ver veamos	
Dizque	
Pero	
Quizás	A, C, D
Dé donde diere	

Según se puede apreciar, la invectiva de la Ocasión mucho debe a la *Genealogía de la Necedad*, y posiblemente le deba más aun de lo que demuestran los paralelismos que he trazado, puesto que no debo de conocer todas las versiones de la *Genealogía* que circularon a primeros años del siglo XVII.

5. *La paradoja del pecador*

No me he atrevido a incluir el fragmento que propongo llamar *La paradoja del pecador* entre los juguetes de ingenio que he definido en un capítulo anterior por no disponer de cantidad suficiente de textos que lo documenten. (Sospecho con todo que éstos fueron relativamente numerosos y dibujan un auténtico paradigma.) Antonio de Guevara fue el primero en desarrollar esta paradoja a propósito del pleiteante:

> Dicen que los pleiteantes son muy pecadores; yo digo que son unos santos, porque de siete pecados mortales, de sólo tres se pueden acusar, que en los otros cuatro no los dejan, aunque quieran, pecar. ¿Cómo ha de pecar el pleiteante en el pecado de la soberbia, pues siempre anda abatido y corrido de casa en casa? ¿Cómo ha de pecar el pleiteante en el pecar de la avaricia, pues no le ha quedado un real para proveer su casa ni para gastar en la Chancillería? ¿Cómo ha de pecar en el pecado de la acidia y pereza, pues toda la noche no la emplea sino en sospirar, y todo el día no se ocupa sino en trotar y negociar? ¿Cómo ha de pecar el pleiteante en el pecado de la gula, pues ya se contentaría el triste con tener no más de para comer, sin que le dejasen para almorzar ni merendar, ni aun para banquetear? [20]

Años más tarde, un texto recogido en la *Floresta española* defiende una paradoja comparable a propósito del jugador:

> Aconsejando a uno que se quitase de un tan mal vicio como era el juego, respondió que antes le hallaba que era singular remedio contra todos los otros vicios. Y fundábalo de esta manera:
>
> ¿Qué soberbia puede tener quien acaba de perder con un conde cien ducados y se abaja luego a jugar seis reales con su mozo de espuelas?
>
> ¿Qué avaricia terná quien no sabe guardar un real que no juegue?
>
> ¿Cómo se ocupará en lujuria el que siempre está jugando?
>
> ¿Qué ira podrá tener el que sufre mil vituperios porque no se le levanten del juego?
>
> ¿Qué gula el que no osó gastar medio real por tener qué jugar?

20. *Aviso de privados y Despertador de cortesanos*, X, Biblioteca Económica de Clásicos Castellanos, París, s.a., p. 136.

¿Qué envidia terná de lo ajeno el que tan mal despende lo propio?

¿Qué pereza quien no se contenta con jugar los días, mas hace de las noches días? [21]

No se olvidará Cervantes de este fragmento cuyo eco suena en *El licenciado Vidriera*:

> Alababa mucho la paciencia de un tahúr, que estaba toda una noche jugando y perdiendo, y con ser de condición colérico y endemoniado, a trueco de que su contrario no se alzase, no descosía la boca y sufría lo que un mártir de Barrabás.[22]

En los mismos cimientos se apoyan las protestas del avariento del *Sueño del Juicio final*:

> Llegó tras ellos un avariento a la puerta y fue preguntado qué quería, diciéndole que los diez mandamientos guardaban aquella puerta de quien no los había guardado; y él dijo que en cosas de guardar era imposible que hubiese pecado. Leyó el primero: «Amar a Dios sobre todas las cosas», y dijo que él sólo aguardaba a tenerlas todas para amar a Dios sobre ellas. «No jurar su nombre en vano»; dijo que aun jurándole falsamente, siempre había sido por muy grande interés, y que así no había sido en vano. «Guardar las fiestas»; éstas y aun los días de trabajo guardaba y escondía. «Honrar padre y madre»: —Siempre les quité el sombrero. «No matar»: —Por guardar esto no comía, por ser matar la hambre comer. «No fornicarás»: —En cosas que cuestan dinero, ya está dicho ...[23]

Cabe concluir que Quevedo no desestimó los juguetes de ingenio que habían forjado poetas y prosistas del siglo XVI. Únicamente rechazó el inventario heteróclito, que debió de

21. *Floresta*, VI, VII, 6, pp. 171-172.
22. *Novelas ejemplares*, II, pp. 110-111.
23. *Sueños y discursos*, p. 81.

parecerle inservible, y el delirio de los adynata, lo cual no deja de tener significación: se podrá calificar de esperpéntica la literatura quevediana, pero es literatura que excluye lo irracional. En cambio adoptó, sin renovarlos, el pronóstico perogrullesco, la genealogía paródica, el testamento paródico, el centón de frases hechas, la paradoja del pecador y, renovándolos al elevarlos al plan de la agudeza, otros géneros que examinamos a continuación: el desfile incoherente, la pragmática paródica, la carta jocosa.

IX. EL ARTE DE LA CARICATURA. QUEVEDO EN LA ENCRUCIJADA

La literatura del siglo XVI había elaborado progresivamente la caricatura a base de apodos. Este paradigma se ofrecía a los poetas y prosistas que empiezan a escribir hacia 1600 o unos años antes. Frente a este modelo, ¿cuál va a ser la actitud de los ingenios que se dedican, más o menos constantemente, al arte de la caricatura?

Góngora lo rechaza. El poeta cordobés, original desde sus primeras hazañas poéticas, da la espalda a la caricatura que han practicado sus predecesores y con frecuencia admiten sus contemporáneos. El romancillo «Hanme dicho, hermanas», primer ejemplo del autorretrato en las letras del Siglo de Oro, obra maestra de un poeta muy joven, es sutil cóctel que sabiamente dosifica con proporciones nuevas unos procedimientos ya ensayados: apartándose de la caricatura que se había puesto de moda, combina el equívoco,[1] la perogrullada y el disparate, que privilegia a expensas del apodo, al cual concede muy corto espacio.

1. El virtuosismo gongorino en el manejo del equívoco debió de maravillar a los contemporáneos. «En nuestros tiempos —escribe Saavedra Fajardo— renació un Marcial cordobés en don Luis de Góngora, requiebro de las Musas, y corifeo de las Gracias, gran artífice de la lengua castellana, y quien mejor supo jugar con ella y descubrir los donaires de sus equívocos con incomparable agudeza» (*República literaria*, Espasa-Calpe, «Clásicos Castellanos», núm. 46, Madrid, p. 42).

Tomando camino opuesto, López de Úbeda se especializa en la caricatura a base de apodos, que bajo su pluma viene a ser producto casi químicamente puro, a pesar de que la salpica en ocasiones algún equívoco. Sobradamente lo demuestran varios fragmentos de *La pícara Justina*. Recordemos unos textos significativos:

> Y en este número entra un tocinero, obligado de la tocinería de Ríoseco, muy gordo de cuerpo y chico de brazos, que parecía puramente cuero lleno. Unos ojos tristes y medio vueltos, que parecían de besugo cocido; una cara labrada de manchas, como labor de caldera; un pescuezo de toro; un cuello de escarola esparragada; un sayo de nesgas, que parecía zarcera de bodega; unas calzas redondas, con que parecía mula de alquiler con atabales; unas botas de vaqueta tan quemadas, que parecían de vidrio helado; una espada con sarampión en la hoja y viruelas en la vaina; una capa de paño tan tosco y tieso, que parecía cortada de tela de artesa. Con esta figura salía más tieso que si fuera almidonado.[2]

> La cara pensé visiblemente que era hecha de pellejo de pandero ahumado; la facción del rostro, puramente como cara pintada en pico de jarro; un pescuezo de tarasca, más negro que tasajo de macho; unas manos envesadas, que parecían haberlas tenido en cecina tres meses.[3]

> Yo, la licenciada Justina Díez ... a vos, el bachiller Marcos Méndez, fullero, burlón de palabras y burlado de obras, nariz de alquitara, ojo de besugo cocido, pescuezo de tarasca, cuerpo de costal, piernas de rastrillo, pies de mala copla...[4]

Al joven Quevedo le solicitan tres tentaciones: la caricatura a base de apodos, la caricatura a base de equívocos, la

2. *La pícara Justina*, pp. 260-261.
3. *La pícara Justina*, p. 407.
4. *La pícara Justina*, pp. 447-449.

caricatura que combina equívocos y apodos. Entre las tres no puede o no quiere escoger en un principio, según demuestra el texto del *Buscón*:

> — las ancas eran de mona, muy sin cola; el pescuezo, de camello y más largo ... al fin, el más parecía caballete de tejado que caballo, pues, a tener una guadaña, pareciera la muerte de los rocines... lo que más le hacía digno de risa eran las muchas calvas que tenía en el pellejo, pues, a tener una cerradura, pareciera un cofre vivo (p. 93).
>
> — un mulato zurdo y bizco, un sombrero con más falda que un monte y más copa que un nogal, la espada con más gavilanes que la caza del Rey... (p. 179).
>
> — un mulatazo mostrando las presas, con un sombrero enjerto en guardasol, y un coleto de ante... zambo de piernas a lo águila imperial, la cara con un *per signum crucis de inimicis suis*, la barba de ganchos, con unos bigotes de guardamano, y una daga con más rejas que un locutorio de monjas (pp. 153-154).[5]

A partir de esta vacilación inicial, Quevedo va a preferir progresivamente el esquema de la caricatura a base de apodos, una caricatura que ha de ir madurando y puliendo con los años. Si bien difícilmente podemos apreciar esta trayectoria en sus versos, por lo insegura que resulta la cronología de su poesía, seguimos sus huellas a través del *Buscón* y de los *Sueños*. Este tipo de caricatura, ya firmemente dibujado en el *Buscón*, se enriquece en el *Sueño de la Muerte* con la figura de la dueña Quintañona, y llega a su plenitud en *La hora de todos* con la buscona piramidal y la alcahueta (X y XVIII). Quevedo siguió cultivando y perfeccionando constantemente este paradigma a lo largo de su existencia literaria. Si consideramos la cantidad, observamos que a vena tan productiva

5. Al mismo grupo pertenece la caricatura del licenciado Cabra.

pertenecen los cuantiosos sonetos y romances que zahieren a viejos, viejas y dueñas, y más generalmente otras mil caricaturas que desparrama Quevedo en romances agudos lo mismo que en las *Necedades de Orlando*; si nos atenemos a la calidad, que a este paradigma corresponden unas obritas maestras como «Érase un hombre a una nariz pegado» y «Si eres campana, ¿dónde está el badajo?». No creo valorar con exceso el alcance del fenómeno.[6]

No dejemos que nos asusten la palabra *apodo* y sus connotaciones «vulgares». Se le podrá preferir otro término más escogido. Pero éste no recubrirá realidad distinta. (No es muy adecuada la expresión «comparación degradante», que parece sugerir que la comparación embellecedora fuera primera estética o cronológicamente, y que fuera el apodo figura de una retórica petrarquesca vuelta al revés.) El apodo es concepto, tal como lo define Gracián: «un acto del entendimiento que exprime la correspondencia que se halla entre los objetos». Y cuando multiplica Quevedo los apodos, construye una forma conceptista original que Gracián definirá en la *Agudeza* apoyándose (Dios y él sabrán el porqué) no en un texto de Quevedo, sino en un soneto de Liñán:

> De muchos apodos juntos se hace una artificiosa definición del sujeto, que llaman los retóricos *a conglobatis*, y no son otra cosa que muchas metáforas breves y símiles multiplicados.[7]

Al levantar sus edificios de apodos manifiesta Quevedo

6. La trayectoria que dibujo en estas páginas no excluye la posibilidad de que recordara Quevedo por otra parte varios epigramas de Marcial o de la *Antología griega*: véanse sobre este punto los finos análisis de Lía Schwartz Lerner en «De Marcial y Quevedo» y «Supervivencia y variación de imágenes clásicas: la *vetula*» (*Quevedo: discurso y representación*, Anejos de RILCE, 1, Pamplona, 1986, pp. 133-157 y 159-190).

7. *Agudeza y Arte de ingenio*, XLVIII, II, p. 146.

evidente apego al tesoro lexicográfico de la lengua y a la tradición literaria del siglo XVI. En efecto, varios apodos de los que maneja Quevedo son apodos ya lexicalizados, en especial «cascabel» y «tarasca», claramente definidos como apodos en el *Vocabulario de refranes* de Correas.[8] Además, una serie de apodos quevedianos son variaciones sobre modelos proverbiales y resultan de un trabajo de injerto.[9] Recoge Correas las frases proverbiales siguientes: «Tan arrugada como pasa. Nota a una de muy vieja» (p. 492 a), «Arrugada y vieja como una pasa» (p. 614 a), «Está avellanado. De un viejo enjuto de carnes...» (p. 630); y Quevedo define a la vieja como «orejón con tocas» (*Poesía*, núm. 691), «orejón» (*Poesía*, núm. 749; *Buscón*, p. 250) o «cáscara de nuez» (*Poesía*, núms. 691, 739, 748; *Buscón*, p. 250). Por otra parte, unos apodos predilectos de Quevedo no dejan de evocar el bestiario pintoresco al cual tanta afición demostraron cortesanos y bufones del siglo XVI. Recordemos que califica a la dueña de «picaza», «sabandija», «lechuzo», «avechucho», «mula de alquiler» (*Poesía*, núm. 713) y de «grifo» (núm. 738); a la vieja de «águila» (núm. 722), «mico» y «grifo» (núm. 748); a las mujeres que se bañan en el Manzanares de «cornejas» y «erizos» (núm. 719). Idéntica rabia de repartir apodos animales caracterizaba ya la *Crónica burlesca* de Francesillo de Zúñiga —«galgo», «rocín», «avestruz», «gavilán», «mona», «ansarón», etc. Mirándolo con más atención, observamos que una serie de apodos que salen en los versos de Quevedo aparecían ya en las páginas de la *Crónica burlesca*:

8. «Cascabel de Milán. Ansí llaman a uno de poco seso y asiento» (*Vocabulario de refranes*, p. 702 b), «Cascos lucios. Dícese de los que son cascabeles vanos, levantados de cascos» (*ibid.*): compárese Quevedo, *Poesía*, p. 1345. «Es una tarasca. Apodo a mujer desaviada» (*Vocabulario de refranes*, p. 625 a): véase Quevedo, *Poesía*, núm. 748.

9. Hace tiempo que Dámaso Alonso apuntó (*Poesía española*, p. 570) las correspondencias entre varias frases proverbiales y unos versos del soneto «Antes que el repelón eso fue antaño» (*Poesía*, núm. 512).

— «mastín» (*Crónica*, p. 132; *Poesía*, p. 1346); «rana» (*Crónica*, p. 96; *Poesía*, núms. 748 y 843);

— «higo» (*Crónica*, p. 87; *Poesía*, núm. 774); «queso» (*Crónica*, pp. 154 y 176; *Poesía*, núm. 523); «empanada de ternera» (*Crónica*, p. 72; *Poesía*, núm. 843); «pastel» (*Crónica*, p. 70; *Poesía*, núm. 708);

— «nalga» (*Crónica*, p. 97; *Poesía*, núm. 527);

— «tan flaco que se le puede enterrar en una lanza» (*Crónica*, p. 76; *Poesía*, núm. 620).

No menos obvio resulta que coinciden en varias ocasiones los apodos que surgen en *El Buscón* y los que esgrimía Francesillo de Zúñiga:

Buscón	*Crónica burlesca*
cerbatana (p. 99)	pp. 137 y 161
avestruz (p. 100)	pp. 126 y 176
diaquilón (p. 101)	p. 128
ánimas del Purgatorio (p. 105)	p. 134
el hombre como gallina (p. 231)	p. 96 (y *Floresta española*, VII, II, 10, p. 194).[10]

Consecuencias del apego de Quevedo a esta tradición ya secular son dos rasgos característicos y frecuentemente subrayados de su poesía y de su prosa:

— la animalización o la reificación de los personajes, costumbre antigua (y siempre viva) del motejar cortesano;

— la desarticulación de la figura humana a la cual llevaba natural y forzosamente la multiplicación de los apodos. Porque, si la red de conexiones que tantas veces tejen la poesía y la prosa de Quevedo alcanza prodigiosa densidad expresiva,

10. Ejemplos a los cuales conviene añadir «orejón» y «cáscara de nuez», citados más arriba. No significan forzosamente estas coincidencias que Francisco de Quevedo haya leído la *Crónica burlesca* y se haya inspirado en ella; significan más bien que el poeta recoge y aprovecha unos apodos y comparaciones corrientes, que multiplica y diversifica en forma deslumbrante.

no menos cierto es que desemboca en un calidoscopio de imágenes y en un *portrait éclaté*.

Entre estas caricaturas destaca por la frecuencia con que sale de la pluma de Quevedo la de la vieja. ¿Obsesión del hombre, según quiere Amédée Mas?[11] ¿O ejercicio predilecto del escritor? La segunda hipótesis parece más verosímil que la primera. Lo cierto es que se trata de un paradigma ya clásico y cuya moda arrecia en los últimos años del siglo XVI y primeros años del siguiente, según demuestra la cantidad de composiciones sobre la vieja que se leen en las páginas del *Romancero general* y de la *Segunda parte* de Miguel de Madrigal: «Mil años ha que no canto» (núm. 273), «Ya estoy vengado de vos» (núm. 963), «Una viuda reverenda» (núm. 970), «A cabo de haber andado» (núm. 1.046), «Señora doña Colina» (núm. 1.091), «En el estrado de damas» (núm. 1.183), «Yo conocí, madre mía» (núm. 1.286).

Pero Quevedo ensancha el terreno que ocupaba la caricatura de la vieja. Primero, la duplica con el tipo gemelo de la dueña —que aparece en composiciones poéticas lo mismo que en los *Sueños*—,[12] tipo más original éste que ya había dibujado Mateo Alemán[13] y al cual concede Cervantes lugar de honor en la Segunda parte del *Quijote* y en la novela del *Celoso extremeño*. Pura caricatura la de Quevedo, en la que apenas si asoma la censura moral del personaje, fundamental en *Guzmán de Alfarache* y en el *Celoso*. Segundo, Quevedo se apodera de otro paradigma para asemejarlo al de la vieja: quiero hablar de la desilusión del galán que, engañado por la oscuridad, sigue hasta su casa a una dama supuestamente hermosa que se revela como auténtico monstruo de fealdad. La escena, corriente en la poesía de los años de 1590-1600,[14]

11. *La caricature de la femme*, p. 51.

12. *Poesía*, núms. 521, 713, 719 y 738. *Sueño del infierno*, p. 126; *Sueño de la Muerte*, pp. 199 y 223-226.

13. *Guzmán de Alfarache*, I, I, 2, pp. 126-127.

14. «Paseándome una tarde» (*Las fuentes del Romancero general*, IV, fol. 91 r.°, y *Romancero general*, núm. 281), «Hizo calor una noche» (*Las*

sufre metamorfosis radical bajo la pluma de Quevedo. Deja de ser relato para convertirse en caricatura. Los poetas anteriores contaban una malandanza. Quevedo no cuenta; se desentiende de la anécdota para trazar otra vez la figura de la espantosa vieja, como se puede apreciar al leer los romances «Salió trocada en menudos» (núm. 782) y «Ya que al hospital de Amor» (núm. 788).

Indudablemente, el tipo de la vieja (o de la dueña) tal como lo perfila Quevedo arranca de la tradición del siglo XVI. Basta para convencerse de ello poner en paralelo la figura de la dueña Quintañona con varios fragmentos de obras anteriores a la redacción del *Sueño de la Muerte*:[15]

la nariz en conversación con la barbilla, que casi juntándose hacían garra	y que la nariz y barba se están del ojo haciendo para venir a juntarse por el uno y otro extremo (Gabriel Lasso de la Vega, *Manojuelo de romances*, núm. 94)
la boca ... con sus pliegues de bolsa	que se le frunce la boca como bolsa de recuero (Gabriel Lasso de la Vega, *ibid.*)
a lo jimio	jimia triste (Pedro de Padilla, *Tesoro de varias poesías*, fol. 371)
sin diente ni muela	diente y muela como por la mano (John Minsheu, *Diálogos*, *R. Hi.*, 45, 1915, p. 137)

fuentes, IX, fol. 138 r.°, y *Romancero general*, núm. 614), «Al principio del verano» (*Romancero general*, núm. 1.029). Años más tarde véanse una loa incluida en *El viaje entretenido*, «Estése Venus en Chipre» («Clásicos Castellanos», núm. 210, p. 70) y «Saliéndome a pasear / a la Vega de Toledo» (*Cancionero antequerano*, núm. 207).

15. Cito el *Sueño de la Muerte* por el texto de Castalia, «Clásicos Castalia», núm. 50, Madrid, pp. 223-224.

una cecina como ésta	seco tasajo con toca (Pedro de Padilla, *Tesoro de varias poesías*, fol. 372)
y en el pico de la nariz colum-piándose una moquita	aquel moquito claro que de ordinario le cuelga del piquillo de la nariz, que como pico de alquitara está destilando (Eugenio de Salazar, *Cartas*, BAE, 176, p. 286 a)

No pretende este trabajo de taracea algo abstracto menoscabar la originalidad creadora de Quevedo. Igualmente brilla la soberanía de don Francisco en la prodigiosa riqueza del léxico, en la cantidad y variedad de las conexiones que propone, en la densidad expresiva de la prosa o de los versos —muy superior ésta a la que ofrecen los versos de un Padilla o de un Gabriel Lasso—, en su capacidad para evadirse de la sequedad de los apodos que amontonan un Horozco, un Padilla o un López de Úbeda burilando una serie de viñetas independientes que evocan con un poder sugestivo incomparable, convergiendo o divergiendo, al personaje zaherido.

El apego de Quevedo a la caricatura le lleva a renovar profundamente el género del desfile incoherente que le proponían las coplas de disparates. Este género lo conoció Quevedo y lo adoptó en el *Sueño de la Muerte*. Pero únicamente le proporcionó un cañamazo: las secas enumeraciones de las coplas vienen enriquecidas ahora por unas viñetas nutridas de apodos —las de Arbalías, de don Diego de Noche, de Cochitehervite, de fray Jarro, y sobre todo la de la dueña Quintañona.

En eso no para el talento de alquimista de Quevedo. Otras dos transmutaciones nos ofrece: la de los galanes de monjas y la del escudero.

Poetas y prosistas igualmente suelen burlar en los últimos años del siglo XVI y primeros del siguiente de los galanes de monjas: los poetas anónimos de «Señores papantes aire», romance que alcanzó razonable éxito,[16] y de «Quiero dejar de llorar»,[17] Carlos Boil, autor de las redondillas «La triste envidia infernal», leídas ante la Academia de los Nocturnos a 11 de marzo de 1592,[18] lo mismo que Juan Martí.[19] Textos abstractos todos éstos, que se ríen de una afición de la cual no se puede esperar ningún fruto. A Quevedo le seduce el tema, sin duda en fecha temprana. Lo reelabora en un principio con escasa originalidad: sus *Indulgencias concedidas a los devotos de monjas* van por el mismo camino de sus predecesores. Todo cambia con *El Buscón*, que abandona el plan de la declamación en pro de la caricatura. El texto se dedica esencialmente a presentar las posturas ridículas de los galanes, animalizados a veces y más frecuentemente reificados:[20]

> Cuál, sin pestañear, mirando, con su mano puesta en la espada, y la otra con el rosario, estaba como figura de piedra sobre sepulcro; otro, alzadas las manos y extendidos los brazos a lo seráfico, recibiendo las llagas ... cuál se paseaba como si le hubieran de querer por el portante, como a macho... (pp. 268-269).

Más aun que el galán de monjas, el escudero es blanco de las bromas de los poetas a fines del siglo XVI. Ya había dibujado la *Floresta española* este tipo, tipo de motejado más que

16. «Les *romancerillos* de la Bibliothèque Ambrosienne», *R. Hi.*, XLV (1919), núm. 92; *Las fuentes del Romancero general*, X, fol. 86 r.°; *Romancero general*, núm. 665.
17. *Romancero general*, núm. 877.
18. *Cancionero de la Academia de los Nocturnos*, IV, p. 104.
19. *Guzmán de Alfarache*, II, 6. Posiblemente el autor de la «Pensión del endevotado», texto publicado por M. C. García de Enterría en *El Crotalón*, I (1984), pp. 373-391 (pero la fecha de esta composición es indecisa). Verosímilmente es más tardío «El *Padre nuestro* glosado para monjas», obrita atribuida al conde de Salinas (*Cancionero antequerano*, núm. 215).
20. Idéntica tendencia se manifiesta en un fragmento de *El alguacil endemoniado* (Castalia, «Clásicos Castalia», núm. 50, Madrid, p. 95).

personaje «folklórico», y el autor del *Lazarillo* había trazado la notable figura que todos recordamos. El retrato del escudero no se ha enriquecido con los años; más bien se ha empobrecido. En varios romances y letrillas publicados entre 1591 y 1605[21] aparece en forma monótona como pobremente alimentado y armado del imprescindible mondadientes, como mal vestido, roto y, lo que es peor, remendado.[22] Esta representación descolorida la sustituye Quevedo por la galería de los compañeros de don Toribio, caricaturas dibujadas alternativamente a base de apodos —«Uno, hincado de rodillas, arremedando un cinco de guarismo, socorría a los cañones. Otro, por plegar las entrepiernas, metiendo la cabeza entre ellas se hacía un ovillo. No pintó tan extrañas posturas Bosco como yo vi ...» (p. 204)— y de equívocos —«¡Miren el todo trapos, como muñeca de niños ... con más agujeros que una flauta, y más remiendos que una pía, y más manchas que un jaspe, y más puntos que un libro de música!» (p. 214)—, pero que desembocan todos en una reificación de los caballeros chanflones.

La obra jocosa de Quevedo es caricatura continuada, ca-

21. «Mal hubiese el caballero» (*Las fuentes del Romancero general*, II, fol. 98 r.°; *Romancero general*, núm. 79); «Con ropilla y sin camisa» (*Romancero general*, núm. 914); «No tener y gravedad» (*Romancero general*, núm. 931); «No sobre el cuello cortado» (*Romancero general*, núm. 958); «Arrimóse un escudero» (*Romancero general*, núm. 1065); «Madre, un alguacil» (*Romancero general*, núm. 1262); «Hija, ese alguacil» (*Romancero general*, núm. 1263).

22. Únicamente un romance (*Romancero general*, núm. 860), que satiriza a los poetas, parece anunciar el tono del *Buscón*:

> Los que alcabalas ni juros
> rentas, censos, mayorazgos
> no tenemos y vivimos
> por artificio o milagro;
> los que cual camaleones
> en vez del aliento falto,
> sin jamás cerrar la boca
> estamos cual papagayos ...

Compárese *Buscón*, p. 191.

ricatura que suele aplicarse a hombres y mujeres. Pero no se limita a la figura humana; a otras realidades se extiende, a las ciudades en especial. Aquí también, recoge Quevedo una herencia, y la vieja costumbre de apodar edificios y pueblos deja alguna huella en sus versos:

> De ese famoso lugar
> que es pepitoria del mundo,
> en donde pies y cabezas
> todo está revuelto y junto ...
> vi una ciudad de puntillas
> y fabricada en un huso ...
> vi el artificio espetera
>
> (*Poesía*, núm. 751)

> En verano es un guiñapo,
> hecho pedazos y añicos,
> y con remiendos de arena
> arroyuelo capuchino
>
> (*Poesía*, núm. 770)

Pero quien más claramente aprovecha esta vena es Francisco López de Úbeda, cuya montañesa aguda califica el pueblo de Cea de «lío de sardinas»,[23] dice del puente de León que «más gesto tiene de caballete de tejado que de puente pasajera»,[24] y, ayudada por sus buenos compañeros, acribilla a apodos el monasterio de San Marcos.[25]

23. *La pícara Justina*, p. 172.
24. *La pícara Justina*, p. 380.
25. *La pícara Justina*, pp. 526-527. Alguna vez asoma el procedimiento en la comedia: véase Antonio Hurtado de Mendoza, *Los empeños del mentir*, I, BAE, XLV, p. 437.

X. EL EQUÍVOCO QUEVEDIANO: EXPANSIÓN Y SELECCIÓN

Gozan de gran aceptación a primeros años del siglo XVII unas composiciones que se pueden calificar de entramados de equívocos. En la *Segunda parte del Romancero general* se imprimen tres romances que son puras sartas de equívocos. Los dos primeros —«Señora, la mi señora» (núm. 1.118) y «Señora doña Fulana» (núm. 1.145)— no pasan de ser mediocres ensayos; el tercero, alguna vez atribuido a Góngora —«Recibí vuestro billete» (núm. 1.207)— demuestra indudable talento. Es imposible afirmar que conociera Quevedo estos textos cuando escribió la obrita maestra que es «Diéronme ayer la minuta» (*Poesía*, núm. 736), pero la relativa frecuencia con que se estampan composiciones de este tipo sugiere que existía ya el paradigma y se ofrecía en efecto a las meditaciones del joven poeta. El género le sedujo a Quevedo, quien se sentía capaz de llevarlo a un nivel más alto del que alcanzaba en manos de sus contemporáneos. A él pertenece, si bien es muy superior a los referidos ensayos, el conocido romance «Ya sueltan, Juanilla, presos» (*Poesía*, núm. 776), texto de fecha incierta.

Otro género gemelo conoció indudablemente Quevedo: quiero hablar del «retrato del monstruo» al cual me he referido ya brevemente y cuya historia conviene puntualizar ahora. Ocho retratos de éstos conozco:

1. *De un agradable monstruo, de autor incierto*, texto que copia Luis Zapata en su *Miscelánea*;[1]

2. *Carta del monstruo satírico*, texto manuscrito del siglo XVI;[2]

3. *El abad de la Redondela*, ensalada de primeros años del siglo XVII;[3]

4-5. *El Gigante imaginado* y *La imposible Doncella*, retratos en prosa y versos que salen en los *Diálogos de apacible entretenimiento* de Gaspar Lucas Hidalgo;[4]

6. *Burlas en equívocos. Al Monstro imaginado*, texto impreso en los últimos folios del *Romancero y Monstro imaginado* de Alonso de Ledesma (Madrid, 1615). Presentada, lo mismo que el texto anterior, como pasatiempo de Carnestolendas, la obrita de Ledesma refiere la vida y milagros del «monstruo» en siete capítulos: nacimiento y crianza del héroe, su casamiento, la boda y banquete, las fiestas y saraos, los hijos que tuvo, su enfermedad y muerte, los versos que compuso. Por la cantidad de equívocos que reúne, el texto de Ledesma se ha de considerar como modelo del género;

7. *Loa curiosa y de artificio*, impresa en 1616;[5]

8. *El Caballero invisible. Novela compuesta en equívocos burlescos*, obrita del siglo XVII.[6]

Alguna versión del «retrato del monstruo», redactada a fines del siglo XVI, debió de llegar a manos de Quevedo cuando estudiaba en Alcalá o en Valladolid. Lo demuestra el examen de la *Premática del Tiempo* y del romance «Diéronme ayer la minuta». Aprovechan la premática lo mismo que el romance unos equívocos que se repiten con regularidad de letanía en los «retratos del monstruo»:

1. *Miscelánea*, núm. 106, II, pp. 28-30.
2. BAE, 176, pp. 95-96.
3. Editada en Maxime Chevalier-Robert Jammes, «Supplément aux *Coplas de disparates*», en *Mélanges offerts à Marcel Bataillon*, pp. 386-387.
4. BAE, XXXVI, pp. 290-292.
5. Cotarelo, *Colección de Entremeses*, núm. 142.
6. BAE, XXXIII, p. 376.

Ítem, porque hemos visto que en esto del dar y pedir hay varias trazas, para dar alivio a todas las bolsas, y fáciles respuestas para toda mujer buscona y pedigüeña, declaramos que de aquí adelante nadie dé sino buenos días y buenas noches... Asimismo declaramos que no dé a ninguna mujer joya ninguna, so pena de quedarse con el *jó* como bestia, sino sólo darle palabras fingidas... Y así a la que te pidiere un manteo de raso, enséñale el del cielo azul y raso; si terciopelo, aféitate tres veces; si manto de soplillo, envíale los soplos de tus suspiros; si banda, dale la de los tudescos, o que en entregarse a ti, la tendrás de tu banda; si liga, la de Lepanto; si pasamanos de oro y plata, que se vaya a casa de un platero a pasar las manos por todo esto, a título de quererlo comprar, si tuviese dinero, o tomarlo, si se lo dieren; si perlas, que ya ella misma es una perla, y que con derramar lágrimas verterá cuantas perlas quisiere; si una toca, tócale un laúd o guitarra; si rosario de cocos, remítela a unas viejas ensartadas en coche, que como parecen micos, ésas le harán cocos al vivo; si cadenas, envíala a la de Marsella, que tiene gruesos eslabones, o a una cárcel, o galeras; si brincos, los de un ademán; *si lienzos, los de un muro; si zapatillas*, y más si son de ámbar, excúsate con que es presente en profecía, y que no sabes cuántos puntos calza, y cuando mucho (por quitarte de ruidos), *envíale las de las espadas negras*; si bocados, que se vaya a un alano; y si comida, envíale por ante los de un coleto; *capones, de un facistol; gallinas, de hombres cobardes*; y por postre, buñuelos de viento y *nueces de ballesta*.[7]

Pídeme unas zapatillas,
y en eso anduvo discreta:
que, por ser hombre que esgrimo,
las tengo en espadas negras ...
Fue yerro pedirme raso
en Valladolid la bella,
donde aun el cielo no alcanza
un vestido de esa seda ...

7. Quevedo, *Obras satíricas y festivas*, Espasa-Calpe, «Clásicos Castellanos», núm. 56, Madrid, pp. 60-61. (Las cursivas son mías.)

Pediré, para enviarla
las tres vueltas de cadena,
los eslabones a un preso
y a algún gitano las vueltas.
En lo que toca a los brincos
no serán de plata o perlas;
mas procuraré enviarlos,
aunque de una danza sean ...
La cantidad de bocados
no sé quien llevarlos pueda,
sino enviando un alano
que se los saque con fuerza

(*Poesía*, núm. 736)

Come de ordinario ... asados capones de música ... gallinas de cobarde ... nueces de ballestas (*De un agradable monstruo*, p. 29).

Y sus vestidos ... calzas de Villadiego ... y el aforro de lienzo de muralla ... sirvieron un plato de gallinas de cobardes ... muchas frutas ... que fueron ... nueces de ballestas (*Carta del monstruo satírico*, pp. 95 a-96 a).

Le envuelve en una toalla / de cien lienzos de muralla ... porque come el día de fiesta / diez mil nueces de ballesta (*El abad de la Redondela*, pp. 386-387).

La nuez de ballesta (*Diálogos de apacible entretenimiento*, p. 291 a).

La novia ... iba en zapatillas de espada ... estaban puestas mesas de escalera con manteles de lienzo de murallas ... acabaron en dulce, y fruta, que fue ... nueces de ballesta ... trajéronles ... gallinas de cobardes (*El Monstro Imaginado*, fols. 177-178).

Al escribir la *Premática del Tiempo* y «Diéronme ayer la minuta», Quevedo aprovecha indudablemente elementos de una tradición literaria. Pero al mismo tiempo renueva dos géneros por un doble movimiento de translación y selección.

La translación primero. Sabido es cómo Quevedo altera el *Arancel de necedades*, infundiendo a un texto jocoso vigor nuevo debido a la multiplicación de los juegos agudos. El caso de la *Premática del Tiempo* es más característico todavía de esa manera: en la parodia algo sosa ordinaria en las pragmáticas paródicas injerta Quevedo los equívocos repetidos tomados de los «retratos del monstruo». El virtuosismo que manifiesta en los juegos equívocos llega a tal punto que la pragmática paródica cambia de naturaleza: apartándose radicalmente del género que se cultivaba con anterioridad, abandona el plan de lo jocoso para elevarse al de la agudeza.

La selección después. En «Diéronme ayer la minuta», Quevedo no compite con sus contemporáneos en amontonar equívocos inconexos, ejercicio en el cual mal pudiera sobrepujar a Alonso de Ledesma. En este terreno como en otros (recuérdese lo dicho a propósito del desfile incoherente) rechaza Quevedo la acumulación mecánica. Practica una selección. Equívocos multiplicados, eso sí; pero que apuntan todos a un blanco escogido. En «Diéronme ayer la minuta» como en otras composiciones de la misma vena Quevedo construye y ha de construir prodigiosos edificios de equívocos, pero estos edificios se apoyarán en una base cuidadosamente limitada. La exuberancia barroca supone, en esta ocasión como en otras, una elección previa. A consecuencia de lo cual Quevedo, que ha renovado el género de la pragmática, ha de metamorfosear dos paradigmas: el de la mujer interesada y el de la carta jocosa.

El tipo de la mujer interesada dista mucho de ser original cuando Quevedo echa mano de él. Varias composiciones recogidas en las *Flores* y en el *Romancero general* —«A quien bien le pareciere» (*Romancero general*, núm. 264); «Bonito, pasito» (*Las fuentes del Romancero general*, VI, fol. 193 r.°; VIII, fol. 112 r.°; *Romancero general*, núm. 439); «Fuego de

Dios en el bien querer / fuego de Dios en el querer bien» (*Las fuentes del Romancero general*, VI, fol. 194 v.°; *Romancero general*, núm. 440); «Cierta dama cortesana» (*Las fuentes del Romancero general*, XI, fol. X v.°; *Romancero general*, núm. 701); «Niñas, las que vestís ropas» (*Romancero general*, núm. 910); «Hermosas depositarias» (*Romancero general*, núm. 915); «Fuego de Dios en el querer bien / amen, amen» (*Romancero general*, núm. 925)— lo habían desarrollado. Aunque algún verso de estas obritas parece prefigurar la manera de Quevedo —«más quiere un real en prosa / que una carga de sonetos» (*Romancero general*, núm. 264)—, su tono es casi constantemente quejumbroso: lamentan los poetas que haya terminado el buen tiempo pasado en que las mujeres, no haciendo caso del dinero, solían rendirse a la pura pasión. Ya desde «Diéronme ayer la minuta» y a continuación en cuantiosas letrillas y romances de la misma tinta —«La morena que yo adoro» (*Poesía*, núm. 655), «Cuando tomo, Mariquita» (núm. 657), «Solamente un dar me agrada» (núm. 658), «Por angelito creía» (núm. 662), «Como un oro, no hay dudar» (núm. 663), «A la que causó la llaga» (núm. 665), «Dos dedos estoy de darte» (núm. 686), «Si me llamaron la Chica» (núm. 688), «Los médicos con que miras» (núm. 706), «Yo, con mis once de oveja» (núm. 710), «Pidiéndole está dineros» (núm. 714), «Mensajero soy, señora» (núm. 722), «A buen puerto habéis llegado» (núm. 727), «Aquí ha llegado una niña» (núm. 734), «A la orilla de un brasero» (núm. 785)— excluye Quevedo esta perspectiva elegíaca que sustituye por unos fuegos nutridos de equívocos.

La carta jocosa, con su doble vertiente ridícula e ingeniosa, tiene ya una larga historia cuando se abre el siglo XVII. Todos los grandes prosistas de primeros años del siglo cultivan el género. Cervantes se especializa en la carta ingenua con las correspondencias rústicas de Sancho y Teresa; prefieren la carta chistosa Mateo Alemán y Quevedo. Los primeros ensayos de éste —las cartas que cambian Pablos y su tío así como las *Cartas del Caballero de la Tenaza*, si bien francamente divertidas, no brillan por la agudeza. El joven Quevedo no consigue renovar el género, y se pueden considerar estos textos como balbuceos.

De otra parte viene la novedad. López de Úbeda concibe una forma aguda original, la carta escrita en apodos:

> Yo, la licenciada Justina Díez ... a vos, el bachiller Marcos Méndez ... nariz de alquitara, ojo de besugo cocido, pescuezo de tarasca, cuerpo de costal, piernas de rastrillo ...[8]

Unos años después abre Quevedo camino nuevo con las cartas que cambian los rufianes y sus amigas. Acertadamente reconstruyó Monique Joly la trayectoria de la misiva entre rufianes y prostitutas desde el *Romancero* de Pedro de Padilla hasta la correspondencia entre Escarramán y la Méndez, pasando por la epístola de la querida de Guzmán.[9] Añadamos a este análisis que las cartas de Escarramán y la Méndez, y más generalmente las relaciones o soliloquios de los rufianes quevedianos, se caracterizan por unos encadenamientos de equívocos cuyo equivalente, y hasta antecedente, en vano se buscaría en las misivas anteriores,[10] y cuyo ejemplo más perfecto —catorce equívocos, casi todos originales, hasta donde alcanzo, reunidos en unos veinte octosílabos de «Zampuzado en un banasto»— había de alabar Gracián, tan poco propenso a alabar a Quevedo. «Muchas jácaras rudas y desabridas

8. *La pícara Justina*, pp. 447-448.

9. «De rufianes, prostitutas y otra carne de horca», *NRFH*, XXIX (1980), pp. 21-22.

10. Si hubiera que hallar antecedente a estas composiciones, únicamente cabría pensar (fuera del mundillo de los rufianes) en las relaciones a base de equívocos que ofrecen dos romances gongorinos: «Desde Sansueña a París» y «¿Quién es aquel caballero?».

le habían precedido entre la torpeza del vulgo —escribe González de Salas—, pero de las ingeniosas y de donairosa propiedad y capricho, él fue el primer descubridor sin duda.» Está en lo cierto el docto humanista: dibujan en efecto estas jácaras un género plenamente nuevo. Del bloque descolorido de la misiva jocosa extrae Quevedo la forma perfecta de la epístola en equívocos, en la que la realidad vulgar de prostitutas y rufianes se esfuma hasta desaparecer para dejar paso al triunfo de la agudeza.

Otros paradigmas retoca y perfecciona Quevedo, por ejemplo el del pobre muchacho sobre el que se acumulan las desdichas, según demostró Edward M. Wilson.[11] Uno de ellos merece especial atención por demostrar con perfecta claridad cómo de un puro juego de palabras se origina algún aspecto de lo que seguimos llamando con harta frecuencia y deplorable pereza intelectual «sátira quevediana». En la España de los Austrias circula un equívoco inocente sobre el parecer de la esposa del letrado, que más encantos ofrece que los pareceres de su marido. Lo recuerda Lope en una escena de *Lo fingido verdadero*:

CELIO

Aquí vive un gran letrado,
y que tiene su mujer ...

CARINO

Dilo.

CELIO

Lindo parecer.

11. «Quevedo para las masas», en *Entre las jarchas y Cernuda*, Ariel, Barcelona, 1977, pp. 292-294.

CARINO

Pues podrá darle extremado,
que en una copla española
este pensamiento oí

CELIO

Una vez a hablarle fui,
y dentro de una hora sola
vi más de mil negociantes

ROSARDA

Si ella daba pareceres,
no te espantes [12]

El chiste cobra carácter venenoso en los versos de Quevedo:

Que el letrado venga a ser
rico con su mujer bella,
más por buen parecer della
que por su buen parecer,
y que por bien parecer
traiga barba de cabrón,
chitón.[13]

Son versos que le debieron de encantar al poeta, puesto que los repite casi textualmente en la letrilla «¡Mal haya quien lo consiente!». Y he aquí al desgraciado letrado convertido en cornudo por la gracia de un juego de ingenio. Sus motivos tendría Quevedo para dibujar la figura del arrepentido poeta del *Sueño del infierno*, «por el consonante condenado»:

12. *Lo fingido verdadero*, I, BAE, 177, p. 62 a (es comedia fechada de hacia 1608). El mismo juego equívoco en *La buena guarda* (1610) de Lope (I, BAE, 187, p. 55 a) y en *La santa Juana. III* de Tirso (II, *O.C.*, I, p. 756 a). Y todavía en la *Floresta española* de Francisco Asensio (núm. 1.198).

13. *Poesía*, núm. 646.

Dije que una señora era absoluta,
y siendo más honesta que Lucrecia,
por dar fin al cuarteto, la hice puta ...
que, porque en una octava dije escudos,
hice, sin más ni más, siete maridos
con honradas mujeres ser cornudos ...[14]

14. *Sueño del Infierno*, Castalia, «Clásicos Castalia», núm. 50, Madrid, p. 140. Véase también «y por decir un conceto / deshonraré una mujer» (*Poesía*, núm. 669).

XI. HACIA UNA DEPURACIÓN DE LA AGUDEZA

El apotegma, dictamina Covarrubias, es «sentencia breve dicha con espíritu y agudeza».[1] Con esta definición se amoldan perfectamente las *Seiscientas apotegmas* de Juan Rufo, impresas en 1596. Los apotegmas que reúne el cordobés son en efecto sentenciosos: sobre este aspecto suyo resulta ocioso insistir. También son agudos, indudablemente. Pero, ¿cómo se podrá definir la agudeza de Rufo cuando lo comparemos con la agudeza que suele prevalecer en la España del siglo XVI? No cuesta mucho esfuerzo descubrir que se caracteriza por la forma delicada en que se expresa:

a) El motejar ocupa sitio reducido en los *Apotegmas*: en la colección se leerán en total unos diez motes, cantidad irrisoria si se compara con el contenido de los capítulos que dedica la *Floresta española* al arte de motejar. Además, y sobre todo, Juan Rufo moteja con discreción. Cristóbal de Villalón recomendaba «la manera umbrosa y cubierta» de motejar:[2] existen serios motivos para dudar de que se haya respetado tan loable precepto en el siglo XVI. Juan Rufo sí lo respeta. Véase un ejemplo significativo (núm. 423):

> Un enamorado gordo por extremo, para que su dama le saliese a hablar una noche, pasó cantando por la calle:

1. *Tesoro de la lengua castellana*, p. 134 a.
2. *El Scholástico*, p. 222.

De los álamos vengo, madre

Juan Rufo, que era su amigo, acertó a llegar a esta sazón, y como oyó el cantarcillo, entendido que era seña, le dijo:

De los álamos venido
son de ti señas indinas;
dile que de las encinas,
y serás bien conocido.

Será poco halagüeño el mote. Pero es indudablemente «umbroso».

b) Tampoco surgen numerosos apodos bajo la pluma de Rufo. Muy raras veces aparecen los apodos «vulgares» —los animalescos en especial—, y claramente predominan los apodos refinados:

— de un hombre que siempre mentía, y había estudiado griego y latín, dijo Rufo que «era mentiroso trilingüe» (núm. 650);

— de la hermosura sin honestidad que era «como flores pisadas» (núm. 593);

— de la almohada que era «sibila muda» (núm. 675).

Estos apodos, y algunos más, fueron pan bendito para Gracián. Siendo el apodo figura consagrada y corriente de la agudeza, Gracián forzosamente tenía que escribir sobre él. Dedica en efecto un capítulo a «la agudeza en apodos», capítulo éste que le debió de costar muchas cavilaciones. Conocería el tratadista, mejor que nosotros, la jocosidad brutal del apodo tal como se practicaba en la realidad, y se negó a admitir en su libro esta categoría de apodos. Conocía el apodo tal como lo practicaban varios escritores, y rechazó muchos ejemplos que se le ofrecían, en especial los que le presentaba a cada paso la obra de Quevedo. Gracián no analiza el apodo tal como es; analiza el apodo tal como debía ser. Pero, ¿dónde encontrar ejemplos de este apodar distinguido? Ahí están, por suerte, los *Apotegmas* del jurado cordobés. Gracián entra a saco en la colección: diez ejemplos de apodos toma de ella. El capítulo XLVIII de la *Agudeza* es taracea de citas de los *Apotegmas*.

c) Rufo apela con discreción a la paronomasia, «la popular de las agudezas» en opinión de Gracián.[3]

d) La figura de la agudeza que predomina en los *Apotegmas* es el equívoco. Convengamos que no todos los equívocos que maneja Juan Rufo son originales. No importa el hecho, porque lo mismo se podría decir de los equívocos que manejan otros ingenios (entre los cuales están Góngora y Quevedo). Lo que importa es observar que estos equívocos siempre son decentes: nunca aparecen bajo la pluma del jurado los equívocos deshonestos y malolientes que abundan en la literatura de la época. Otro rasgo es éste que le debió de encantar a Gracián.

Por sus dos rasgos sobresalientes —exclusión del apodo, predilección por el equívoco— se acerca la agudeza de Rufo a la de Góngora. No se trata de equiparar a los dos cordobeses: el jurado dista mucho de demostrar el donaire del prebendado. Pero sí conviene advertir que la dosificación de las figuras de la agudeza es muy comparable en ambos escritores.

Estas coincidencias incitan a preguntarse si no existiría dentro de la agudeza del Siglo de Oro una agudeza más propiamente andaluza que tuviera sus caracteres específicos. Sugiere esta idea, además del paralelismo que acabo de esbozar entre Luis de Góngora y Juan Rufo, el examen de la agudeza oral tal como se practicaba en la Andalucía de los últimos años del siglo XVI y los primeros del XVII. Los cuentos de Juan de Arguijo y sus amigos también presentan poco apodo y mucho equívoco; y el maestro Juan de Robles, al encarecer la agudeza del padre Farfán, únicamente subraya su donaire en manejar el equívoco.[4] Tal preferencia no es privativa del tratadista, sino que refleja el gusto de sus paisanos. En efec-

3. *Agudeza*, XXXII.
4. *El culto sevillano*, p. 171.

to, los dichos de Juan Farfán que más celebran y repiten los sevillanos tienen todos como meollo un equívoco. Véanse los ejemplos que he conseguido reunir:

> *a*) Para la venida de su General previno el maestro Farfán, de San Agustín, una carga de lenguados, por ser viernes. El día que entró, quiso el despensero de la Inquisición embargarla, a quien dijo: «Hermano, esos señores no tienen jurisdicción sobre los lenguados, sino sobre los deslenguados» (*Cuentos de Juan de Arguijo*, núm. 59).

La misma réplica equívoca figura en una décima de Juan de Salinas (*Poesías*, núm. 249).[5]

> *b*) Un fraile grave de San Agustín rogó una noche al maestro Farfán que cenasen juntos en su celda. Dijo Farfán que como le diesen solos un par de huevos frescos, que era su cena ordinaria, se quedaría de buena gana. Trajeron los huevos, y para el fraile unas manezuelas de cabrito. Sucedió que se ofreció un negocio que le obligó a salir a la puerta de la celda. En el interin que volvió, sorbióse Farfán los huevos, y dio tras las manezuelas. Cuando volvió el fraile, hallólas medio comidas. Disculpóse Farfán con decir: «¡Eran tan frescos los huevos y supiéronme de manera que me comí las manos tras ellos!» (*Cuentos de Juan de Arguijo*, núm. 176).

El mismo cuento refiere Juan de Robles (*El culto sevillano*, p. 172).

> *c*) Echaron de su convento de los frailes agustinos a un novicio, porque se averiguó que les robaba cuanto hallaba desmandado por las celdas. El padre del mozo vínose a quejar fuertemente al maestro Farfán, que era prior, diciéndole que personas que querían mal a su hijo le habían desacredita-

5. Cito las *Poesías* de Salinas por la edición de Castalia, «Clásicos Castalia», núm. 164, Madrid.

do con su Paternidad, etc. Respondió muy mesurado: «Nadie, señor, en este convento le quiso mal. Antes aseguro a vuestra merced que desde el día que entró, les tenía robados a los más hasta los corazones, y así el día que él salió, quedaron llorando muchos frailes. ¡Tales quedaron sin él!» (*Cuentos de Juan de Arguijo*, núm. 183).

El mismo relato y su conclusión equívoca salen en *El culto sevillano* (p. 173) y en una décima de Juan de Salinas (núm. 254).

d) Alababan unos frailes de gran lavandera a una buena mujer que les lavaba la ropa, y bebía tan bien como lavaba. Dijo Farfán, que lo estaba oyendo: «No sé cómo ella lava; pero lo que es colar, no hay quien le haga ventaja» (*Cuentos de Juan de Arguijo*, núm. 272).

El mismo relato, acompañado de la misma réplica, se lee en una décima de Juan de Salinas (núm. 255).

Sea acertada o no esta hipótesis sobre el ingenio de cordobeses y sevillanos, lo cierto es que en el mismo momento en que triunfa la agudeza en las letras españolas, en el mismo momento en que escriben Quevedo, López de Úbeda y Ledesma, surgen unas dudas sobre las virtudes de unas figuras suyas. Entre 1580 y 1620 se entabla una revisión de la agudeza. No teorizan los que emprenden tal revisión o apenas si teorizan. Pero entre las figuras predilectas de la agudeza varios poetas y prosistas operan una selección, rechazando unas y privilegiando otras. Resulta curioso observar que en esta nueva Puente de los Peros coinciden unos ingenios por otra parte de muy diversas índoles. Entre ellos, ya lo sabemos, Góngora y Juan Rufo. Entre ellos Cervantes. «Apode el truhán», pronuncia Berganza.[6] A este precepto obedece Alonso

6. *Novelas ejemplares*, III, p. 173.

Quijano, quien nunca apoda.[7] A este precepto obedece el novelista, cuyas caricaturas —la de Maritornes, la de Clara Perlerina, la de Monipodio, la de la mala bruja del *Coloquio de los perros*— excluyen el apodo, tan de moda en el género caricaturesco. Entre ellos Lope de Vega, quien con tanta parsimonia admite en su teatro las formas «vulgares» de la agudeza. Entre ellos, años más tarde, Gracián.

7. En cambio don Quijote apoda al Barbero —«señor rapista», «señor Bacía» (II, 1)—, lo cual demuestra sin dejar lugar a dudas que el cuentecillo picante de éste le ha herido en lo más vivo. Recuérdese también que el buen escudero Marcos de Obregón le afea a doña Mergelina sus apodos agresivos (Castalia, «Clásicos Castalia», núm. 45, Madrid, p. 97).

XII. GRACIÁN FRENTE A QUEVEDO

Sería legítimo esperar que fuera Quevedo uno de los escritores más frecuentemente citados en la *Agudeza y Arte de ingenio*. La realidad, como bien sabemos, es totalmente distinta, lo cual plantea un problema difícil de resolver, pero imposible de soslayar.

El prolongado descuido de Quevedo en imprimir sus versos puede explicar en parte estos silencios. En las fechas en que redacta Gracián su tratado, no dispone de una edición completa de la poesía quevediana. Únicamente conoce —dejemos aparte la posibilidad de que tuviera a mano unos textos manuscritos— los versos del madrileño que se han publicado en antologías —la *Segunda parte del Romancero general* de Miguel de Madrigal, las *Flores* de Espinosa, la *Primavera y flor de romances* (1621) de Pedro Arias Pérez y sus primeras reediciones, los *Romances varios de diversos autores* (Zaragoza, 1640)— y unas piezas preliminares impresas en algunos volúmenes. Pero no vale el argumento tratándose de la prosa: resulta difícil admitir que no conociera Gracián *El Buscón*, impreso en Zaragoza en 1626, y los *Sueños*, impresos en Zaragoza en 1627. A pesar de lo cual no cita un renglón ni del uno ni de los otros.

Conducta tanto más sorprendente cuanto que silenciar no significa ignorar. Porque, si bien no cita en la *Agudeza* ni los *Sueños* ni *El Buscón*, no se desdeña Gracián de imitarlos en

El Criticón. Haciendo caso omiso de unas coincidencias que se pueden achacar a la existencia de un fondo común de chistes viejos,[1] parece evidente que Gracián recuerda en varias ocasiones unas frases de Quevedo. Cotéjense los ejemplos siguientes:

a) «Miren el todo trapos ... con más agujeros que una flauta y más remiendos que una pía» (*Buscón*, p. 214);

«las pías que la [la carroza] tiraban, más remendadas que pías» (*Criticón*, I, 7, p. 575 b);

«su vestido por lo pío remendado» (*Criticón*, II, 7, p. 752 b);

«carrozas tiradas de seis pías, y las más veces remendadas» (*Criticón*, III, 8, p. 945 a).

b) «los plateros y buhoneros ... si Dios hiciera que el mundo amaneciera cuerdo un día, todos estos quedaran pobres ...» (*Sueño del Infierno*, p. 122; compárese el soneto «Si el mundo amaneciera cuerdo un día», *Poesía*, núm. 554);

«en piedras preciosas, que si un día amaneciese el mundo con juicio, se hallarían muchos sin hacienda» (*Criticón*, III, 9, p. 954 b).

c) «Verás esta viuda, que por defuera tiene un cuerpo de responsos, como por de dentro tiene una ánima de aleluyas, las tocas negras y los pensamientos verdes» (*El mundo por de dentro*, p. 173);

«¿Qué dirán, decía la viuda, que a muerto marido, amigo venido, que del riego de mi llanto nace el verde de mis gustos, que tan presto trueco el *requiem* en *aleluya*?» (*Criticón*, II, 11, p. 802).

1. Ejemplo: «A los hombres quitábamos el sombrero, deseando hacer lo mismo con sus capas» (*Buscón*, p. 206); «No sólo quitan ya el sombrero, sino la capa y la ropilla» (*Criticón*, I, 11, p. 629 b). O el archiconocido «sastre» / «desastre» (*Sueño de la Muerte*, p. 200; *Criticón*, II, 5, p. 728 a).

d) «Y es cierto que son diablos los médicos, pues unos y otros andan tras los malos y huyen de los buenos, y todo su fin es que los buenos sean malos y que los malos no sean buenos jamás» (*Sueño de la Muerte*, p. 190);

«Este [el médico] tiene por asunto y obligación hacer de los malos buenos; pero él obra tan al revés que de los buenos hace malos y de los malos peores» (*Criticón*, I, 6, p. 571 a).

e) Parece poco dudoso que el desfile de personillas del *Criticón*, III, 6 se inspira en el desfile de personillas tradicionales del mismo *Sueño de la Muerte.*

Unos juegos de ingenio, una escena: las huellas que dejó la prosa quevediana en el *Criticón* no nos enseñan gran cosa acerca del concepto en que tenía Gracián al autor de los *Sueños.* ¿Serán más reveladores los fragmentos en que enjuicia a Quevedo? Cinco veces se refiere el texto del *Criticón* al madrileño. Tres frases censuran el carácter únicamente jocoso de buena parte de la producción quevediana:

— estas hojas de Quevedo son como las del tabaco, de más vicio que provecho, más para reír que aprovechar (*Criticón*, II, 4, p. 722 a);

— vieron unas tejuelas picariles ... son muy donosas: con éstas espantaba sus dolores Marica en el hospital (*Criticón*, II, 4, p. 714 b);[2]

— todo género de poesía en lengua vulgar, especialmente burlesca y amorosa, letrillas, jácaras, entremeses, follaje de primavera, se entregaron a los pisaverdes (*Criticón*, II, 1, p. 675 a).

Otra frase combina curiosamente alabanza y sátira, la que sitúa a Quevedo entre los aficionados al vino que «hacían

2. Alusión transparente al romance «Tomando estaba sudores» (núm. 694), impreso por primera vez en la *Primavera y Flor de romances* de Pedro Arias Pérez, edición de 1628.

versos superiores» (*Criticón*, III, 2, p. 853 b). En el mundillo literario de los primeros años del siglo XVII circuló un rumor que tachaba a Quevedo de excesivamente apasionado por el licor de Baco, rumor del que se hacen eco varios textos: la *Apología al «Sueño de la Muerte»*,[3] *El tribunal de la justa venganza*,[4] el soneto «Si no sabéis, señora de Cetina»[5] y por fin el soneto «Cierto poeta, en forma peregrina»,[6] verosímilmente debido a la pluma mordaz de Góngora y relleno de elocuentes equívocos («devota», «cuero», «Brindis», «San Trago»). ¿Corresponderá la acusación a verdad o a leyenda? De ser cierta, no nos importa mucho. Más interesa si corresponde a leyenda, por ser uno de los elementos de la leyenda quevediana que aparecería en fecha más temprana.

El último dictamen de los que emite el *Criticón* es sumamente elogioso, presentando la obra del Quevedo prosista como una de las cumbres del arte: «Y así veréis que ningún hombre, por eminente que sea, es estimado en vida. Ni lo fue el Ticiano en la pintura, ni el Bonarota en la escultura, ni Góngora en la poesía, ni Quevedo en la prosa» (*Criticón*, III, 12, p. 993 b).

Al tomar este camino tampoco hemos progresado hacia la solución del problema. Gracián le reprocha a Quevedo el aspecto frívolo de gran parte de su producción. Pero es difícil negarles a los *Sueños* cualquier valor didáctico. Y sobre todo, Gracián admitió en la *Agudeza* cantidad de versos, versos de Góngora en especial, que podían caer bajo la misma censura; bien lo sabía quien echaba de menos en la poesía del cordobés «la moral enseñanza» y «los asuntos graves» (*Criticón*, II, 4, p. 713 b). Con todo, rechazó casi constantemente los versos y prosas de Quevedo. ¿Por qué?

3. Quevedo, *Obras en verso*, ed. Astrana Marín, Aguilar, Madrid, 1943, pp. 1.043 b-1.044 a.
4. *Ibid.*, p. 1.094 b.
5. Alfay, *Poesías varias*, núm. 22.
6. Góngora, *Obras completas*, ed. Millé, «Sonetos atribuibles», LXXV.

Digámoslo sin rodeos: resulta difícil descartar la sospecha de que Gracián le tuviera inquina a Quevedo, de que Gracián prosista envidiara la gloria de Quevedo prosista cuando la gloria de Góngora poeta no le molestara. En la *Agudeza* cita entre las obras en prosa modélicas *El conde Lucanor, Guzmán de Alfarache*, cien veces la *Floresta española*, otras cien veces los *Apotegmas* de Rufo; nunca los *Sueños*, nunca *El Buscón*. Esta arbitrariedad llega en ocasiones a unos extremos escandalosos. Baste con un ejemplo: cuando quiere aducir un texto que note «el desacierto general» y pondere «las falsas opiniones del mundo», escoge Gracián unos versos del padre Miguel de Dicastillo, en los cuales por cierto no brilla mucha agudeza,[7] olvidándose de la soberbia enumeración de *El mundo por de dentro*: «Amistad llaman al amancebamiento, trato a la usura, burla a la estafa, gracia la mentira, donaire la malicia, descuido la bellaquería ...».[8] No sin disgusto escribo estas frases, pues nunca es grato explicar unas obras geniales a partir de unos sentimientos mezquinos. Pero parece poco dudoso que Gracián practicó con superior talento en la *Agudeza* una táctica que bien conocen clérigos y catedráticos (por algo será la Universidad hija de la Iglesia), la que consiste en deponer a los poderosos de su sede y ensalzar a los humildes.

Si bien necesaria, esta explicación resulta insuficiente. ¿Convendrá adelantar la hipótesis de que a Gracián le pudiera molestar el carácter trivial de la agudeza verbal quevediana? ¿Será legítimo oponer un «buen gusto» de Gracián a un «mal gusto» de Quevedo? Preguntas difíciles a las cuales contestaré en un primer momento (perdóneseme la ambigüedad por no ser mía) por sí y por no.

7. *Agudeza*, XXVIII, Castalia, «Clásicos Castalia», núm. 15, Madrid, pp. 8-9.

8. Castalia, «Clásicos Castalia», núm. 50, Madrid, pp. 166-167. Recuérdese además que entre los tratados políticos que menciona Gracián en el *Criticón* (II, 4) no figura la *Política de Dios*.

No, porque Gracián admite en la prosa del *Criticón* extensa serie de equívocos «vulgares», varios de los cuales salen ya —dejemos aparte a Quevedo— bajo la pluma de Francisco López de Úbeda, novelista que tan relativo apego manifiesta al «buen gusto»:

a) Dio [la mula] un estirijón para desasirse de la carreta con tanta fuerza, que por pocas hubiera de hacer empanada de nuestros sesos, y aun fuera con toda propiedad empanada, porque siendo nuestro seso tan poco o tan ninguno, siendo empanada de sesos, fuera en pan nada (*La pícara Justina*, pp. 279-280).[9]

Con esto pudo proseguir, si no hallara falsificada la vianda, porque al descoronar la empanada, hallaba sólo el eco y del pernil el *nihil* (*Criticón*, I, 7, p. 585 a).

b) Hubo un emperador que dijo que la mejor comida era la que venía de más lejos, y yo sentía que la mejor romería y estación era la de más lejos. Decía la otra: «El sancto que yo más visito es San Alejos» (*La pícara Justina*, pp. 245-246).

Vieron ya unas muy devotas, aunque no de San Lino ni de San Hilario, que no gustan de devociones al uso, sí de San Alejos y de toda romería (*Criticón*, II, 7, p. 759 b).

c) Como el otro, que dijo haber descendido su linaje de la casa de los reyes de Aragón, y fue porque algunos de sus antepasados, mozos de caballos de la Casa Real, huyendo de miedo de sus amos, se hicieron descolgar en unos cestos desde la muralla abajo, y esto fue descender de la Casa Real (*La pícara Justina*, p. 165).

Jactábanse algunos descender de las casas de los ricos

9. Este juego verbal tuvo interesante posteridad: lo reproducen Calderón en el *Entremés del Dragoncillo* (Castalia, «Clásicos Castalia», núm. 116, Madrid, pp. 266 y 270-271) y Ana Caro Mallén en *El conde de Partinuples*, II (BAE, XLIX, p. 130 c).

hombres, y era verdad, porque ascendieron primero por los balcones y ventanas (*Criticón*, III, 7, p. 930 b).

No, otra vez, porque Gracián aprueba y da por buenos en la *Agudeza* cantidad de equívocos que hubieran horrorizado a Boileau, y más generalmente a cualquier purista de fines del siglo XVII:

En medio está mi amor,
Y - sabe - él
que si en medio está el sabor,
en los extremos la I - el

(*Agudeza*, I)

Así concluye Girón, agudísimo poeta valenciano ... cuando llega a la negación de San Pedro:

¿No había de cantar el gallo
viendo tan grande gallina? [10]

(*Agudeza*, III)

Serán tus entrañas crudas
sepulcro de un cuerpo asado

(*Agudeza*, V)

Seréis sabroso bocado
para la mesa de Dios,
pues sois crudo para vos
y para todos asado

(*Agudeza*, XXXIII)

En nombres iguales, él fue
Tostado, y Ahumada ella

(*Agudeza*, XIV)

10. Equívoco conocido (por supuesto) de Quevedo: «pero que el gallo cante / por vos, cobarde Pedro, no os espante: / que no es cosa muy nueva o peregrina / ver el gallo cantar por la gallina» (*Poesía*, núm. 187). También de Alarcón: «Id, Pedro, para gallina, / que os hace llorar un gallo» (*La industria y la suerte*, III, BAE, XX, p. 40 c).

> Di, Ana, ¿eres Diana?
> (*Agudeza*, XVI y XXXI)
>
> Río de las lágrimas que lloro
> (*Agudeza*, XVII)
>
> Ponderaba un varón grave y severo el tiempo que roban en España las comedias, y las llamaba *Come día* y *Come días* (*Agudeza*, XXXII).
>
> Paseando un día los dos Católicos consortes por un camino, que estaba lleno de malvas a un lado y otro, iba comunicándole un negocio muy grave el rey don Fernando a su prudente Isabela, y declarándole su intento, díjole la reina: «Señor, si el camino por donde vamos os hubiera de responder, ¿qué dijera?». Diose por entendido el discreto monarca, y celebró la de su gran consorte (*Agudeza*, XXXIII).
>
> Zaragoza, que pudiera así llamarse, pues *goza* hoy de tan *augustos* hijos (*Agudeza*, LII).

Sí, en cambio, porque mientras Quevedo no rechaza ninguna figura de la agudeza, emite Gracián significativos reparos frente a varias de ellas. Gracián se cuida de acotar el terreno del equívoco: «Son poco graves los conceptos por equívoco, y así más aptos para sátiras y cosas burlescas que para lo serio y prudente» (*Agudeza*, XXXIII). Gracián selecciona con exquisito gusto los apodos que admite en la *Agudeza*, acogiendo los apodos refinados que le ofrece Juan Rufo y excluyendo los apodos brutalmente jocosos (*Agudeza*, XLVIII). Gracián jerarquiza los procedimientos agudos, calificando despectivamente la paronomasia de «la popular de las agudezas» (*Agudeza*, XXXII). La facilidad de Quevedo en admitir cualquier juego de palabras le debió de parecer un abuso a Gracián, quien desconfía de la agudeza verbal.

¿Por qué? Por ser, dice él, «popular». Convengamos que al adjetivo le falta claridad. ¿Por qué se considerará como plebeya la agudeza verbal? Tan evidente se nos antoja la afirmación que no la ponemos en tela de juicio. Con todo, no parece ocioso formular la pregunta, puesto que los juegos de palabras «vulgares» se practicaron constantemente en las cortes europeas del siglo XVI y primeras décadas del XVII, puesto que la condena que pesa sobre ellos tendrá su principio y su historia. ¿Qué motivos animaron a los que fulminaron anatemas contra la agudeza verbal? Más adelante estudiaremos este proceso cultural. Conviene primero examinar brevemente la fortuna de la agudeza quevediana.

XIII. TRIUNFO Y NAUFRAGIO DE LA JÁCARA AGUDA

Si bien cantidad de textos documentan entre 1612 y 1618 el clamoroso éxito de «Ya está guardado en la trena», el triunfo de la jácara como género parece ser más tardío: no será anterior a la cuarta década del siglo. En 1636 se publica la primera edición zaragozana de la *Primavera y flor de los mejores romances* del licenciado Pedro Arias Pérez, edición que incluye «Añasco el de Talavera»; en 1635 o 1636 sale a luz, verosímilmente, la primera edición de los *Romances varios de diversos autores*, antología que recoge unas veinte jácaras:[1]

— cuatro jácaras de Quevedo: «A la salud de las marcas», «Añasco el de Talavera», «En casa de las sardinas», «Zampuzado en un banasto»;

— otras dieciséis jácaras, las que corresponden a los núms. 1-5, 7, 8, 15, 16, 23, 27, 38-40, 58 y 75. Tres de ellas se deben al ingenio de Cáncer y Velasco: «Al Zurdillo de la costa» (núm. 7), «Cansóse el Ñarro de Andújar» (núm. 15), «Cantó de plano el mulato» (núm. 5).[2]

1. Consúltese Antonio Rodríguez-Moñino, *Manual bibliográfico de Cancioneros y Romanceros (Siglo XVII)*, núms. 209-210. Doy por admitido que esta edición presentara los mismos textos que la primera edición conservada (Zaragoza, 1640).

2. Figuran en efecto estas composiciones en las *Obras varias* de Jerónimo de Cáncer y Velasco (Lisboa, 1657), pp. 27-29 y 109-111.

Con los años se ha de enriquecer progresivamente la antología quevediana que presentan los *Romances varios de diversos autores*:

— en la edición de Zaragoza, 1643, con «Allá va en letra Lampuga» y «Todo se sabe, Lampuga»;

— en la edición de Madrid, 1645, con «Ya está guardado en la trena»;

— en la edición de Madrid, 1655, con «A la orilla de un pellejo», «Allá vas, jacarandina», «Con mil honras ¡vive cribas!», «Con un menino del padre», «Descosido tiene el cuerpo», «Embarazada me tiene» y «Mancebitas de la carda». Agrupadas en las mismas páginas del libro (núms. 97-103), estas jácaras proceden sin duda del *Parnaso español*. A partir de esta fecha —dejando aparte, por supuesto las que únicamente circularon en forma manuscrita durante el siglo XVII—, anda completa la colección de jácaras quevedianas que imprime este romancero.[3]

Las ediciones del *Parnaso español* y de los *Romances varios* garantizan una buena difusión a las jácaras quevedianas. Pero no ocupan éstas en la producción impresa un lugar tan destacado como se podría esperar dentro del movimiento ascensional de la jácara, movimiento cuyos hitos señalan las *Obras* (1651) de Cáncer y Velasco, las *Poesías varias* (1654) de Alfay y una serie de pliegos sueltos que se imprimen entre 1650 y 1660. La antología de Alfay incluye ocho jácaras

3. A partir de la edición zaragozana de 1663 (Rodríguez-Moñino, *Manual*, núm. 222) se deslizan en los *Romances varios de diversos autores* otras tres jácaras de Cáncer y Velasco: «El Entrunchón de Baeza» (núm. 34; *Obras varias*, p. 151; Hill, *Poesías germanescas*, núm. 76); «Hoy me ha pegado mi rufo» (núm. 28; *Obras varias*, p. 25; Hill, núm. 86); «Torote el de Andalucía» (núm. 27; *Obras varias*, p. 23; Hill, núm. 97). Las mismas obritas admite la colección de *Jácaras y romances varios* impresa en Málaga, 1668 (*Manual*, núm. 249). Obsérvese paralelamente el creciente éxito de los bailes agermanados de Quevedo: «Helas, helas por do vienen» y «Todo se lo muque el tiempo» entran en los *Romances varios* a partir de 1643 (y lo mismo el romance agermanado «Tomando estaba sudores»).

(núms. 88, 90, 91, 93, 94, 117, 132 y 133): ni una es de Quevedo. Los pliegos sueltos jacarandos publicados en su mayor parte entre 1650 y 1660 que estudia John M. Hill (véanse los núms. 56, 70, 73, 80, 90, 91, 96 y 101-103 de sus *Poesías germanescas*) tampoco presentan jácaras debidas a Quevedo. Casi tantas ediciones como «Zampuzado en un banasto» habrán tenido unas jácaras tan mediocres como «Cante la fama mi nombre» (*Romances varios*, 1640, núm. 1) o «Cercado de belleguines» (*ibid.*, núm. 16). Las obras de calidad no son forzosamente las que más lectores tienen.

Pero son las que mayor resonancia consiguen. En el presente caso lo demuestran dos hechos. Primero el que poetas, dramaturgos y novelistas dedicaron preferente atención a las jácaras quevedianas, y en especial a cuatro de ellas cuyo éxito se puntualiza a continuación:

a) Ya está guardado en la trena
tu querido Escarramán

Menudean las alusiones y referencias a esta jácara:

1611-1613 Sale a las tablas Escarramán en el entremés cervantino de *El rufián viudo.*[4]

1612-1614 Se trata de un personaje que canta «lo de Escarramán» en la jornada segunda de la comedia lopesca *¿De cuándo acá nos vino?*[5]

1613 El jesuita Pedro Juan Ferrer escribe en su *Tratado de las comedias* (Barcelona, 1618, pero con aprobación de 1613): «agora corren por esta ciudad unas canciones que llaman *Escarramán*, que en el teatro las han represen-

4. Sobre Escarramán, Cervantes y Quevedo, véase Eugenio Asensio, *Itinerario del entremés*, pp. 103-105.

5. *Acad. N.*, XI, p. 687 a.

tado con tanta torpeza, que aun los aficionados a comedias se escandalizan de ellas y muchos por no oírlas se salían del teatro».[6]

1614 En el romance «Al pie de un álamo negro» menciona Góngora «el cantado Escarramán».

1614 De «mi Escarramán» califica a su amigo la desgraciada Bárbara en el *Quijote* de Avellaneda.[7]

1616 Se vende el pliego de *Escarramán* en la jornada segunda de la comedia lopesca *Al pasar del arroyo*.[8]

1616 Un soneto de fray Bernardo de Cárdenas menciona a Escarramán.[9]

Agosto de 1617 En carta dirigida al duque de Sessa escribe Lope: «pienso que estoy en la capilla, como Escarramán».[10]

1620 Imprime Salas Barbadillo su comedia de *El gallardo Escarramán*.

1619-1624 Para Juan de Arguijo y sus amigos, Quevedo es el «poeta que compuso el romance de Escarramán».[11]

1627 «Escarramán se finge ser un rufián, en un cantar que de él hay», escribe el maestro Correas.[12]

Conviene tener en cuenta además los versos de esta jácara que reproducen, en ocasiones con alguna variante para adap-

6. E. Cotarelo y Mori, *Bibliografía de las controversias sobre la licitud del teatro en España* (Madrid, 1904), p. 353 b.

7. «Clásicos Castellanos», núm. 176, p. 120.

8. *Acad. N.*, XI, p. 265 b.

9. Texto en Lope de Vega, *La Gatomaquia*, ed. Francisco Rodríguez Marín, Madrid, 1935, p. 135.

10. *Lope de Vega en sus cartas*, ed. A. González de Amezúa, III, p. 337.

11. Juan de Arguijo, *Cuentos*, núm. 169.

12. *Vocabulario de refranes*, p. 10 a. Sobre varios arreglos *a lo divino* de esta jácara, entre los cuales un romance y una loa debidos a Lope de Vega, véase la edición de la obra poética de Quevedo por José Manuel Blecua. Añádase Alonso de Ledesma, *Romancero y Monstro imaginado* (Madrid, 1616), fol. 153:

A los celos. Romance vuelto.

Ya está en la cárcel de celos
tu temeroso galán...

tarlos al entorno, cantidad de comedias, entremeses, novelas y demás textos:

ya está guardado en la trena vv. 1-2
tu querido Escarramán

«Si me dais atenta fe, / de los teatinos diré» (*Cancionero antequerano, 1627-1628*, núm. 212, vv. 229-230).

Ruiz de Alarcón, *El tejedor de Segovia. Segunda parte*, III, BAE, XX, p. 408 a.

Quiñones de Benavente, *Los planetas*, Cotarelo, núm. 243, p. 561 b.

—, *El negrito hablador*, Cotarelo, núm. 261, p. 606 b.

—, *Don Gaiferos*, Cotarelo, núm. 263, p. 612 b.

que unos alfileres vivos vv. 3-4
me prendieron sin pensar

Quiñones de Benavente, *El negrito hablador*, Cotarelo, núm. 261, p. 606 b.

—, *Don Gaiferos*, Cotarelo, núm. 263, p. 612 b.

andaba a caza de gangas vv. 5-6
y grillos vine a cazar

Tirso de Molina, *El amor y la amistad*, III, en *Obras*, III, p. 544 a.

—, *Amar por arte mayor*, I, en *Obras*, III, p. 1.170 b.

Rojas Zorrilla, *El más impropio verdugo por la más justa venganza*, III, BAE, 54, p. 187.

Estebanillo González, I, p. 184.

como el ánima del sastre vv. 17-18
suelen los diablos llevar

Tirso de Molina, *La mujer que manda en casa*, II, en *Obras*, I, p. 472 b.

—, *Santo y sastre*, I, en *Obras*, III, p. 54 b.

Céspedes y Meneses, *El soldado Píndaro*, BAE, XVIII, p. 284 b.

Estebanillo González, I, p. 227.

Jerónimo de Barrionuevo, *Avisos*, BAE, 222, p. 106 b.

se acogió con Cañamar v. 34

Tirso de Molina, *Don Gil de las calzas verdes*, I, en *Obras*, I, p. 1.606 b.

Estebanillo González, II, pp. 323 y 494.

gran saludador de culpas, vv. 51-52
un fuelle de Satanás

«Si me dais atenta fe, / de los teatinos diré» (*Cancionero antequerano*, núm. 212, vv. 69-70).

con chilladores delante vv. 55-56
y envaramiento detrás

Don Quijote, II, 26.

Lope de Vega en carta dirigida al duque de Sessa (diciembre de 1615).[13]

b) Zampuzado en un banasto
me tiene su Majestad

Varios versos de esta jácara salen en novelas, comedias y entremeses:

Zampuzado en un banasto v. 1

13. *Lope de Vega en sus cartas*, III, p. 215. En la comedia *Las glorias del mejor siglo*, III, obra del P. Valentín de Céspedes, el criado y la criada, jugando sobre la palabra *centenar*, remiten a Escarramán (BAE, XLIX, p. 150 b).

Estebanillo González, I, p. 185.

Salvador Jacinto Polo de Medina, *Hospital de incurables, Obras*, p. 205.[14]

Zampuzado en un banasto vv. 1-4
me tiene su Majestad,
en un callejón Noruega,
aprendiendo a gavilán

Antonio Enríquez Gómez. *El siglo pitagórico*, p. 111.

en un callejón Noruega, vv. 3-4
aprendiendo a gavilán

Calderón, *El mayor monstruo los celos*, II, BAE, VII, p. 489 c.

—, *Auristela y Lisidante*, II, BAE, XII, p. 636 c.

me lloraron soga a soga, vv. 49-52
con inmensa propriedad:
porque llorar hilo a hilo
es muy delgado llorar

Quiñones de Benavente, *El borracho*, Cotarelo, núm. 244, p. 564 a.

Gracián, *Agudeza*, XXXIII.

c) Añasco el de Talavera,
aquel hidalgo postizo

Los dos primeros versos de la jácara aparecen en una glosa de los *Romances varios de diversos autores*, «Estábase

14. En el mismo fragmento afirma el escritor que esta jácara y el baile «Helas, helas por do vienen» fueron vueltos *a lo divino*.

la aldeana» (ed. de Zaragoza, 1640, núm. 80); los tres primeros son plagiados en una jácara de Antonio de Solís:

Añasquillo el de Segovia,
hijo del postizo hidalgo
que en los caminos de noche ...[15]

d) Ya se salen de Alcalá
los tres de la vida airada

Varias composiciones poéticas y una comedia reproducen versos de esta jácara, hecho tanto más notable cuanto que el texto únicamente circula en forma manuscrita en el siglo XVII. Salen los dos primeros versos en la ya citada composición «Si me dais atenta fe, / de los teatinos diré» (*Cancionero antequerano*, núm. 212, vv. 29-30) y en el centón «Reviente el mismo demonio» de los *Romances varios de diversos autores* (ed. de Zaragoza, 1640, núm. 84).[16] A lo divino los arregla Manuel de León Marchante, aplicándolos a los Reyes Magos.[17] Véanse por fin los versos que canta un pasajero en la jornada segunda de *El tejedor de Segovia. Segunda parte*:

Ya se salen de Segovia
cuatro de la vida airada:
el uno era Pedro Alonso,
Camacho el otro se llama.[18]

15. Antonio de Solís, *Varias poesías sagradas y profanas*, Madrid, 1692, p. 120. En dos ocasiones alude Antonio Enríquez Gómez a Añasco (*El siglo pitagórico*, pp. 179 y 204).

16. Incluye el mismo centón los versos «Por un menino del padre, / tu mandil y mi avantal».

17. «Ya se parten de Oriente / los tres de la vida airada» (León Marchante, *Obras póstumas*, Madrid, 1722-1723, II, p. 219).

18. BAE, XX, p. 406 c. Otras referencias a las jácaras quevedianas: Estebanillo González alude a Escarramán (I, p. 227) y a la Coscolina (II, pp. 487, 490 y 494; véase Quevedo, *Poesía*, núms. 849 y 850). El romance agermanado «Tomando estaba sudores» (*Poesía*, núm. 694) es citado por Jacinto Alonso Maluenda (*Bureo de las musas de Turia*, p. 163), glosado en *Estebanillo González* (II, p. 488) y aludido por Gracián (*Criticón*, II, 4).

Otro hecho demuestra el prestigio de que gozan las jácaras quevedianas: las imitaciones que suscitan. El examen más superficial de las jácaras compuestas hacia mediados del siglo y más tarde permite comprobar cuantiosas reminiscencias de los versos del madrileño. Citemos dos ejemplos:

En mis espaldas tenéis
el escarmiento bien claro,
pues la penca a puras pencas
las dejó hechas un cardo

Son versos de una jácara impresa en pliego de 1652 (Hill, núm. 80). Compárese Quevedo:

A puras pencas se han vuelto
cardo mis espaldas ya

(*Poesía*, núm. 849)

Más mal hay del que se suena,
pues dicen que voy forzado;
si Lucrecia de Tarquino,
yo voy de Felipe Cuarto

Son versos de la jácara «Yo soy Sancho el del Campillo», impresa en pliego sin fecha (Hill, núm. 103). Compárese Quevedo:

Quéjaste de ser forzado;
no pudiera decir más
Lucrecia del rey Tarquino
que tú de su Majestad

(*Poesía*, núm. 850)

Los poetas jacarandos procuran imitar a Quevedo. La intención es plausible. Pero estos fieles imitadores ni siquiera alcanzan el grado de medianos discípulos: sus obritas demuestran poca inventiva y pobre ingenio. Excepción única es la de

Jerónimo de Cáncer y Velasco, en cuyas jácaras brilla alguna vez un destello ingenioso.[19] Por regla general, las jácaras «imitadas» de Quevedo no pueden ubicarse bajo el rótulo de la agudeza; merecen plenamente los calificativos de «vulgares» y «plebeyas» que se les han aplicado. Tienen interés dentro de una historia de la cultura, pero son estéticamente nulas. Hablar de decadencia sería inadecuado; más exacto es decir que las jácaras quevedianas abrieron un paréntesis en la historia del género. En seguida volvieron las aguas de la jácara a correr por el cauce de las coplas de rufianes de Pedro de Reinosa. La jácara aguda nace y muere con Quevedo.

Paralelamente a la desgraciada casta de los imitadores de Quevedo, y más antiguo que ella, va creciendo el triste linaje de los poetas tremendistas cuyos romances refieren extensa y prosaicamente latrocinios y asesinatos. María Cruz García de Enterría nos reveló que estos romances, que tan dilatada prole habían de tener, ya se venían imprimiendo en pliegos en los primeros años del siglo XVII.[20] Ni siquiera pretenden estas obritas la agudeza —que mal convendría a su tono seudotrágico, alternativamente ramplón y altisonante—. De hecho, tampoco demuestran sus autores el menor interés por cualquier cosa que tenga que ver con ingenio o belleza. A pesar de lo cual su éxito, su temprano y dilatado éxito, resulta indudable. Tal fenómeno, más claramente aun que la expansión de la jácara adocenada, demuestra (o demostraría, de aceptar una idea comúnmente recibida) que nuevos gustos se van abriendo paso en el público lector.

Por lo menos es lo que solemos decir. Porque nos halaga

19. Sobre la poesía de Cáncer, y en especial sus quintillas de ciego, véase Edward M. Wilson, «La estética de don García de Salcedo Coronel y la poesía española del siglo XVII», en *Entre las jarchas y Cernuda*, en especial pp. 186-191. Indudable (pero fácil) gracia tiene la jácara «Entre los sueltos crujidos» (*Romances varios*, 1655), parodia del romance gongorino «Entre los sueltos caballos».

20. *Sociedad y poesía de cordel en el barroco*, Taurus, Madrid, 1973, en especial pp. 92-93 y 192-194.

escribir (y pensar) que hubo una época en la que el público fuera tan inteligente y de aficiones tan exquisitas que únicamente apreciara la poesía que apreciamos los profesores del siglo XX. (Porque, en el fondo, siendo corta minoría, quisiéramos pertenecer a una mayoría cultural.) Pero ¿alguna vez existió esta edad de oro? y ¿se produjo en efecto en el siglo XVII el supuesto cambio de gusto? ¿O se dieron cuenta unos profesionales astutos de que esta categoría de versos malos tan bien (y mejor) se vendería como otros versos, buenos o malos? La hipótesis no parece disparatada, puesto que, todo bien mirado, lo que se imprime y vuelve a imprimir durante el siglo XVI no siempre es de subida calidad estética: no recordemos más que las coplas de Rodrigo de Reinosa y unas novelas como la *Historia de Carlomagno*. Un factor técnico nuevo —la imprenta— permitió satisfacer unos gustos preexistentes, vieja historia que en cada siglo se vuelve a repetir. La novela por entregas del siglo XIX, los seriales del siglo XX, las películas X de nuestra época no significan ningún cambio de gusto, significan que la alianza entre unas ideas comerciales originales y unos medios técnicos nuevos permite poner al alcance de los consumidores unas formas «artísticas» que corresponden sin duda a unos «gustos» muy anteriores.

Pero, ¿de qué público estamos hablando? La pregunta siempre es espinuda. En el presente caso un fenómeno al que no se ha prestado la debida atención proporciona unos elementos de respuesta: estos romances de estilo tremendista no sólo se imprimen en pliegos, sino también en libros. La colección de *Romances varios de diversos autores*, ya aludida, incluye ocho, que se han de reproducir en todas las ediciones del libro impresas a partir de 1640. Son los siguientes:

— «Canten al paso que llora / Morote preso en la trena» (Zaragoza, 1640, núm. 20). [Hazañas de Morote, sucesivamente ladrón, bandolero, alguacil y galeote.]

— «La Princesa de los cielos / a quien los hombres alaban» y «Pasado lo referido / del mismo modo y manera» [continuación del anterior] (núms. 33-34). [De amores, celos, duelos, traiciones y muertes.][21]

— «Suene la fama su trompa / por todo el orbe rodando» (núm. 42). [Historia de Pantoja, estudiante, luego soldado y bravo.]

— «Por un hijo de vecino / que llamaban Juan de Mena» (núm. 45). [Juan de Mena acaba en galeras.]

— «Suelten corridas veloces / fuertes caballos del Febo» (núm. 66). [Un matón pronuncia largo sermón antes de que le ajusticien.]

— «Si queréis saber quién soy / y saber cómo me llamo» (núm 77). [Un esgrimidor empedernido acaba cautivo de moros.]

— «Escuchadme atentas, chulas, / las del germanillo trato» (núm. 81). [De muchacha noble a prostituta.]

Hemos de tener en cuenta el hecho de que estos romances de guapezas y valentías entren en libro, y en libro tan difundido como los *Romances varios de diversos autores* que tiene unas quince ediciones entre 1635 y 1664. Demuestra que hacia 1640 ya no se limita al «pueblo» la afición (nueva o antigua) a los relatos de crímenes y latrocinios. Aunque el público lector de pliegos sueltos debió de ser más extenso y variado de lo que se ha dicho a veces, siempre resultará posible defender la idea de que los textos impresos en pliegos correspondan a un gusto «popular». En cambio parece difícil sostener lo mismo tratándose de los *Romances varios de diversos autores* que forman un libro, un libro espeso (cerca de quinientas páginas cuenta la edición de Madrid, 1655, por Pablo de Val, que manejo), y por lo tanto un libro caro, libro que no se dirige a unos compradores «populares», sino adinerados. El gusto (con cambio o sin él) que satisface la obra es el de un público acomodado y por lo menos relativamente culto.

21. «La Princesa de los cielos» sale en un pliego fechado de 1689, «Pasado lo referido» en un pliego de 1691 —ambos impresos en Barcelona (Joaquín Marco, *Literatura popular en España en los siglos XVIII y XIX*, Taurus, Madrid, 1977, II, p. 444).

Unos desgraciados poetastros habían rebajado la jácara; la vegetación exuberante de los romances de valentías la ahogó. María Cruz García de Enterría observó que se dio un entronque entre jaque y bandolero.[22] En efecto, la jácara se vino a fundir en el romance de desafueros, hasta tal punto que la palabra jácara se vino a aplicar a la melodramática historia de Rosaura la de Trujillo en varios pliegos del siglo XIX impresos en Barcelona.[23] Así se disolvió, sin gloria, un género que había ilustrado Quevedo.

22. *Sociedad y poesía de cordel*, p. 329.

23. María del Carmen Azaustre Serrano, *Canciones y romances populares impresos en Barcelona en el siglo XIX, Cuadernos Bibliográficos*, XLV (1982), núms. 32, 681, 994 y 995.

XIV. VARIA FORTUNA DE QUEVEDO. UNAS FORMAS POÉTICAS

No pretenden las pocas páginas de este breve apartado determinar la huella que dejaron los versos de Quevedo en la poesía del siglo XVII. Exigiría la tarea unas pacientes encuestas en los manuscritos poéticos del siglo, y llenarían verosímilmente sus resultados varios centenares de páginas. Únicamente procuro definir en este capítulo, ciñéndome al propósito de este libro y apoyándome en los solos textos impresos, la fortuna que gozaron unos paradigmas poéticos creados o perfeccionados por Quevedo y unos procedimientos predilectos suyos.

1. *El ocaso del romance de equívocos*

Dos romances compuestos en sartas de equívocos sobre apellidos se publican, el primero —«Amor, absoluto rey»— en el *Laberinto amoroso* (1618) de Juan de Chen, el segundo —«Saliendo a coger el fresco»— en la *Primavera y flor de romances*[1] del licenciado Pedro Arias Pérez. Reúne el primero un mosaico de treinta equívocos, el segundo otro de veintidós. Ambos textos presentan coincidencias, lo cual no sorprende, y cabe preguntarse si el segundo no será arreglo del

1. Este romance es de los añadidos en la edición de 1623.

primero. Pero resulta difícil pronunciarse tratándose de composiciones en las que forzosamente surgen repeticiones. Después de tan elocuentes muestras parece ser que va decayendo el género, como si desanimara a los poetas el virtuosismo de Góngora, de Quevedo y de Ledesma.

Caso particular del romance de equívocos es el paradigma que define la sonada serie de comparaciones de «Zampuzado en un banasto». Practica esta forma nueva, no sin talento, el autor de *Estebanillo González*:

> Madama doña Embeleco,
> más lamida que alcuzcuz,
> más probada que piñata,
> más chupada que orozuz;
> más batida que una estrada,
> más navegada que el Sur,
> más combatida que Rodas,
> más ganianciosa que un flux.[2]
>
> Vos, señora, habéis tenido
> más conchas que no un caimán,
> más cautelas que un Sinón,
> más pleitos que una ciudad;
> más entradas que no un reino,
> más salidas que un lugar,
> más visitas que una audiencia,
> más aplausos que un mordaz;
> más encuentros que los dados,
> más ofrendas que un abad,
> más vueltas que tuvo Troya,
> más tiros que tiene Orán;
> más que Angélica traspuestas,
> más disputas que una paz,
> más cebo que un pescador,
> más uñas que un gavilán.[3]

2. *Estebanillo González*, p. 461.
3. *Estebanillo González*, p. 510.

2. *La caricatura a base de apodos*

Con más frecuencia se cultiva este paradigma, posiblemente por considerarse más fácil. En 1634 le sale a Quevedo un discípulo inesperado en el autor de las *Rimas de Tomé de Burguillos.* En el «Advertimiento al señor lector» hace notar Lope que se dedica la obra a la «poesía faceciosa» y en conocido soneto de la misma —«Para cortar la pluma en un profundo»— se proclama discípulo de la sutileza y del ingenio de Quevedo. Un Lope envejecido se divierte en imitar al autor de «Vida fiambre, cuerpo de anascote»; el poeta que tantas veces celebró la hermosura femenina se ensaya ahora en caricaturas de mujeres feas: recuérdense en especial los sonetos «A una dama roma y fría» y «A un coche de damas feas que iban al Soto».[4] No llega el discípulo, ni con mucho, a la crueldad, ni tampoco, digámoslo en honor a la verdad, a la agudeza de su ocasional maestro: obviamente el genio de Lope corría por otros cauces. Valga lo que valga la tentativa, no tardó en tener secuaces.

Pocos años después, en efecto, traza Salvador Jacinto Polo de Medina dos caricaturas de vieja evidentemente inspiradas en Quevedo: el «Romance a una vieja fea y muy melindrosa» y la «Silva a una vieja que dijo tenía dentera de comer limón», piezas en las que se leen versos de corte tan claramente quevediano como:

> vieja enjerta en perdurable ...
> tragasiglos, tarasca de los años ...
> sacamuelas los años que pasaron.[5]

4. También el autorretrato jocoso de «Si habéis visto al Sofí sin caperuza», que trae la fórmula tan quevediana de «nariz de sayón», y la caricatura del verdugo en «A San Hermenegildo». Ya destacó estas imitaciones Antonio Carreño, «Los engaños de la escritura: las *Rimas de Tomé de Burguillos*, de Lope de Vega», *Lope de Vega y los orígenes del teatro español*, Edi-6, Madrid, 1981, pp. 547-563.

5. Polo de Medina, *El buen humor de las Musas* (1637), en *Obras*, pp. 295-298.

El mismo Polo de Medina y Luis Vélez de Guevara caricaturizan, no ya a la flaca, sino al flaco, en sendos romances —«A un licenciado muy flaco y delicado» y «Dígasme tú, el esqueleto»—, textos en los que el lector identifica a primera vista las reminiscencias de Quevedo:

hueso que sirve de vaina
a un estoque, alma buída ...
cerbatana de evangelio ...
¡Qué sutil fuera tu ingenio
si con tu cuerpo trocaras,
cuatro higos para Escoto! [6]

Dígasme tú, el esqueleto,
que haces la vida estatua ...
el que de estoque de hueso
a línea reta se pasa ...
longaniza de sepulcros
y jeringa de fantasmas ...
levantóse la estantigua ...
asador soy de mí mismo ...
tan buido soy de mío ...
por notomía de esgrima ...
zancarrón fui de Mahoma. [7]

6. *El buen humor de las Musas*, en *Obras*, pp. 303-304. En la prosa de *El Lazareto de Milán* (1639) imita el autor —confesando la imitación— la caricatura del licenciado Cabra (*Obras*, pp. 438-440). Pesadísima por interminable resultaría la relación de los fragmentos de Polo de Medina que recuerdan a Quevedo. Citemos un último ejemplo, tomado de un poema que burla de un viejo: «en un ras en ras de siglos» (*El buen humor de las Musas*, en *Obras*, p. 271).

7. Alfay, *Poesías varias* (1654), núm. 83 (el primer verso parodia el conocido romance «Dígasme tú, el ermitaño»). Posiblemente sobreviviera este paradigma en los vejámenes académicos del siglo XVII: véase un ejemplo debido a la pluma de Anastasio Pantaleón de Ribera en José Sánchez, *Academias literarias del Siglo de Oro español*, Gredos, Madrid, 1961, p. 67. Otro ejemplo de caricatura de la misma tinta (en prosa ésta) destaca acertadamente M.ª Soledad Carrasco Urgoiti en una academia celebrada hacia 1654 «La oralidad del vejamen de academia», en *Edad de Oro*, VII, Universidad Autónoma de Madrid, Madrid, 1988, pp. 55-56).

3. *La creación de neologismos jocosos*

Practican este juego de ingenio a imitación de Quevedo Salvador Jacinto Polo de Medina y Jacinto Alonso Maluenda. No sorprenderá el nombre del primero, ya recordado más arriba. Tampoco el de Jacinto Alonso Maluenda, tan adicto siempre a Quevedo, lo mismo en las personillas jocosas que maneja —cocheros, alcahuetes, letrados sobornados, escribanos codiciosos, médicos asesinos; con mayor frecuencia aun viejas y maridos pacientes; y sobre todo mujeres pedigüeñas, que salen prácticamente en cada página de los versos y prosas del escritor—[8] que en las formas expresivas que cultiva. (La antología de la poesía jocosa de Maluenda que acaba de publicar tan excelente conocedor de la literatura aguda como Ignacio Arellano[9] me dispensa de alargarme sobre la materia.) Véanse unos ejemplos de dichos neologismos que presentan un inconfundible aire de familia:

— «archinariz», «archifénix», «protogolosa»;[10]

— «ventipoetas» [venteros + poetas];[11]

— «archidiablo», «vicimomo»;[12]

— «prototaimada», «architomajona», «sastrisota», «protosufrido».[13]

8. Declara el propio Maluenda que este motivo es especialidad suya (*Bureo de las Musas del Turia*, p. 11).

9. *Jacinto Alonso Maluenda y su poesía jocosa*, Universidad de Navarra, Pamplona, 1987. Ya había apuntado Domingo Ynduráin cantidad de reminiscencias quevedianas en la obra de Maluenda: véanse sus notas al *Buscón*, en especial pp. 83, 99, 104, 114, 138, 139, 144, 196, 243 y 282.

10. Polo de Medina, *El buen humor de las Musas*, en *Obras*, pp. 258 y 265.

11. Maluenda, *Bureo de las Musas del Turia* (1631), p. 57.

12. *Bureo*, p. 180.

13. Maluenda, *Tropezón de la risa*, pp. 250 y 259. En los versos de Maluenda aparece algún ejemplo del vocabulario agermanado. Pero en el terreno de la poesía este vocabulario se suele reservar a las jácaras.

XV. VARIA FORTUNA DE QUEVEDO. LA NARRACIÓN EN PROSA. HACIA UNA DEFINICIÓN DEL *BUSCÓN*

1. *La posteridad de los* Sueños

No merece más que unos pocos renglones. El infierno quevediano y sus retahílas de condenados inspiraron a Juan Cortés de Tolosa el capítulo XVIII del *Lazarillo de Manzanares* (1620), y a Polo de Medina en su *Hospital de incurables* (1667). Ciñéndose a unos aspectos particulares, Pedro Espinosa copia el desfile de médicos y boticarios del *Sueño de la Muerte* en *El perro y la calentura* (1625),[1] mientras que imita Rodrigo Fernández de Ribera el artificio de *El mundo por de dentro* en *Los anteojos de mejor vista* (1625) y *El mesón del mundo* (1631).[2] Por fin, la *Corrección de vicios* (1615), de Salas Barbadillo, demuestra cuantiosos recuerdos del *Sueño del infierno*, del *Alguacil endemoniado* y de *El mundo por de dentro*.[3]

1. Pedro Espinosa, *Obras*, pp. 186-190.

2. *Los anteojos de mejor vista. El mesón del mundo*, ed. Víctor Infantes de Miguel, Legasa, Madrid, 1979: véanse en especial pp. 48 y 66 (el Desengaño) y p. 114 (la cuerda).

3. Gregory G. LaGrone, «Quevedo and Salas Barbadillo», *H.R.*, X (1942), pp. 232-238; para unas reminiscencias de los *Sueños* en la comedia *La escuela de Celestina* (1620) del mismo Salas, *ibid.*, pp. 230-231. Aparecen claros recuerdos de los *Sueños* en un *gallo* salmantino: véase otra vez Aurora Egido, «*De ludo*

2. *La descendencia del* Buscón

Para apreciar la influencia del *Buscón*, podríamos fijarnos primero en unas reminiscencias literales —por ejemplo la «algebrista de voluntades y zurcidora de amores» de Castillo Solórzano.[4] O en la imitación de algunos episodios: la empresa del bachiller Trapaza, quien finge ser caballero para conseguir esposa rica, fracasando en la demanda,[5] la historia de la pobrecita que toma al pie de la letra los gritos del dramaturgo enfebrecido.[6] O en la genealogía infame del héroe tal como aparece en el *Lazarillo de Manzanares*, la *Vida de don Gregorio Guadaña* y *Estebanillo González*. O en las coincidencias de esquemas, tan visibles en el *Lazarillo de Manzanares*: padre ladrón y madre hechicera (capítulo I), muchacho descalabrado en la escuela (capítulo II), madre presa por la Inquisición (capítulo IV), inclusión de una premática (capítulo VII), embarque final para América (capítulo XVIII). Tomar este camino implica un inconveniente: las imitaciones más exactas del *Buscón* vendrían a ser el *Lazarillo de Manzanares* y las *Aventuras del bachiller Trapaza*, novelas ambas (dudo que la primera merezca este nombre) en que la huella de Quevedo es superficial.[7]

---

vitando. Gallos áulicos en la Universidad de Salamanca», *El Crotalón*, I (1984), pp. 635 y ss. Sobre la influencia de Quevedo en la sátira política, véanse los estudios de Mercedes Etreros: *La sátira política en el siglo XVII*, Fundación Universitaria Española, Madrid, 1983 (en especial pp. 201-202), y sobre todo «Quevedo. De idiolecto estético a hipercodificación social», *Revista de Literatura*, XLVII (1985), núm. 93, pp. 41-53.

4. *Aventuras del bachiller Trapaza* (1637), Cátedra, «Letras Hispánicas», núm. 257, Madrid, p. 283. Sobre unas posibles reminiscencias del *Buscón* en *El caballero puntual* (1614 y 1619) de Salas Barbadillo, véase Gregory G. LaGrone, «Quevedo and Salas Barbadillo», *H.R.*, X (1942), p. 240.

5. *Aventuras del bachiller Trapaza*, pp. 84-87.

6. *Buscón*, p. 265; *El Diablo cojuelo*, Espasa-Calpe, «Clásicos Castellanos», núm. 38, Madrid, p. 80.

7. También aparecen recuerdos de los versos de Quevedo en la prosa narrativa. Véase la caricatura de la mujer flaca en la *Novela de un hombre muy*

Escojamos más bien otra dirección, recordando que *El Buscón* es galería de caricaturas y volviendo la mirada hacia las viñetas quevedianas que hemos examinado más arriba. Estas viñetas han merecido la atención preferente de los mejores conocedores del *Buscón*, de Leo Spitzer a Lía Schwartz Lerner. Conducta lógica, porque representan en efecto lo mejor del arte de Quevedo. Y por una coincidencia elocuente, puesto que los hombres del pasado distan mucho de compartir comúnmente nuestros puntos de vista críticos, estas mismas viñetas fueron las que también admiraron los émulos de Quevedo en el terreno de la narración en prosa.

Pienso en Luis Vélez de Guevara, en Antonio Enríquez Gómez, en Francisco Bernardo de Quirós. Los autores del *Diablo cojuelo* y de las *Aventuras de don Fruela* demuestran señalada predilección por la caricatura a base de apodos. Recordemos, por lo que es de Vélez de Guevara, la presentación de don Cleofás,[8] el Diablo cojuelo como ensambladura de hortalizas[9] o el abogado delfín.[10] En cuanto a Francisco Bernardo de Quirós, fidelísimo discípulo de Quevedo y Luis Vélez, baste con dos ejemplos de su prosa entre muchos textos que se podrían aducir:

> con ellas venía un manojo de años, poco dije, un costal de siglos, con su cara de orejón seco y nariz de pico de jarro,

---

miserable llamado Gonzalo, de Juan Cortés de Tolosa: «era tan flaca que la llamaron la dama buida... esta dama, o esta jeringa» («Clásicos Castellanos», núm. 187, pp. 209-210); compárese Quevedo, «No os espantéis, señora Notomía» (núm. 620) y «Salió trocada en menudos» (núm. 782). Otra caricatura de la misma tinta, obra del mismo Cortés de Tolosa, titulada «Discurso cerca de la mujer flaca», en *Lazarillo de Manzanares*, cap. XVI.

8. *El Diablo cojuelo*, p. 15.

9. *El Diablo cojuelo*, pp. 26-27. En esta página la pluma de Vélez de Guevara evoca muy concretamente el pincel de Arcimboldo.

10. «Un letrado, tan ancho de barba y tan espeso, que parece que saca un delfín la cola por las almohadas» (*El Diablo cojuelo*, pp. 33-34). Compárese Quevedo, *Poesía*, núm. 745: «barba de cola de pez / en alcance de garnacha».

> que barba y nariz eran la nariz hacia abajo de *flectamus genua* y la barba de *levate* porque en forma de cuchar estaba hacia arriba, haciendo una y otra la impresión de un grifo.[11]

> este era un viejo verde, salvo el guante, tan flaco que parecía espía de la otra vida o mandadero de difuntos. Este era picador de caballos (no digo pastelero); era mona de los señores, remedando sus acciones; traía reloj consigo, colonia y pasador; guantes de entre grasa y ámbar; tan calvo que parecía vejiga con ojos o calabaza con bigotes; tan próximo al *requiem* que se hacía gárgaras con el *parce mihi*.[12]

Antonio Enríquez Gómez prefiere esgrimir el equívoco, ejercicio en el que sobresale: vuélvase a leer al respecto la relación de la parentela de Gregorio Guadaña, una parentela cuyas actividades constantemente vienen definidas a base de equívocos.[13]

(Si me permiten un paréntesis, confesaré que estos capítulos de la *Vida de don Gregorio Guadaña* me dejan perplejo. Este diluvio de equívocos y chistes concluye en efecto con una reivindicación de la honra personal —«el más bien nacido fue siempre el que vive mejor»—, frase en la que se percibe un eco del famoso debate sobre los méritos respectivos del nacimiento y de la virtud. ¿Cabrá leer la frase en serio después de tantos artificios verbales? Cierto que la agudeza no forzosamente minora el alcance de un texto en el siglo XVII. Con todo me pregunto si la genealogía del antihonor tiene sentido en la «novela picaresca» fuera del *Lazarillo* y de *Guzmán*. ¿No vendrá a ser, con *La pícara Justina* y *El Buscón*, mero pretexto a juegos de palabras?)

11. *Aventuras de don Fruela* (1656), Instituto de Estudios Madrileños, Madrid, 1984, p. 57.
12. *Aventuras de don Fruela*, pp. 69-70.
13. *El siglo pitagórico y vida de don Gregorio Guadaña* (1644), ed. Charles Amiel, pp. 69-82. Este virtuosismo bastante debe a la imitación: las páginas que refieren las actividades del médico Guadaña, de su esposa la comadrona y de su hermano el boticario (pp. 69-71) son taracea de figuras quevedianas.

Armado de estas informaciones, resulta más fácil proponer una definición del *Buscón*. Indudablemente, es obra de ingenio, según quieren Fernando Lázaro y Francisco Rico. ¿Será posible concretar la fórmula? Dentro de la encuesta que representa este librito me parece que sí. Propondré tres características que definen *El Buscón*, no ubicándolo en un universo de esencias platónicas, sino situándolo con relación a lo que lo precedió y a lo que lo ha de seguir. La primera: *El Buscón* es, más que una novela, más que una narración, una miscelánea de fragmentos agudos. La segunda: esta miscelánea se escribe en prosa, en una época en la que la agudeza se expresa casi siempre en verso. La tercera: *El Buscón* es miscelánea aguda de gran extensión. Se entiende que el libro es relativamente breve. Pero resulta muy largo si lo comparamos con los repertorios de agudezas que ya se escribieron o están a punto de componerse: las cartas de Eugenio de Salazar o el «retrato del monstruo» de Ledesma. No es tan cómodo escribir buena cantidad de páginas respetando las exigencias de la agudeza. Lo experimentará Vélez de Guevara: por genial que sea la invención del diablo que levanta los tejados de las casas madrileñas, invención que tanta fortuna había de tener, y por muy grande que sea la variedad que ofrece el recurso, la prosa del *Diablo cojuelo* no tarda en desfallecer y se pierde en los arenales de la adulación. Igual le pasa a Enríquez Gómez, quien, con todo lo brillante que es su talento en el manejo del equívoco, queda sofocado ya desde el capítulo VIII de la *Vida de don Gregorio Guadaña*. En cuanto a Francisco Bernardo de Quirós, desanda camino con relación al proceder de Quevedo, volviendo a amontonar los equívocos heteróclitos que el gran escritor había desterrado.[14] Cuando examinamos los ensayos que le precedieron y las imitaciones que le siguieron, *El Buscón* se nos aparece en su radical originalidad: es hazaña literaria, es monumento erigido a la agudeza. El

14. *Aventuras de don Fruela*, pp. 301-302 y 377-381.

que no quisiera Gracián definirlo como tal no altera esta realidad fundamental.

¿No convendrá entonces poner en tela de juicio unas afirmaciones acaso precipitadas? Se ha defendido la idea de que la lectura de *Guzmán* le hubiera indignado a Quevedo y le hubiera incitado a escribir con *El Buscón* un *anti-Guzmán*.[15] Pero, ¿qué indicios tenemos de tal indignación? Los furores de Quevedo no solían quedarse mudos: díganlo los manes de Góngora, Montalbán y Alarcón. El caso es que no poseemos ninguna sátira quevediana que ataque a Mateo Alemán, lo cual tanto más sorprende cuanto que se conoce el fervor con que los contemporáneos, y no sólo los españoles, van recogiendo las composiciones de estilo agresivo. Además, ¡qué blanco más atractivo que este plebeyo metido en negocios, acaso descendiente de conversos, quien llevaba el descaro hasta forjarse un escudo nobiliario! El hecho de que blanco tan provocativo no recibiera ninguna de las flechas que gustaba Quevedo de disparar hace pensar que el autor del *Buscón* leyera sin pasión la prosa de Mateo Alemán.

Dejemos estos detalles. Las observaciones formuladas más arriba llevan a interrogarse, en términos que quisieran ser relativamente nuevos, sobre la deuda de Quevedo autor del *Buscón* con Mateo Alemán y «Mateo Luján».

A mi entender se ha exagerado esta deuda. En este terreno como en otros hemos sido víctimas de nuestras clasificaciones. A falta de una solución más adecuada, hemos situado *El Buscón* entre las novelas. A consecuencias de lo cual hemos procurado buscarle fuentes en el territorio de la novela, es decir en el *Guzmán* auténtico y en el *Guzmán* apócrifo. Estas fuentes no convencen más que en forma relativa: confío haber demostrado que *El Buscón* debe mucho más a la literatu-

15. Sobre este punto, véase en particular Michel Cavillac, *Gueux et marchands dans le «Guzmán de Alfarache» (1599-1604)*, Burdeos, 1983, p. 424.

ra jocosa (o aguda) del siglo XVI que a Mateo Alemán o a «Mateo Luján».[16] El autor del *Buscón* debe a Mateo Alemán una forma vacía, la de las andanzas del pícaro. Esta forma perfectamente le convenía, porque las viñetas que gusta de dibujar con facilidad encajaban en ella. Forma vacía aparte, el *Guzmán* y *El Buscón* corren constantemente por cauces distintos: uno es serio y sermoneador, el otro es burlón o sarcástico; el primero esgrime constantemente la retórica, el segundo la agudeza.

Un hecho perjudica al *Buscón* en las apreciaciones críticas de la posteridad: el que desde hace tres siglos la agudeza no ocupa un escalón muy elevado en la jerarquía de los valores literarios. La manía de la depuración que animó al siglo XVII, luego al neoclasicismo, la rebajaron en gran medida. Y el neoclasicismo, contrariamente a lo que se suele creer, tiene la vida muy dura. Cabe preguntarse si su pecado más grave no fuera, más que sus prejuicios aristotélicos (que no consiguieron impedir que el teatro produjera obras maestras) y su conocida gazmoñería (que ocasionó no pocos estragos), su condena, declarada o solapada, de la agudeza, una condena que nos prohíbe apreciar debidamente varias obras del pasado y, lo que es más grave, nos lleva a percibir en forma inexacta el sitio que ocupan en la historia de las letras.

Varias obras narrativas del siglo XVII proceden de la descomposición del *Guzmán*: es el caso, en especial, de las novelas de la estafa, como *Las harpías en Madrid* o *La garduña de Sevilla*. *El Buscón* no procede de la descomposición del *Guzmán*. Si queremos relacionarlo con el libro de Alemán, significa ruptura, y no continuidad. A Quevedo autor del

16. Con esto no pretendo negar la deuda de Quevedo hacia «Mateo Luján». En especial parece evidente que el autor del *Buscón* recordó, en el episodio en que Pablos viene a ser cómico y poeta, unos capítulos del *Guzmán* apócrifo (III, 7-9).

Buscón le hemos de considerar como maestro de Polo de Medina, de Vélez de Guevara, de Enríquez Gómez, de Francisco Bernardo de Quirós, no como mediocre émulo de Mateo Alemán. *El Buscón* es un *antes*, no un *después*. De aceptar esta perspectiva podemos esperar dos ventajas: haremos justicia a Quevedo, y entenderemos mejor la historia de los géneros literarios en la España del siglo XVII.

XVI. VARIA FORTUNA DE QUEVEDO. EL TEATRO

1. Algunas huellas esporádicas de las obras en prosa de Quevedo se traslucen en la comedia. Dos dramaturgos recordaron unas aguas fuertes de los *Sueños*: pasteleros y sastres pueblan el infierno que evoca Tirso en *Quien da luego da dos veces*;[1] la resurrección del Juicio que presenta *El semejante a sí mismo* de Ruiz de Alarcón[2] es olla podrida de motivos quevedianos. Un gracioso calderoniano refiere la escena jocosa del *Buscón* en que una criada ingenua toma en serio los gritos de alarma que da un poeta entusiasmado.[3] Otras veces suenan en el escenario ecos de chistes y equívocos del *Buscón* o de los *Sueños*: cuenta el gracioso Tristán en *No hay vida como la honra*, comedia de Montalbán, que en casa de un avariento se murió un sabañón, se convirtió un frisón en corcel y un mastín en galgo,[4] evidente recuerdo de las maravillas que se dan en el pupilaje del licenciado Cabra; observa el Clarín de *La vida es sueño* que «fuera desperfecto / ser prín-

1. Jornada III, *Obras dramáticas*, III, pp. 334 b-335 a.
2. Jornada III, BAE, XX, p. 77 b.
3. *Lances de amor y fortuna*, III, BAE, VII, p. 48 b. *Buscón*, p. 265.
4. Jornada II, BAE, 45, pp. 489 c-490 a. En *La más constante mujer*, comedia del mismo Montalbán (jornada III, BAE, 45, p. 509 a), explica el criado Serón que, cuando desea que le siga una mujer, va caminando delante de ella —compárese el *Libro de todas las cosas*, Castalia, «Clásicos Castalia», núm. 113, Madrid, pp. 109-111.

cipe desplantado»,[5] el Chichón de *Darlo todo y no dar nada* que «estará mal, despeado / un monarca tan invicto»,[6] lamenta el gracioso Alejo en *Lances de amor y fortuna* haber pagado «espalda y pecho».[7]

2. *Lope imitador de la agudeza verbal quevediana*

Es cuestión espinosa teniendo en cuenta el carácter relativamente inseguro de la cronología de la comedia lopesca y el carácter casi totalmente borroso de la cronología de los versos que nos dejó Quevedo. Dos observaciones preliminares pueden ayudar a desbrozar el terreno. Lope observa atentamente la producción poética de Quevedo y está bien enterado de ella, según demuestra su correspondencia con el duque de Sessa;[8] inclusive procurará imitarle en las *Rimas de Tomé de Burguillos.* Pero se puede afirmar sin injusticia que Lope no brilla en el ejercicio de la agudeza verbal tal como la practica Quevedo. En especial, la palabra difícilmente cobra bajo su pluma el aspecto de «hidra vocal» que con tan soberana espontaneidad adquiere en los escritos de Quevedo: el soneto construido en equívocos que dirige al duque de Sessa[9] es

5. Jornada III, BAE, VII, p. 13 b.

6. Jornada III, BAE, XII, p. 154 b. Compárese el *Sueño de la Muerte*, p. 230: «Decíale yo que por qué cuando en las comedias un vasallo arrodillado dice al rey: "Dame esos pies", responde siempre: "Los brazos será mejor". Que la razón era en diciendo: "Dame esos pies", responder: "¿Con qué andaré yo después?"». Véase también, plasmado sobre el paradigma anterior: «Dé / vuestra Alteza, gran señora / la mano a besar ... ¿Con qué comeré después?» (*El acaso y el error*, II, BAE, IX, p. 19 b; *La señora y la criada*, II, BAE, IX, p. 41 c).

7. Jornada III, BAE, VII, p. 51 b. Compárese el *Sueño del infierno*, p. 122: «... y no debo pagar pecho. — Pues pagad espalda, dijo un diablo».

8. Aparecen en esta correspondencia varias reminiscencias de los versos de Quevedo: «con chilladores delante / y envaramiento detrás» (*Epistolario*, III, p. 215, diciembre de 1615; véase Quevedo, *Poesía*, núm. 849); «pienso que estoy en la capilla, como Escarramán» (*Epistolario*, III, p. 337, agosto de 1617); «las, Dios nos libre, faldas levantadas» (*Epistolario*, III, p. 253, junio de 1616, y III, p. 346, octubre de 1617; véase Quevedo, *Poesía*, núm. 639, v. 312).

9. *Epistolario*, III, pp. 41-42 (carta del 2 de julio de 1611).

notoriamente indigente. (Así se explica su conocida inferioridad en las polémicas personales de las que tan airosos salían Góngora y Quevedo, siempre ingeniosamente mordaces.)

Dadas estas circunstancias parece razonable admitir que el pobre toma del rico y que Lope reproduce en unas comedias suyas varias figuras agudas de las que con tanta facilidad derrama Quevedo en sus versos y prosas. Ejemplos:

> Traigo una mula enjerta en dromedario [10]

Compárese Quevedo, *Poesía*, núm. 849:

> sólo lo que tenía bueno [el asno]
> ser mayor que un dromedal.

Amar sin saber a quién se escribe entre 1616 y 1623. Por aquellas fechas hace tiempo que conoce Lope «Ya está guardado en la trena», que cita en carta dirigida al duque de Sessa.

> Yo le vi en un haca prieta
> con más remiendos que un pobre.[11]
>
> dos pías
> hechas de nuestros remiendos.[12]

Compárese *Buscón*, p. 214:

> Miren el todo trapos ... con más agujeros que una flauta, y más remiendos que una pía.

La malcasada está fechada en 1610-1615, *La carbonera* en

10. *Amar sin saber a quién* (1616-1623), I, *Acad. N.*, XI, p. 284 b.
11. *La carbonera* (1620-1626, probablemente 1623-1626), II, *Acad. N.*, X, p. 722 b.
12. *La malcasada* (1610-1615), II, *Acad. N.*, XII, p. 523 b.

1620-1626 (probablemente 1623-1626). En aquellos años Lope conoce sin ninguna duda el texto del *Buscón*.

hay enanas, hay largas como trampa.[13]

Compárese Quevedo, *Poesía*, núm. 521

fue más larga que paga de tramposo

núm. 782

entrambas eran más largas
del copete a los talones
que pagas de hombre tramposo

Poema heroico de las necedades y locuras de Orlando, II, 248:

y más largo que paga de tramposo.

Las bizarrías de Belisa es comedia escrita en 1634. Ignoramos las fechas en que se compusieron el soneto «Fue más larga que paga de tramposo» y el *Poema heroico de las necedades y locuras de Orlando*. En cambio, «Salió trocada en menudos» es romance que pertenece a la juventud de Quevedo y que recoge el *Cancionero de 1628*.

En cuanto a la enorme hipérbole sobre la guarnición de la daga como «locutorio de monjas»,[14] nos deja en la duda, puesto que sale en dos comedias tempranas de Lope —*El maestro de danzar* (1594) y *Los comendadores de Córdoba*

13. *Las bizarrías de Belisa* (1634), I, *Acad. N.*, XI, p. 443 b.

14. «¡La guarnición no era nada! / más fuerte y más enredada / que un locutorio de monjas» (*El maestro de danzar*, III, *Acad. N.*, XII, p. 510 a). «Mira que soy valentón, / como es a todos notorio, / y que traigo un locutorio / de monjas por guarnición» (*Los comendadores de Córdoba*, I, BAE, 215, p. 15 a). Compárese *Buscón*, p. 154: «una daga con más rejas que un locutorio de monjas».

(1596)— escritas en fechas anteriores a la composición del *Buscón*. Puede ser, después de todo, que haya salido de la pluma de Lope esta hipérbole que tan quevediana nos suena; puede ser que Lope la haya deslizado en los referidos textos en fecha posterior a la elaboración de estas comedias; puede ser, por fin, que la hipérbole existiera antes de que Lope y Quevedo echaran mano de ella (pero conste que no conozco ningún ejemplo anterior).

En cambio, no dejan lugar a ninguna duda las series de equívocos que inserta Lope en tres comedias suyas, escritas las tres entre 1610 y 1616, sartas de equívocos que se inspiran en las que proponía la *Premática del Tiempo*:[15]

MARTÍN

Inés me pide una palmilla verde
para cierto sayuelo ajironado;
y yo le digo que se vaya al prado.
Inés me pide raso azul, que quiere
guarnecelle con él, ¡extraño caso!
y yo le muestro el cielo azul y raso.
Inés me pide que la dé un manteo,
y yo la digo, del manteo mohino,
que se lo pida a un clérigo vecino.
Inés me pide lienzo para faldas,
y yo la digo que, su paso a paso,
se vaya por las faldas del Parnaso.[16]

ROSELA

Y tú ¿qué has de darme a mí?

CARREÑO

¿Yo a tí? Rico terciopelo:
el pelo cuando me afeite.

15. Véase el texto reproducido *supra*, p. 148.
16. *El mejor mozo de España* (1610-1611), I, BAE, 41, p. 613 b.

ROSELA

¿Y el tercio?

CARREÑO

En Flandes el tercio;
piezas de raso, en el campo;
y de comer, por lo menos
capones de facistol,
gallinas, de hombres con miedo,
y por postre, si lo pides,
unos buñuelos de viento
con sus nueces de ballesta,
por ante, los de un coleto.[17]

FLORENCIO

No te diera en todo un año
el aire de un abanillo;
que intentes, me maravillo,
engañar al mismo engaño.
Si quieres medias acaso,
por medio las tuyas corta;
y si raso azul te importa,
el cielo es azul y raso.
Y si quieres terciopelo,
tres veces me afeitaré
y el tercio pelo daré,
que es lo más que yo me pelo.
Si quisieres guarnición,
la de esta espada es de prueba;
si de pasamanos nueva,
pásalas por un balcón.
Si quieres apretador,
debe una deuda, y verás

17. *La venganza venturosa* (1610-1615, probablemente 1610-1613), II, *Acad. N.*, X, p. 213.

que no ha de apretarte más
el corrimiento mayor.
Si guantes de flores mil,
vete al jardín que quisieres;
y si primavera quieres,
sal de hebrero y vete a abril.
Si ligas, que cuestan tanto
que la bolsa se desliga,
lee el libro de la Liga
de la guerra de Lepanto.
Si espejo, puedes mirarte
de una fuente en la quietud;
si tocas, toca un laúd,
o déjame a mí tocarte.
Pero pensar con tu ardid
sacarme nada, Prudencia,
es como hacer quintaesencia
de un pedernal de Madrid.[18]

3. *El neologismo jocoso*

Lo mismo que a propósito de unas figuras agudas y por idénticos motivos, estamos fundados a admitir que Lope le sigue las huellas a Quevedo cuando forja unas palabras inéditas:

— «embufetado» y «perrigalgo» en *La victoria de la honra* (1609-1615, probablemente 1609-1612);[19]

— «enducada» en *La aldehuela* (1612-1614);[20]

— «doncellidama» en *La noche de San Juan* (1631);[21]

— «doncelliventera» en *Amar, servir y esperar* (1624-1635).[22]

En cambio, algún otro ejemplo nos deja en la indecisión.

18. *El sembrar en buena tierra* (1616), II, *Acad. N.*, IX, p. 413 b.
19. *La victoria de la honra*, II-III, *Acad. N.*, X, pp. 430 b y 449 b.
20. *La aldehuela*, I-II, BAE, 224, pp. 129 b y 145 a.
21. *La noche de San Juan*, III, *Acad. N.*, VIII, p. 161 b.
22. *Amar, servir y esperar*, I, *Acad. N.*, III, p. 220 a.

Lope emplea «ensuegrado», que tan propio de Quevedo nos parece, en *El caballero de Illescas* (hacia 1602):[23] ¿será el neologismo anterior a Quevedo? Lope escribe «lacayífero», «Circe fregática», «pernizarcos ojos», «ojizambo amante» en *Los comendadores de Córdoba*,[24] la misma problemática comedia con la cual hemos tropezado ya.

Más claro es el caso de Tirso de Molina, quien también emplea «ensuegrado» (en dos ocasiones)[25] y forja, sobre modelos quevedianos bien conocidos, «archidama», «archininfa» y «protodama».[26]

Original es la conducta de Calderón, quien no rehúsa el procedimiento —«embandolear» (*La devoción de la cruz*, III, BAE, VII, p. 64 c), «embufetarse» (*El secreto a voces*, III, BAE, VII, p. 427 c), «sonetear» (*A secreto agravio secreta venganza*, II, BAE, VII, p. 599 c), «mojiperros» (*Las tres justicias en una*, III, BAE, XII, p. 413 b)—, pero sí lo especializa, reservándolo con frecuencia a unos verbos forjados a partir de un nombre —«segismundear» (*La vida es sueño*, III, BAE, VII, p. 13 c), «enlucreciar» (*El galán fantasma*, III, BAE, VII, p. 299 c), «enquijotarse» (*Mañana será otro día*, I, BAE, VII, p. 526 a), «inesearse» e «isabelearse» (*También hay duelo en las damas*, II, BAE, IX, p. 135 b), «enluciarse» (*La desdicha de la voz*, III, BAE, XIV, p. 105 a)—, lo cual viene a reducir el alcance de la creación jocosa.

Siguen el mismo camino, acentuando la tendencia definida en los versos del maestro, los discípulos de Calderón. Mantiene Rojas Zorrilla la balanza igual entre las varias posibilidades de creación idiomática: «mesonitante» (*Entre bo-*

23. *El caballero de Illescas*, III, *Acad. N.*, IV, p. 137 b. Véase Quevedo, *Poesía*, núm. 699.

24. *Los comendadores de Córdoba*, I, BAE, 215, p. 20 b.

25. *Amar por señas*, II, *Obras dramáticas*, I, p. 1.686 b; *Del enemigo el primer consejo*, I, *Obras dramáticas*, II, p. 1.296 b.

26. «Archidama» en *Amar por señas*, II, *Obras*, I, p. 1.688 b; «archininfa» y «protodama» en *Amar por arte mayor*, II, *Obras*, III, p. 1.184 b.

bos anda el juego, I, BAE, 54, p. 20 c), «yernicidio» (*Donde hay agravios no hay celos, y amo criado*, III, BAE, 54, p. 164 a), «fratricidar» (*Sin honra no hay amistad*, I, BAE, 54, p. 297 c), «cosmear» (*El más impropio verdugo por la más justa venganza*, III, BAE, 54, p. 189 a). Tal equilibrio queda roto con Moreto, quien demuestra marcada preferencia por los neologismos plasmados sobre nombres: «cintiar», «laurear», «feniséar» y «dianar» en *El desdén con el desdén*, III (BAE, 39, p. 14 c), «moclinear» en *El poder de la amistad*, I (BAE, 39, p. 25 c), «taruguear» en *No puede ser*, III (BAE, 39, p. 25 c), «gerundiar» en *El licenciado Vidriera*, I (BAE, 39, p. 251 a), «dantear», «fernandear» y «lisardear» en *Industrias contra finezas*, I y II (BAE, 39, pp. 271 b, 276 a y 280 c) —frente a «protovaliente» (*Antíoco y Seleuco*, II, BAE, 39, p. 45 b), «sotacaballerizo» (*Industrias contra finezas*, II, BAE, 39, p. 275 c), «sacahidalgos» (*El valiente justiciero*, I, BAE, 39, p. 336 c), «sobriniboda» (*El lindo don Diego*, I, BAE, 39, p. 352 c). Idéntica conducta se observa en las comedias de Francisco de Leiva Ramírez de Arellano: «sargentear» (*La dama presidente*, II, BAE, 47, p. 368 b), «encelestinar», «enlucreciar» y «mostachear» en *El socorro de los mantos*, I y III (BAE, 47, pp. 387 b, 397 a y 399 b).

4. *La germanía*

Lope de Vega apela con parsimonia al vocabulario agermanado que sólo asoma en unas doce comedias suyas. Dos hechos vienen a limitar el alcance de la observación. En siete comedias de éstas se lee una palabra de germanía, y una sola; además, en estas siete obras los que se atreven a emplear vocabulario tan indecoroso son criados y criadas (alguna vez un villano). El caso se da en

— *El amante agradecido* (hacia 1602), I, *Acad. N.*, III, p. 102 a: «guinche»;

— *El gran duque de Moscovia* (¿1606?), II, BAE, 191, p. 383 a: «muquir»;

— *Servir a señor discreto* (1610-1618), II, BAE, 250, p. 468 b: «maca»;

— *Amar sin saber a quién* (1616-1623), III, *Acad. N.*, XI, p. 308 b: «arrugarse»;

— *El amor enamorado* (1625-1635), I, BAE, 190, p. 246 b: «muquir»;

— *El desprecio agradecido* (hacia 1633), I, *Acad. N.*, XII, p. 3 a: «gazmiar»;

— *Las bizarrías de Belisa* (1634), III, *Acad. N.*, XI, p. 465 b: «finibus terrae».

Contadísimos son los personajes que pronuncian dos o más palabras de germanía:

— el criado de *La dama boba* (1613), III, *Acad. N.*, XI, p. 628 b;

— en forma muy excepcional un gentilhombre (pero gentilhombre de dudosa calidad) en *De cosario a cosario* (1617-1619), I, *Acad. N.*, XI, p. 639 a;

— de manera lógica los bravos y rufianes de *La ingratitud vengada* (1590-1595), I (*Acad. N.*, VI, p. 464), *La victoria de la honra* (1609-1615, probablemente 1609-1612), III, (*Acad. N.*, X, p. 444) y *Juan de Dios y Antón Martín* (1611-1612), II (BAE, 186, pp. 310-312).

Poco frecuente en la comedia lopesca, el vocabulario agermanado queda prácticamente eliminado de la comedia calderoniana. Únicamente dos personajes de Calderón emplean sendas palabras de germanía: el gracioso de *Mañana será otro día* (III, BAE, VII, p. 540 c) y un villano en *La estatua de Prometeo*, I (BAE, XII, p. 703 b).

Confirman este desnivel aritmético las citas de los famosos versos de «Quien te me enojó, Isabel». Salen en cuatro comedias de Lope, puestos en boca de criados y criadas se entiende: *Los comendadores de Córdoba* (1596), I, BAE, 215, p. 15 a; *Los bandos de Sena* (1597-1603), III, *Acad. N.*, III, p. 565 a; *La inocente sangre* (1604-1612, probablemente 1604-1608), III, BAE, 52, p. 365 c; *La moza de cántaro* (anterior a 1618), II,

Acad. N., XIII, p. 666. Los recuerda un criado de Alarcón.[27] No los conoce ningún personaje de Calderón.

Quienes esgrimen el equívoco son lacayos y rústicos, quienes forman neologismos son lacayos, quienes manejan la germanía (rufianes aparte) son criados, lacayos y villanos. En estas elecciones de los dramaturgos se esboza una inclinación de la comedia que han de concretar las páginas que siguen.

27. *La industria y la suerte*, II, BAE, XX, p. 35 a.

XVII. EL DEVENIR DE LOS JUGUETES DE INGENIO. MUERTE O SUPERVIVENCIA

A. GÉNEROS DE VIDA EFÍMERA

1. Antes de extinguirse la carta jocosa viene a ser, y no para gloria suya, especialidad casi exclusiva de Salas Barbadillo, cuyos epistolarios medianamente ingeniosos, incluidos en *Don Diego de Noche* (1623), *La estafeta del Dios Momo* (1627) y *Coronas del Parnaso* (1635), no pasan de ser prosa quevediana diluida.[1] En fecha más tardía únicamente brilla, con lustre relativo, algún destello del género: un manuscrito nos conserva una carta en portugués, escrita verosímilmente en 1658 o pocos años después,[2] y Manuel de León Merchante, ingenio particularmente conservador, forja una carta de vizcaíno dirigida a la Virgen.[3]

2. La pragmática paródica pronto se agota. En la prosa novelesca sólo produce el infeliz retoño que se lee en la *Novela de un hombre muy miserable llamado Gonzalo*, incluida en los *Discursos morales* (1617) de Juan Cortés de Tolosa y en el

1. Sobre estos epistolarios, véase Émile Arnaud, *La vie et l'oeuvre de Alonso Jerónimo de Salas Barbadillo*, pp. 627-667.

2. BAE, 176, p. 129.

3. *Obras póstumas*, 1722-1723, II, p. 305. El texto es anterior a 1680, año en que murió León Merchante.

capítulo VII del *Lazarillo de Manzanares* (1620) del mismo autor. Ambos textos se derivan de la *Premática de 1620*, atribuida a Quevedo en un manuscrito del siglo XVII:[4] duro se me hace admitir que pudiera escribir el autor del *Buscón* página tan adocenada, aunque también es cierto que los mayores ingenios tienen sus altibajos.[5] También practica el género Lope de Vega, adaptándolo en varias obras suyas: así nacieron las «constituciones de amor» incluidas en *El hijo de Reduán* (1593),[6] el «Arancel del casado» que enuncia un campesino en *La ventura sin buscalla* (1606-1615, probablemente 1606-1612),[7] el «Arancel con que ha de andar un caballero indiano en la corte» de *La Dorotea* (II, 4), así como otros varios aranceles, avisos y memorias —los de *El hijo sin padre* (1613-1618),[8] *De cosario a cosario* (1617-1619),[9] *Servir a buenos* (1620-1625)[10] y *Quien bien ama tarde olvida*.[11] Son textos faltos de agudeza y que ni siquiera tienen gracia. Pronto han de desaparecer de los escenarios: no se lee ninguna pragmática paródica en las comedias de Calderón.

La forma en que más tenazmente sobrevive el género es la forma derivada de las *Premáticas del Desengaño contra los poetas*, incluidas en *El Buscón*. Con la excepción de los *Privilegios, ordenanzas y advertencias que Apolo envía a los poetas españoles*, privilegios en los que aflora cierto humorismo (pero que no añaden gran cosa a la gloria de Cervantes),

4. Sobre el texto y su fecha, véase el estudio de Ignacio Arellano, «La *Premática de 1620* de Quevedo: textos e hipótesis», *Revista de Literatura*, XLVII (1985), núm. 94, pp. 221-237.

5. Recordemos por otra parte que Salas Barbadillo plagia la *Premática del Tiempo* en varios fragmentos de *El sagaz Estacio* (1620): véase Gregory G. LaGrone, «Quevedo and Salas Barbadillo», *H. R.*, X (1942), pp. 225-226.

6. Jornada II, BAE, 214, pp. 298 b-299 a.

7. Jornada II, *Acad. N.*, X, p. 278 b.

8. Jornada I, *Acad. N.*, VI, p. 330 b.

9. Jornada I, BAE, XLI, p, 488 a.

10. Jornada II, BAE, XXXIV, p. 434 c.

11. Jornada I, *Acad. N.*, IX, p. 72 b. Sobre estos textos, véase la nota de E. S. Morby a *La Dorotea* (Castalia, 1968), pp. 161-162.

estas pragmáticas de polémica literaria —*Título del grado culto* de Castillo Solórzano,[12] *Premáticas y leyes que debe guardar todo poeta habido y por haber* de Salvador Jacinto Polo de Medina,[13] *Premáticas y ordenanzas que se han de guardar en la ingeniosa Academia sevillana* de Vélez de Guevara— [14] son los textos que solemos calificar de «sátiras anticulteranas», lo cual es gran honor, sin duda inmerecido, tratándose de rapsodias ramplonas, convencionales y casi siempre faltas de agudeza.

B. Géneros que sobreviven al siglo XVII

1. El relato en refranes que brilla con insuperable esplendor bajo la pluma de Quevedo pronto se va a extinguir, posiblemente porque la afición al refrán vaya decayendo entre los discretos y en especial entre los escritores. Sospecho que el género aparecerá ya como rastrero. Únicamente sobrevive, y en forma magnífica, dado el ingenio agudo del autor, en la *Historia de historias* de Torres Villarroel.[15]

2. La genealogía paródica no se renueva y va agonizando. Entre los romances de Jerónimo Francisco Castaña (1604) se imprime una mediocre *Genealogía de los celos*, texto re-

12. *Tardes entretenidas* (1625), «Colección Selecta de Antiguas Novelas Españolas», IX, p. 337.

13. *Academias del jardín* (1630), en *Obras*, pp. 110-111.

14. *El Diablo cojuelo* (1641), p. 208. A estos textos se pueden añadir las *Premáticas y ordenanzas que se han de guardar en la Real Academia de El Buen Retiro* (1637), leídas éstas en academia que en efecto se reunió (reproducidas en José Sánchez, *Academias literarias del Siglo de Oro español*, Gredos, Madrid, 1961, pp. 140-142).

15. La *Rondalla de rondalles* de Carlos Ros, impresa en 1769 (Sbarbi, *Refranero general español*, IX, pp. 129-183), texto mediocre que salpican algunos refranes, es hijo espurio de las obritas ingeniosas de Quevedo y Torres.

dactado en prosa.[16] Aprovechan este juguete dos graciosos[17] y el autor de *Estebanillo González*;[18] totalmente lo desecha Calderón. En la segunda mitad del siglo XVIII todavía practicará el género José Iglesias de la Casa, gran admirador de Quevedo.[19]

3. El inventario heteróclito es forma muy en boga en los últimos años del siglo XVI y primeros del XVII. Documentan este éxito unos textos de procedencias muy variadas:

— la letrilla «Voto a tus ojos serenos», incluida en la *Segunda parte del Romancero general*;[20]

— una receta disparatada, texto perdido al que alude Juan de Robles;[21]

— tres comedias de Lope, escritas entre 1598 y 1606. *La quinta de Florencia* (1598-1603, probablemente hacia 1600), I-II, incluye una serie de enumeraciones disparatadas;[22] *El castigo del discreto* (1598-1601), III, ofrece una relación disparatada de los objetos que el gracioso habrá de traer de Toledo;[23] *El secretario de sí mismo* (1599-1606), I, otra de los objetos que el gracioso habrá de traer de Roma.[24]

Pronto decae la fortuna del inventario heteróclito. Apenas si se observan reminiscencias de él en la literatura posterior a 1610. Demuestra conocerlo el autor anónimo de una sátira dirigida al conde-duque a consecuencia de la creación de un

16. *Primera parte de los romances nuevos*, «Floresta», X, Castalia, Madrid, 1966, fols. 96-100.

17. Lope de Vega, *Los españoles en Flandes* (1597-1606), II, BAE, 224, pp. 318 b-319 a; [?], *Ya anda la de Mazagatos*, III, *Acad. N.*, X, p. 535 b.

18. Castalia, «Clásicos Castalia», núm. 86, Madrid, pp. 151-152.

19. Véase su romance de «La raza poltrona» en BAE, 61, p. 424.

20. *Romancero general*, núm. 1.168.

21. *El culto sevillano*, p. 154.

22. BAE, 250, pp. 153 a-154 b, 160 y 168 b-169 b.

23. *Acad. N.*, IV, p. 210 a.

24. *Acad. N.*, IX, p. 310 a. Alguna vez aparece el mismo tipo de enumeración en el entremés: véase el *Entremés famoso de la infanta Palancona*, obra de Félix Persio Bertiso (Asensio, *Itinerario*, p. 197), en Quevedo, *Obras*, BAE, 69, pp. 510 b-511 a.

impuesto nuevo. Esta sátira está calcada en las famosas coplas del «doncel de Orgaz», según demuestra el cotejo de los primeros versos de ambos textos:

Presentáronle al doncel
que en Orgaz parió Marina
unos dijes de la China,
atados con un cordel
(Chevalier-Jammes, núm. 3)

Presentáronle a Luzbel,
sentado en su infernal silla,
los millones de Castilla,
atados en un cordel
(Chevalier-Jammes, núm. 12)

Por otra parte, un personaje de Juan de la Hoz y Mota, el gracioso Chinchilla, comentando en *El castigo de la miseria* la enumeración de los bienes del avariento don Marcos, recuerda conocida almoneda heteróclita al exclamar

de Marina de Brujeda
fue la almoneda lo mesmo.[25]

Luego se pierde el rastro del género. Únicamente conozco un texto del siglo XVIII que apela al mismo recurso: *El anticuario de Juan de Flores*.[26] Puede ser que unos ingenios festivos lo hayan seguido cultivando, puede ser que salgan muestras de él en los almanaques y colecciones chistosas de los

25. Jornada II, BAE, 49, p. 208 b; compárese «En Cartama se ha hecho una almoneda» (Chevalier-Jammes, núm. 10). Desconozco la fecha de esta comedia, inspirada en la novela de María de Zayas que tiene el mismo título.
26. BAE, 176, p. 187.

siglos XVIII y XIX: el hecho no sorprendería puesto que unos inventarios heteróclitos se imprimen en la «Bibliothèque bleue» francesa del siglo XVIII.[27] Pero este juguete queda reservado en fecha temprana a una infraliteratura.

C. GÉNEROS DE VIDA MULTISECULAR

1. El desfile incoherente tiene notable fortuna a lo largo del siglo XVII. Dos piezas poéticas cortadas por este patrón se copian, se imprimen y se glosan durante varias décadas. Es el caso de la ensalada «Si entre Aragón y Castilla» (Chevalier-Jammes, núm. 9) que aparece ya en el manuscrito 861 de la Biblioteca Nacional de Madrid y, años más tarde, en los *Romances varios* de 1640 y sus reediciones. Pero conviene recordar en especial el envidiable éxito que alcanzó la composición «Parió Marina en Orgaz» (Chevalier-Jammes, núm. 1): imitada por López de Úbeda en los versos «Casó Justina en Mansilla»[28] y por Tirso de Molina en una escena de *La Santa Juana. II*,[29] mereció tener tres arreglos *a lo divino*, entre los cuales dos son de Lope de Vega: «Pan que eres vida y la das» (*Las bodas entre el Alma y el Amor divino*),[30] «Parió Marina en Belén» (*Los pastores de Belén*, III), «Parió María en paz».[31] En 1657 todavía la imita un anónimo en una composición poética que celebra el nacimiento del infante Felipe Próspero.[32]

Los entremesistas de fines del siglo XVI y de los primeros

27. Geneviève Bollême, *La Bibliothèque bleue*, «Collection Archives», núm. 44, Julliard, 1971, pp. 124-125.

28. *La pícara Justina*, pp. 729-730.

29. Jornada I, *Obras dramáticas*, I, p. 706 b.

30. Texto reproducido por Foulché-Delbosc, «Coplas de *Trescientas cosas más*», *R. Hi.*, IX (1902), pp. 261-268.

31. Ms. 166 de la Biblioteca Universitaria de Barcelona, fol. 238.

32. Jerónimo de Barrionuevo, *Avisos*, BAE, 222, pp. 125-127 y 128 a.

años del XVII, que bien conocen estas coplas, imitan en ocasiones las enumeraciones pintorescas que las caracterizan:

No estuvo Tito Livio tan perdido
por Mariana de Sellén su esposa,
ni Cicerón por su Medusa hermosa,
ni Peranzules por la bella Dido,
ni Muza por Elena tan perdido,
ni Paris por doña Ana de Hinojosa,
ni Durandarte por la bella diosa
que para nuestro mal parió Cupido
como me siento yo por mi Justina,
hermosa más que Orlando y Oliveros,
más discreta que nabos y cecina.[33]

Vino el conde don Roldán,
caballero en Calaínos,
y el caballo de Longinos
encima del Preste Juan;
un sacristán,
un caimán,
tres conejos
sin pellejos,
y entre dos gatos bermejos
una primera pasante ...
Vino luego doña Urraca,
enferma del calvatrueno,
pidiendo al doctor Galeno
un parche de tacamaca;
una haca
vieja y flaca
en un pastel;
Zorobabel
con el moro Brabonel
y Golías el gigante ...[34]

33. *Entremés de doña Justina y Calahorra*, Cotarelo, *Colección de Entremeses*, p. 173 a.
34. *Entremés del Platillo*, Cotarelo, *Colección de Entremeses*, p. 228 b.

Por fin, es muy verosímil, según hemos sugerido Robert Jammes y yo en nuestro estudio sobre las coplas de disparates, que en el orden desordenado de dichas coplas se inspiró Quevedo para elaborar el desfile de personajes proverbiales que se da en el *Sueño de la Muerte* y en el entremés de *Los refranes del viejo celoso*.[35] Este entremés delinea perfectamente un subgrupo de los entremeses de desfile, acertadamente definidos por Javier Huerta Calvo,[36] subgrupo al que también pertenecen el entremés de *Las sombras*[37] y el entremés calderoniano de *Las Carnestolendas.*

Durante dos siglos se prolonga el éxito del desfile incoherente, según demostró Foulché-Delbosc, en una serie de composiciones, frecuentemente anónimas (Marcel Gauthier, núms. 21, 22 y 23), otras veces de autor conocido, como ocurre con los *Disparates* de Iriarte (Marcel Gauthier, núms. 19-20). Pero lo mismo que los géneros jocosos anteriormente aludidos, deja de entrar en las obras literarias serias después de 1630.

2. El pronóstico perogrullesco goza de gran fortuna entre 1610 y 1630. Le paga tributo el propio Cervantes con las respuestas de la cabeza encantada a las preguntas de Sancho: «no dijera más el profeta Pero Grullo», comenta el escudero malhumorado (II, 72). Poetas y prosistas lo desarrollan complacidos: al *Pronóstico judiciario de los sucesos de este año de 1627*, opúsculo de Pedro Espinosa sobre el cual llamó la atención hace tiempo Francisco Rodríguez Marín, y a un pronóstico de 1628 exhumado por Bonilla y San Martín[38] han añadido la erudición contemporánea y las ediciones que nos ofrece apreciable lista de pronósticos paródicos, redactados

35. Conste para la historia que la observación fue de Robert Jammes.
36. *Teatro breve de los siglos XVI y XVII*, «Temas de España», núm. 148, Taurus, 1985, p. 27.
37. Cotarelo, *Colección de Entremeses*, p. LXXIII b.
38. Pedro Espinosa, *Obras*, pp. 325-350; Bonilla y San Martín, «Curiosidades literarias de los siglos XVI y XVII», *R. Hi.*, XIII (1905), p. 159.

en versos o en prosa: dos composiciones incluidas en el *Cancionero de 1628* (núms. 50 y 231), otras dos, impresas en 1617 y 1619, que apuntó Antonio Hurtado Torres,[39] y un romance de Jacinto Alonso Maluenda.[40] También recuerdan Gaspar Lucas Hidalgo y el maestro Correas unas muestras del género, según hemos advertido ya.[41]

No se desmiente el éxito del género en la segunda mitad del siglo, según deja sentado Antonio Hurtado Torres en el citado estudio, y se prolonga hasta el siglo XVIII, según demuestran las investigaciones de Francisco Aguilar Piñal,[42] hasta la primera mitad del siglo XIX,[43] hasta 1881, año en que el *Almanaque de la alegría* publica un «Juicio del año» en que se leen los versos siguientes:

Por de pronto en el invierno
hará frío y nevará,
y en julio saldrán las chinches
por la noche a pasear;
serán viudos los que enviudan,
los vivos se morirán,
y el que viva, por lo menos
contará un año de más.[44]

39. «Pronósticos y lunarios burlescos de los Siglos de Oro. Índice bibliográfico», *Cuadernos Bibliográficos*, 40, CSIC, 1980, pp. 53-82, núms. 8 y 22.

40. «Pronóstico quiero ser», *Cosquilla del gusto* (1629), pp. 114-117 (véase ahora el texto en la excelente edición de los versos jocosos de Jacinto Alonso Maluenda por Ignacio Arellano, p. 77).

41. *Supra*, p. 124.

42. *Romancero popular del siglo XVIII*, núm. 1.248; *La prensa española en el siglo XVIII. Diarios, revistas y pronósticos*, *Cuadernos Bibliográficos*, 35, CSIC, 1978, núms. 409 y 421. Véase un pronóstico de Torres Villarroel en *Poetas líricos del siglo XVIII*, BAE, 61, pp. 67-68.

43. María del Carmen Azaustre Serrano, *Canciones y romances populares impresos en Barcelona en el siglo XIX*, *Cuadernos Bibliográficos*, 45, CSIC, 1982, núm. 1.121.

44. *Almanaque de la alegría* (1881).

No llega a más mi encuesta, pero me parece verosímil que estos pronósticos siguieron viviendo por más tiempo dentro de almanaques y colecciones chistosas.

Pasan las cosas de manera distinta en las buenas letras. El teatro lopesco acoge con frecuencia este juguete de ingenio, indicio revelador del éxito que debió de alcanzar. Sale en efecto en cinco comedias de Lope:

— *La sortija del olvido* (1610-1615), III, *Acad. N.*, IX, p. 616;

— *Fuenteovejuna* (1611-1618, probablemente 1612-1614), II, BAE, 41, p. 638 b;

— *Amar sin saber a quién* (1616-1623), III, *Acad. N.*, XI, p. 317 a;

— *La niñez de San Isidro* (1622), I, BAE, 178, p. 333;

— *Sin secreto no hay amor* (1626), III, *Acad. N.*, XI, pp. 158 b-159 a.[45]

Pero pronto desaparece de la comedia el pronóstico perogrullesco: Calderón no lo emplea nunca; sale por última vez en la comedia de Rojas Zorrilla, *Santa Isabel, reina de Portugal.*[46] Lo mismo que el inventario heteróclito, queda desterrado de la literatura.

3. El testamento jocoso aparece en unas comedias: testamento de Durandarte en *El casamiento en la muerte*, obra de Lope (anterior a junio de 1597);[47] testamento de la criada en *El amigo hasta la muerte*, obra de Lope también ésta (1606-1612, probablemente 1610-1612);[48] testamento del gra-

45. Lo mismo en el entremés de Benavente, *El abadejillo* (Cotarelo, *Colección de Entremeses*, núm. 252, p. 584 a):

¿Cuál es mayor señal de agua? ...
El no haber para vino.

46. Jornada I, BAE, 54, p. 256 a.

47. Jornada II, BAE, 196, p. 77.

48. Jornada II, *Acad. N.*, XI, p. 342 a.

cioso en *Quien bien ama tarde olvida*, comedia de autor incierto.[49]

Caso particular representa el testamento de animales, aprovechado por Mateo Alemán. Este género demostró prodigiosa vitalidad: las obritas que lo representan se volvieron a imprimir en pliegos hasta el siglo XX —en especial los testamentos del asno, del gallo y de la zorra—.[50] Pero la literatura pronto los excluye. El último escritor del Siglo de Oro en aprovechar el esquema del reparto de miembros, vísceras y órganos es Baltasar Gracián al escribir el testamento de Valor: Valor manda la cabeza a los italianos, el rostro a los ingleses, el talle a los alemanes, el corazón a los japoneses, etc. Último eco literario de género tan extensamente difundido es esta adaptación alegórica y sublimada que ofrece el *Criticón*.[51]

Este breve repaso autoriza dos conclusiones:

— los novelistas, los dramaturgos y los propios entremesistas están de acuerdo con Quevedo para excluir el delirio de los *adynata*, quedando éste confinado en unas composiciones que pertenecen a una infraliteratura;

— la literatura de los años de 1600-1630, y en especial el teatro de Lope, admite la mayor parte de los géneros jocosos que había elaborado el siglo XVI: el inventario heteróclito y el

49. Jornada III, *Acad. N.*, IX, pp. 107 b-108 a. Véase también el testamento ridículo de un cómico en una loa de Benavente (Cotarelo, *Colección de Entremeses*, núm. 210, p. 501 b).

50. Para el *Testamento del Asno* —«Yo, triste asno cansado»—, véase Francisco Aguilar Piñal, *Romancero popular del siglo XVIII*, núms. 1.301-1.302. Para el *Testamento del Gallo* —«Por daros contentamiento»—, *ibid.*, núms. 1.209-1.211. Para el *Testamento de la Zorra* —«Atención, todos me escuchen»—, *ibid.*, núms. 1.303-1.304. Sobre los pliegos del siglo XIX que reproducen estos testamentos, véase en particular: José Pérez Vidal, «Romances vulgares. Testamentos de bestias», *RDTP*, III (1947), pp. 524-550; Pilar García de Diego, «El testamento en la tradición. Testamentos de víctimas», *RDTP*, IX (1953), pp. 601-666; Joan Amades, «El testamento de animales en la tradición catalana», *RDTP*, XVIII (1962), pp. 339-394.

51. *Criticón*, II, 8, pp. 761-762.

pronóstico perogrullesco, alguna vez el desfile incoherente (aunque éste es más propio del entremés), el testamento, la genealogía y la pragmática. Pero la comedia no tarda en excluirlos: ninguno de estos juguetes de ingenio aparece en la obra de Calderón. La comedia va desterrando paulatinamente los elementos jocosos; es un aspecto de su evolución hacia unas formas más serias y decorosas que las anteriores.

XVIII. QUEVEDO Y BENAVENTE. EL ENTREMÉS FRENTE A LA AGUDEZA VERBAL

Sugirió Eugenio Asensio que Antonio Hurtado de Mendoza podía haber llevado a las tablas en su entremés de *Miser Palomo* unos personajes caricaturescos dibujados por la pluma de Quevedo.[1] ¿Será lícito extender el alcance de esta observación? ¿Será legítimo estimar que varias figuras trazadas por Quevedo habrán salido al escenario del entremés? El examen de los entremeses reunidos en la colección de Cotarelo (a éstos se limita la presente encuesta) arroja una lista de ocho personillas comunes a la obra quevediana y al entremés. Son cuatro hombres —el hablador, el lindo, el valiente, el viejo coquetón— y cuatro mujeres —la del guardainfante, la pidona, la viuda, la dueña. Cada vez que estas figuras salen a las tablas, se nos ocurre que cierto parecido tienen con las que presentan las prosas y versos de Quevedo. Acerquémonos a los textos a ver si confirman esta primera impresión.

1. Sale alguna vez la habladora, y con mayor frecuencia el hablador, en varios entremeses: *Los habladores* (Cotarelo, núm. 9), *La habladora y el casamentero* (Cotarelo, núm. 51), *El caballero bailarín* de Salas Barbadillo (Cotarelo, núm. 73), *Las habladoras* de Benavente (Cotarelo, núm. 317). Quevedo

1. *Itinerario del entremés*, p. 117.

caricaturiza el hablador en *La hora de todos* (VI) y con más detalle en el *Sueño de la Muerte* en el que va delineando varias categorías de habladores: diluvios, secos, del rocío, tarabillas, nadadores, jimios.[2] Sugiere además un dicho recogido en la colección de *Cuentos de Arguijo* que pudiera ser este tema de los predilectos de Quevedo:

> No tuvo menos gracia el encarecimiento de don Francisco de Quevedo, exagerando lo mucho que hablaba en Madrid un N. de Perea, solemne hablador. Decían en una conversación que mosén Simón, el clérigo de Valencia, había hecho hablar de milagro a no sé qué tantos mudos, y dijo el don Francisco:
> —¿Por qué piensan que hay mudos en España? Porque Perea les tiene tomada toda la habla para sí. El día que muera, hablarán todos sin milagro, porque ese día se le restituirá la habla a cada uno.[3]

Pero, cotejando los textos, no se observa ninguna reminiscencia concreta de Quevedo en los referidos entremeses.

2. El lindo aparece en *El comisario contra los malos gustos* de Salas Barbadillo (Cotarelo, núm. 67) y en *El comisario de figuras* de Castillo Solórzano (Cotarelo, núm. 78). Burla de él Quevedo en las *Capitulaciones de la vida de la corte*, en el *Sueño del Juicio final* y en el *Sueño del infierno*.[4] Tampoco en este caso es concluyente el cotejo de ambas series de textos.

3. Se manifiesta el valiente entre las figuras de *El buscaoficios* de Salas Barbadillo (Cotarelo, núm. 63) y del *Miser Palomo* de Antonio Hurtado de Mendoza (Cotarelo, núm. 82).

2. Castalia, «Clásicos Castalia», núm. 50, Madrid, pp. 192-193.

3. Juan de Arguijo, *Cuentos*, núm. 412 (otra versión del dicho en el núm. 214).

4. *Capitulaciones*, Espasa-Calpe, «Clásicos Castellanos», núm. 56, Madrid, p. 96. *Sueño del Juicio* y *Sueño del infierno*, Castalia, «Clásicos Castalia», núm. 50, Madrid, pp. 84 y 126.

El valiente de *Miser Palomo* esgrime con ardor la baladronada —la *rodomontade* que tanto apreciaba Brantôme—, lo cual le aparta de las caricaturas quevedianas. Pariente del «valiente de mentira» de las *Capitulaciones de la vida de la corte*[5] es el «representante de valentías» de Salas Barbadillo: coinciden ambos textos en denunciar el carácter quimérico de las hazañas de los bravos. Pero tal carácter pertenece a la tradición literaria desde *La Celestina*. La prosa de *El buscaoficios* no conserva nada de las aguas fuertes de las *Capitulaciones de la vida de la corte*.

4. La mujer del guardainfante y el viejo coquetón aparecen paralelamente en *La hora de todos* (X) y en las dos partes del entremés de *El guardainfante* (Cotarelo, núms. 222 y 224). No faltan las coincidencias entre ambas obras: cuando la buscona hace «sudar la gota gorda a su portada», es preciso derribar un tabique para que pase Josefa; abultan un repostero y medio tapiz el guardainfante de la una, esteras y paja el de la otra; las cabelleras de los calvos quevedianos se pasan a la cabeza de la heroína de Benavente; unos colchones adornan las pantorrillas de los viejos de *La hora* como las de Juan Rana. Estamos por afirmar que Benavente recordó *La hora de todos* al escribir este entremés. Pero la cronología se opone a tal conclusión. (A no ser que Benavente haya leído manuscrito este fragmento de *La hora* antes de que se imprimiera la obra. Pero mucha hipótesis es ésta.)

5. La pidona burlada por ofrecerle el galán unos supuestos regalos es paradigma que desarrolla Quevedo en la *Premática del Tiempo* y en el romance «Diéronme ayer la minuta». En él se ensaya Benavente con el entremés de *Don Gaiferos y las busconas de Madrid* (Cotarelo, núm. 264). Pero tan pobre agudeza demuestra Gaiferos, tan pocos y adocenados son los equívocos que maneja —equívocos sobre «escudo», «ducado», «real», «cuarto»— que, si bien alguno de ellos también

5. *Capitulaciones*, pp. 96-97 (véanse también las páginas 111-113).

sale en «Poderoso caballero / es don Dinero», resulta imposible estimar que Benavente recordó a Quevedo en este entremés.

6. La viuda es tipo tradicional tan difundido en las letras de fines del siglo XVI y primeras décadas del XVII que resulta difícil sacar conclusiones claras acerca de posibles influencias: en particular, la figura de viudita alegre que se dibuja en *El murmurador* de Benavente[6] no ofrece ningún rasgo que permita evidenciar cualquier reminiscencia concreta. El único entremés en que se traslucen recuerdos de Quevedo es el anónimo entremés de *Las viudas* (Cotarelo, núm. 48), impreso en 1635, sin duda plasmado sobre el *Entremés segundo de Diego Moreno*. Cotéjense los fragmentos siguientes:

GUTIÉRREZ

Ea, señora, coma vmd. un bocado desta conserva.

JUSTINA

¿Qué quiere que coma? ¿Y qué parecería, de ayer muerto mi marido? No ha menester comer cosas dulces la que quedó tan amarga, y a mí un poco de jamón y una vez de vino me basta.[7]

LUISA

Voy al punto
a traer unos bizcochos.

LEONOR

Luisa, espera.
Bizcochos, no, que es cosa regalada.
Tráele aquel jamoncillo de tocino,
que eso basta con un trago de vino.[8]

6. Cotarelo, núm. 223, p. 527 a.
7. *Entremés segundo de Diego Moreno* (Asensio, *Itinerario*, p. 275).
8. *Las viudas*, Cotarelo, p. 189.

JUSTA

Por cierto que no había un mes que nos habíamos casado cuando, viniendo de fuera, se entró de rondón por la sala y me halló abrazada a un galán. Y cuando entendí que hiciera alguna demostración, le dijo al que me abrazaba: «En verdad que ha de abrazar a mí también, que le soy muy servidor». Y a mí me dijo: «¿Cómo estaba esta puerta abierta, señora? ¿Qué os parece si, como yo entré, entrara otro?» Y desde entonces mandó que estuviese cerrada, y hizo una llave para sí, y que hiciese ruido al abrir.[9]

LEONOR

Acuérdome que hallándome una noche
hablando en Leganitos con un hombre,
cuando pensé que una y otra puñalada,
me dijo: «¡Quejaos luego, delicada!
¿No sabéis que el sereno os hace daño?
Pues ¿por qué no sacastes un sombrero?
¿Haos de curar aqueste caballero?»
Y trayéndome a casa me reñía
porque muy abrigada no salía;
porque fue su bondad cosa notable.[10]

Obsérvese en cambio que excluye el entremés de *Las viudas* la admirable caricatura de *El mundo por dentro*: «la viuda, muy recoleta de ojos y muy estreñida de boca».[11]

7. La figura de la dueña autoriza mayores esperanzas, puesto que es tipo nuevo en las letras, y figura predilecta de Quevedo. Sale en tres entremeses de Benavente: *La dueña* (Cotarelo, núm. 232), *Las dueñas* (Cotarelo, núm. 245) y *Las malcontentas* (Cotarelo, núm. 298). Parece poco dudoso que

9. *Entremés segundo de Diego Moreno*, pp. 277-278.
10. *Las viudas*, Cotarelo, p. 189 a.
11. *Sueños*, pp. 224-226.

Benavente habrá recordado a Quevedo al escribir estos entremeses. Posiblemente las quejas de una de las dueñas que lleva al escenario[12] hagan eco a los lamentos de la Quintañona del *Sueño de la Muerte*.[13] Más concretamente apela Benavente en dos entremeses de éstos a la creación de neologismos jocosos, tan típicos de la estilística quevediana: «adueñada» (núm. 232), «diablidueña» (núm. 232), «endueñarse» (núm. 245). Echa mano del apodo, calificando a la dueña de *Las malcontentas* de «tumba en pie», apodo que parece salido de la pluma de Quevedo: recordemos el «túmulo vivo» del *Sueño de la Muerte*[14] y la «tumba viva» de «Una picaza de estrado».[15] El paralelismo es doblemente instructivo. Evidencia el hecho de que el entremés, si bien admite unas palabras características del estilo quevediano, rechaza el procedimiento típico del mismo: la acumulación de apodos que convergen como radios para evocar la figura del personaje aludido, procedimiento que maneja Quevedo con insuperable maestría, lo mismo en la caricatura de la dueña Quintañona que en otras caricaturas.

De este breve repaso se desprenden dos conclusiones, una sobre la eventual influencia de Quevedo, otra sobre el arte del entremés. Si bien es seductora la hipótesis de que las figurillas dibujadas por Quevedo invadieran el escenario del entremés, pocas veces la podemos convertir en convicción. Tenemos derecho a afirmar tratándose de la dueña y hasta cierto punto de la viuda. En otros casos la filiación se va haciendo impalpable. Únicamente en ocasiones resulta posible evidenciar que los entremesistas se han inspirado en Quevedo al trazar la silueta de estos monigotes. Más clara es la conclusión de que el entremés excluye la caricatura a base de apodos. A consecuencia de esta opción, los entremeses de desfile se apartan radicalmente de la práctica de Quevedo en el *Sueño de la*

12. Cotarelo, núm. 298, p. 711 a.
13. *Sueños*, pp. 224-226.
14. *Sueños*, p. 225.
15. *Poesía*, núm. 713.

Muerte. La originalidad del *Sueño* con relación a los escuetos desfiles de las coplas de disparates radicaba en la introducción de aquellas maravillosas viñetas. Esta originalidad se les escapa de las manos a los entremesistas. Retornan ellos al esquematismo de las coplas. Sin duda obedece esta conducta a una ley del género: el propio Quevedo excluye la caricatura de la dueña Quintañona del *Entremés de los refranes del viejo celoso*, reduciendo la materia del *Sueño de la Muerte* a un desfile de figurillas. Las formas elaboradas de la agudeza verbal mal se compaginaban con la gesticulación, elemento fundamental del entremés.[16]

Por eso conserva el entremés la escaramuza de apodos, que conviene a su acción escénica animada. Seis veces la repite Benavente: en los entremeses de *La maya* (Cotarelo, núm. 231), *El borracho* (núm. 244), *Las burlas de Isabel* (núm. 266), *Los órganos* (núm. 279), *La muestra de los carros* (núm. 291), *El barbero* (núm. 311).[17] El examen de estos textos sugiere dos observaciones, una relativa al arte de Benavente, otra relacionada con la historia del teatro. Primero, bajo la pluma de Benavente cede terreno la animalización en provecho de la reificación de las personas. Por otra parte, dado que, según hemos de ver a continuación, la comedia calderoniana excluye la escaramuza de apodos, y el propio Lope, que tan clara afición le demuestra, la practica en una sola comedia posterior a 1620 (*Amar, servir y esperar*), conviene concluir que tal escena de farsa viene a ser privativa del entremés a partir de 1620. El entremés será en adelante el único receptáculo de esta forma ya venerable de la agudeza.

16. Sobre esta gesticulación, Asensio, *Itinerario*, p. 40.

17. Esta última escena es copia de la que presenta *El borracho* (núm. 244) —o al revés.

XIX. LA COMEDIA FRENTE A LOS GÉNEROS JOCOSOS Y A LA AGUDEZA VERBAL

Poca cosa conserva la comedia lopesca de la agudeza verbal que había definido el siglo XVI y con soberano talento está ejercitando Quevedo. Alguna vez esboza la pluma de Lope, cuya musa apasionada prefiere evocaciones de carácter más risueño, una breve caricatura a base de apodos.[1] Sólo alguna vez ... En cambio sigue apegado el dramaturgo a las escaramuzas de apodos que se entablan entre varios personajes graciosos, escena de farsa que había forjado el teatro prelopesco y que sigue teniendo éxito en los escenarios. Estos diálogos conducen alternativamente a la animalización o a la reificación de los individuos zaheridos:

a) dos criados [*La octava maravilla* (1609), I, *Acad. N.*, VIII, p. 256 b]: «mueco», «hombre de rosca, de masa», «cara de cermeña», «palo de tamboril», «azafrán romí», «gallo del Cairo», «Zegrí», «San Roque de aldea», «lengua de la Mancha», «gitano», «habido en Guinea»;

b) escudero y hortelano [*Los Ponces de Barcelona* (1610-1615), II, *Acad. N.*, VIII, pp. 586 b-587 a]: «espantajo», «escudero de don Bueso», «cebolla y queso», «hombre injerto en matachín», «jumento de la hortaliza», «Miércoles de ceniza», «monazo», «rocín con muermo»;[2]

1. Véase más abajo (nota 10) una lista de estas caricaturas.
2. Como escena clásica de la comedia al uso presenta el tiroteo de apodos entre escudero y lacayo el don Luis de *El pasajero* (pp. 80-81).

c) soldado y pobres [*Juan de Dios y Antón Martín* (1611-1612), II, BAE, 186, p. 298]: «jigote de andrajos», «señor mastín de cabras», «señores longanizas», «lechuguino de huertas», «espantajo», «señor capitán andrajo»;

d) el criado y la moza de mesón [*Amar, servir y esperar* (1624-1635), I, *Acad. N.*, III, p. 220 a]: «lámpara de este hospital», «visión de galgo enfermo»;

e) el criado y la criada (es el caso más frecuente):

— *El amante agradecido* (hacia 1602), I, *Acad. N.*, III, p. 111 b: «cigüeña en campanario», «avestruz al sereno», «cuero», «tinaja»;

— *La octava maravilla* (1609), I, *Acad. N.*, VIII, p. 257 a: «mulata», «nido de grajos», «linda galga relamida», «hombre cerbatana»;

— *El mejor mozo de España* (1610-1611), III, BAE, 41, pp. 625 c-626 a: «lacayo del rey Herodes», «lacayón», «percha de trapos»;

— *Servir a señor discreto* (1610-1618), I, BAE, 250, p. 459 a: «señora pastilla», «señor cerote».

En cuanto a los juegos equívocos, si dejamos aparte los que Lope imitó de la *Premática del Tiempo*, ya apuntados más arriba,[3] observamos que desarrolla la comedia con relativa frecuencia la forma hipertrofiada del equívoco que representan las coplas anfibológicas. Aunque no podemos afirmar que Lope haya compuesto coplas de este tipo, a ellas se refiere elogiosamente en su *Arte nuevo*, dedicando a este juego de ingenio significativa atención:

Siempre el habla equívoca ha tenido,
y aquella incertidumbre anfibológica,
gran lugar en el vulgo, porque piensa
que él solo entiende lo que el otro dice

3. *Supra*, pp. 201-203.

Algunos años antes ya se había ocupado el maestro Jiménez Patón de las mismas coplas en su *Elocuencia española en arte*,[4] aduciendo un ejemplo que he de reproducir a continuación. Luis Alfonso de Carballo en el *Cisne de Apolo* y Gracián en la *Agudeza* habían de citar los mismos versos.[5]

Pero ¿en qué textos aparecerán estas famosas coplas? Los comentaristas de Gracián suelen remitir a Jiménez Patón y a Luis Alfonso de Carballo sin concretar más la procedencia de los aludidos versos. Se explica la duda en que nos dejan, puesto que ni Luis Alfonso de Carballo ni Gracián nos proporcionan el menor detalle acerca del origen de estas coplas. Más explícito, Jiménez Patón cita varias comedias en las cuales aparecen, según afirma, versos de este tipo: «*Maravillas de Trapisonda, Melancólico, Venganza honrosa, Perseguido*, y otras». Por desgracia, la identificación de estas comedias no resulta nada fácil, y no he conseguido ningún resultado al tomar esta dirección. Posiblemente se trate de comedias que hemos perdido; posiblemente las cita Jiménez Patón con título distinto del que conocemos ahora. Dadas estas circunstancias, lo único cierto es que tanto Lope de Vega como Jiménez Patón nos orientan hacia la comedia. El programa de investigación resulta a todas luces muy amplio... Con todo no es imposible dar con el texto citado por Jiménez Patón, Luis Alfonso de Carballo y Gracián. Figura en *El rey fingido y amores de Sancha*, comedia de autor incierto. Los versos son como sigue:

> Matar yo al Rey no es mal hecho;
> antes ser cuchillo afirmo
> de él, que lo mataré, y firmo [6]

4. *La retórica en España*, p. 349.

5. Luis Alfonso de Carballo, *Cisne de Apolo* (1602), II, pp. 165-168; Gracián, *Agudeza*, II, p. 165.

6. *El rey fingido y amores de Sancha*, III, *Acad. N.*, I, p. 456 b.

versos que, como entenderá el prudente lector, se pueden igualmente leer en la forma:

¿Matar yo al Rey? No, es mal hecho.
Antes ser cuchillo afirmo
del que lo matare, y firmo.

Reproduzco a continuación otros ejemplos de este juego de ingenio, todos sacados de la comedia. La lista que propongo es seguramente incompleta, pero permite afirmar que las coplas anfibológicas gozaron en efecto de cierta aceptación en los corrales del siglo XVII:

— Ruiz de Alarcón, *Quien mal anda, en mal acaba,* I, BAE, XX, pp. 214 bc y 215 b

Si os di nombre de marido,
ya es fuerza por no matarme,
revocarlo, no casarme.

Segunda lectura:

Si os di nombre de marido,
ya es fuerza, por no matarme,
revocarlo no, casarme.

— Calderón, *La gran Cenobia*, II, BAE, VII, p. 194 a

Irás y vencerás; no
serás vencido en la guerra

Segunda lectura:

¿Irás y vencerás? No.
Serás vencido en la guerra.

— Cáncer y Moreto, *La fuerza del natural*, III, BAE, 39, p. 223 bc

Carlos aqueste ha de daros
por el que triste suspira,
siendo imposible obligaros.
¡Ay del que cobarde os mira
con el temor de enojaros!
Nunca obligaros espera
un desigual padecer;
quiero por fuerza severa;
que, si eligiera el nacer
mi amor, mérito tuviera.

Segunda lectura:

Carlos aqueste ha de daros
por él, que triste suspira.
Siendo imposible obligaros,
¡ay del que cobarde os mira
con el temor de enojaros!
Nunca obligaros espera
un desigual. Padecer
quiero por fuerza severa,
que si eligiera el nacer,
mi amor mérito tuviera.

Admite la comedia lopesca, según se ha apuntado ya, varios géneros jocosos que había elaborado el siglo XVI: la pragmática y la genealogía paródicas, el testamento festivo en pocas ocasiones; con mayor frecuencia el inventario heteróclito y sobre todo el pronóstico perogrullesco. También echa mano, ya lo sabemos, del neologismo expresivo y de la jerga agermanada. Observamos ahora que también acepta el apodo, la caricatura a base de apodos y unas formas equívocas. Pero, ¿en qué circunstancias admite estos materiales jocosos o agudos? Recapitulemos lo observado:

— los aranceles, avisos y memorias se deben al ingenio de criados, campesinos y otra gente de poco;

— la genealogía paródica florece en boca de graciosos;

— el testamento festivo es testamento de criada, de gracioso y (caso excepcional) testamento del desgraciado Durandarte;

— el inventario heteróclito es obra de graciosos o villanos;

— el pronóstico perogrullesco, que practicaba don Francisco de Quevedo, no debió de dejar indiferente al público de los caballeros. En la comedia lopesca son los campesinos de *Fuenteovejuna* y de *La niñez de San Isidro*, los criados de *La sortija del olvido, Sin secreto no hay amor* o *Amar sin saber a quién* los que se regocijan con él, cuando no hacen mofa de género tan trivial;

— los neologismos al estilo quevediano son privativos de lacayos, los equívocos tomados de Quevedo de lacayos o villanos;

— la germanía se reserva a rufianes, lacayos, criadas o villanos. La criada y el gracioso son los únicos personajes que repiten o glosan los versos famosos de «Quién te me enojó, Isabel», obrita debida a la pluma de un gentilhombre;

— el arte de apodar que con tanto ardor practican damas y caballeros viene a ser privativo de criadas, lacayos, pajes, soldados y demás canalla. El galán de la comedia lopesca sólo en forma excepcional apela a esta práctica sentida como vulgar por el dramaturgo: cuando la acepta, la maneja con sobriedad[7] o llevado de legítimo furor, como le ocurre al Lisardo de *El acero de Madrid*.[8] Huelga decir que no participa nunca en las escaramuzas de motes, cuyos agonistas siem-

7. *La piedad ejecutada*, I, *Acad. N.*, VIII, p. 465 a; *El ausente en el lugar*, I, *Acad. N.*, XI, p. 402 b.

8. Jornada I, *Acad. N.*, XI, p. 172 a. Dejo aparte la justa de apodos en que toman parte damas y galanes en *Juan de Dios y Antón Martín*, III (BAE, 186, pp. 327 a-328 a): resulta sospechosa la calidad de las «damas» y «galanes» que presenta esta comedia.

pre son gente de poco. Por fin, con alguna excepción,[9] nunca se ensaya en la caricatura a base de apodos, que en el teatro de Lope suele reservarse al criado u otro personaje vulgar.[10] En forma idéntica proceden los discípulos del Fénix: las caricaturas de dueñas que elaboran Tirso y Montalbán se ponen en boca de lacayos graciosos.[11] (Ruiz de Alarcón no admite estas caricaturas en su teatro);

— con la notable excepción de la retahíla de equívocos puesta en boca de Florencio en *El sembrar en buena tierra*, ya recordada más arriba,[12] el equívoco en que se ejercitan con pasión damas y caballeros viene a ser también él privativo de lacayos y rústicos;

— conviene recordar por fin que referir cuentecillos es en la comedia lopesca pasatiempo de campesinos y lacayos.[13] Con unas contadas excepciones —la sabida historieta de la ballena del Manzanares[14] y la del galán que se ufana de obedecer a los consejos paternos gastándose el dinero con Pru-

9. *La viuda valenciana*, III, BAE, 250, pp. 378 a y 379 b (habla un gentilhombre).

10. La fea: *¡Si no vieran las mujeres!*, III, BAE, 249, p. 269 b (criado). Véase también *Amar como se ha de amar*, II, *Acad. N.*, III, p. 201 b (villano); *Los bandos de Sena*, II, *Acad. N.*, III, p. 547 b (criado); *El perro del hortelano*, I, *Acad. N.*, XIII, p. 210 b (criado).

La flaca: *Los amantes sin amor*, III, *Acad. N.*, III, p. 168 b (músico).

La vieja: *El galán Castrucho*, I, *Acad. N.*, VI, p. 32 a (sargento). Véase también *La venganza venturosa*, I, *Acad. N.*, X, p. 189 b (criado); *La prueba de los amigos*, III, *Acad. N.*, XI, p. 131 b (criado).

El apodo «galgo con manta de jerga» (*Juan de Dios y Antón Martín*, III, BAE, 186, p. 327 a) y «esa galga con cuartana / envuelta en manta de jerga» (*El acero de Madrid*, II, *Acad. N.*, XI, p. 191 b) se toma de Francesillo de Zúñiga: «galga envuelta en manta de jerga» (*Crónica burlesca*, p. 69).

11. Tirso de Molina, *Quien calla otorga*, II, *Obras dramáticas*, I, p. 1322-1324; Montalbán, *La más constante mujer*, III, BAE, 45, p. 510 b.

12. *Supra*, pp. 202-203.

13. *Peribáñez*, II, BAE, 41, p. 290 b; *El mejor maestro, el tiempo*, II, *Acad. N.*, VII, pp. 524 b-525 a.

14. *El galán escarmentado*, I, *Acad. N.*, I, p. 123 a.

dencia— [15] el cuentecillo se reserva al gracioso.[16] Sin duda es portavoz del dramaturgo el caballero que censura el empleo del cuentecillo en la conversación.[17] Idéntico reparto practica Alarcón: los numerosos cuentecillos que salen en sus comedias van puestos en boca de los graciosos, con una sola excepción.[18]

Tal reparto no refleja la situación histórica. Sabemos que el caballero contemporáneo de Felipe III no desdeña los géne-

15. *El sembrar en buena tierra*, I, *Acad. N.*, IX, p. 405.

16. En particular los dramaturgos reservan cuidadosamente a los graciosos la relación de hazañas disparatadas y las mentiras de cazadores, a las cuales complacidos se entregan los caballeros históricos, según sabemos. Así ocurre en el teatro de Lope: gracioso es el Turín de *El mejor maestro, el tiempo*, quien pretende haber desjarretado los toros de Guisando (*Acad. N.*, VII, p. 525 b); gracioso el Tello de *Las bizarrías de Belisa*, quien tan lindas estocadas tira (*Acad. N.*, XI, p. 447 a); gracioso el músico Lirano de *La sortija del olvido*, quien refiere cómo cazó un león con rodela y martillo (*Acad. N.*, IX, p. 592. El texto califica al personaje de «bufón»); rústico el Cardenio de *La Arcadia*, quien relata sus cazas milagrosas de grullas, liebres y urracas (BAE, 188, pp. 179 a-180 a). Idéntica conducta en Guillén de Castro, *La tragedia por los celos* (*Obras*, Madrid, RAE, III, p. 303 b), y en los dramaturgos de incierta identidad que escribieron *El amor bandolero* (*Acad. N.*, III, p. 364 a: unas estocadas prodigiosas), *La intención castigada* (*Acad. N.*, VI, p. 557 a: el sastre debe la vida a su dedal), *Quien bien ama tarde olvida* (*Acad. N.*, IX, p. 90: el conocido cuento de las palabras heladas) y *Santa Casilda* (*Acad. N.*, II, p. 575 a: sobre el tamaño prodigioso de los nabos gallegos). Cuando escribe Francisco Bernardo de Quirós sus entremeses de mentiras —*Entremés nuevo de los embusteros* (*Primera parte del Parnaso nuevo y amenidades del gusto en veinte y ocho entremeses, bailes y sainetes*, Andrés García de la Iglesia, Madrid, 1670, pp. 46-54), *Entremés famoso del cuero* (*Ociosidad entretenida en varios entremeses, bailes, loas y jácaras*, Andrés García de la Iglesia, Madrid, 1668, fols. 23-27), *Entremés de don Estanislao* (Francisco Bernardo de Quirós, *Obras*, Melchor Sánchez, Madrid, 1656, fols. 66-70), *Entremés de mentiras de cazadores y toreadores* (*ibid.*, fols. 26-31)—, se cuida de achacar los embustes que forja a jaques y figurones, personajes entre los cuales destacan don Estanislao y don Tadeo, dignos precursores del barón de Münchhausen y de Monsieur de Crac. Algún cuento de éstos tiene evidente carácter folklórico; posiblemente sea, o haya venido a ser, tradicional el propio don Estanislao, puesto que este mismo nombre lleva uno de los mentirosos más famosos del folklore cubano (véase Samuel Feijoo, *Cuentos populares cubanos de humor*, «Colección Saeta», Editorial Letras Cubanas, La Habana, 1981, pp. 313-317).

17. *Lo que pasa en una tarde*, II, *Acad. N.*, II, p. 311 a.

18. La del galán de *La industria y la suerte*, II, BAE, XX, p. 30 b.

ros jocosos, practica el apodo y el equívoco, y refiere gustoso cuentecillos y facecias.

Pero es reparto demasiado sistemático para poderse achacar a la casualidad. Al galán de la comedia le corresponde una agudeza conceptuosa, la de las antítesis, de las metáforas, de las hipérboles. Una agudeza decorosa, por caer dentro del terreno de lo escrito. Al gracioso le tocan los elementos jocosos y la agudeza verbal, la de los apodos y los equívocos. Una agudeza vulgar, por pertenecer a la oralidad.[19]

La comedia lopesca funciona como un prisma deformador. Salta a la vista la distancia que separa el hablar del caballero en la vida cotidiana y el hablar del galán del teatro. Que sepa yo, Lope no afirmó nunca el propósito de enmendar las costumbres de los caballeros y de enseñarles un hablar más comedido: sostener tal pretensión hubiera sido poco conveniente en un dramaturgo, es decir, en un escritor encargado de divertir al público, en el siglo XVII. Pero el discurso que mantiene Lope sobre su obra no es tan elocuente como su propia obra. Ahora bien, sobre lo que hace Lope, sobre la bipartición que opera en el hablar que es el del caballero histórico, y sobre el sentido de esta bipartición, no cabe la menor duda. Suárez de Figueroa, observador lúcido, notó acertadamente esta orientación de la comedia:

> El oficio de la comedia es mover a risa. Introdúcense en ella personas comunes ... donde puede tener lugar la gracia, la malicia, el artificio, la agudeza .... mezclar donaires y burlas entre las veras, *oficio ahora propio del lacayo*.[20]

19. La comedia lopesca también reserva a criados y rústicos el uso del refrán: verosímilmente practica en este terreno táctica idéntica a la que procuro definir a propósito del cuentecillo. Pero, a diferencia de lo que pasa en este caso, ignoro la actitud de los caballeros de 1600 frente al refrán: ¿todavía acostumbrarían a usarlo en sus charlas familiares como lo hacían unos setenta años antes los cortesanos valencianos de la reina Germana? (véase Luis Milán, *El Cortesano*, pp. 78, 98, 112, 117, 121, 134, 139, 142, etc.).

20. *El pasajero*, p. 50. La cursiva es mía.

A falta de reflejar las costumbres, ¿reflejaría la tentativa de Lope los anhelos de unos círculos refinados? ¿Se habrá dado una alianza más o menos tácita entre una fracción del público aristocrático, particularmente apegada al decoro, y unos escritores a los que animaran unas intenciones parecidas? Hasta donde alcanzo, nada permite afirmarlo. Un texto de Alonso López Pinciano sugiere que no era tal la situación en los últimos años del siglo XVI, y que los caballeros no demostraban ni la menor inclinación a dejarse gobernar por los pedantes. Al tratar del género heroico, afirma Ugo que admite conceptos elevados, «pero agudos muy pocos». Y va concretando:

> Y si queréis saber la causa, acordaos que la épica es imitación de príncipes y señores grandes; y mirad que los príncipes y señores grandes hablan con gravedad y simplicidad alta; y mirad la gente menor cuán aguda es en sus conceptos y dichos, que, así como hienden el pelo, hienden la oreja con la agudeza de ellos.[21]

Pero don Gabriel, el caballero a quien envía sus epístolas el Pinciano, no lo entiende así:

> El concepto agudo en cualquier estado o estilo parece bien, y da mucho deleite y gusto.[22]

Castiglione y sus secuaces pretendían distinguir entre apodos buenos y apodos malos, y definir los límites del motejar cortesano. Lope procede en forma más radical y corta por lo sano. El caballero debe dejarse de apodar y motejar, debe huir de las vulgaridades de la agudeza oral, debe hablar una lengua constantemente refinada y siempre castigada. Muchos

21. *Filosofía antigua poética*, II, pp. 207-208.
22. *Filosofía antigua poética*, II, p. 216.

ejemplos de este hablar refinado ofrecían ya los versos de Garcilaso y sus imitadores, la novela pastoril, el romancero nuevo. Pero ahora sale al escenario, ahora lo propone el dramaturgo como modelo vivo. Se ha dicho, y con razón, que el teatro francés del siglo XVII había venido a ser paulatinamente una escuela de buen tono y decoro para la gente de mundo. A este respecto, el teatro de Lope no difiere mucho del teatro francés, y resulta sin duda erróneo defender que la comedia lopesca no tiene intención pedagógica. El único problema consiste en determinar a quién se dirigían sus enseñanzas. Opinaba Menéndez Pidal que Lope quiso «elevar» a un público popular;[23] más razonable parece estimar que se hubiera contentado —que no fuera pequeña empresa— con educar a un público aristocrático. ¿Habrán tenido éxito sus ambiciones? Parece legítimo dudarlo, por motivos que examinaremos en adelante. Pero, cualquiera que haya sido la fortuna de la empresa, el sentido de las comedias lopescas no deja lugar a dudas.

La comedia calderoniana intensifica aquellas tendencias que manifiesta la comedia de Lope.

Excluye totalmente los géneros jocosos que había admitido la comedia lopesca, no sólo los que aparecen esporádicamente en ésta, sino también el pronóstico perogrullesco; no sólo los que brillan de esplendor efímero, sino también los que han de tener extensa posteridad. Ni siquiera los graciosos calderonianos se rebajan a repetir tales frioleras.

Con una excepción[24] reserva la creación idiomática jocosa al gracioso.

Apenas si admite alguna vez el vocabulario agermanado, que pone en boca de un gracioso y de un villano.

En las comedias de Calderón se lee una caricatura a base

23. «Lope de Vega. El *Arte nuevo* y la *Nueva biografía*», en *De Cervantes y Lope de Vega*, Espasa-Calpe, «Austral», núm. 120, Madrid, pp. 100-101.
24. La de «toricantano» (*No hay burlas con el amor*, III, BAE, IX, p. 322 c), que es recuerdo de Quevedo (*Poesía*, núm. 673).

de apodos, la del escudero Otuñez que traza la criada en *El escondido y la tapada*:

BEATRIZ

Arrendajo de don Bueso,
anatomía de hueso,
almanac particular;

vos que sois en el abismo
de esa calcilla neutral
de vos mismo el orinal
y el músico de vos mismo;

flaca cecina de yegua,
baúl de tabla y pellejo,
No recorderis de viejo,
Parce mihi de la legua,

puerto seco de la tos,
quiroteca de Caifás
y trescientas cosas más ...[25]

Caricatura magnífica, según se puede apreciar, una de las más logradas entre las muchas que presentan los textos del Siglo de Oro. Pero ejemplo único. No parece sino que quiere significar el poeta que tampoco le falta este talento.[26] Los admiradores del maestro imitan su discreción: una caricatura a base de apodos ofrece la obra de Rojas Zorrilla,[27] ninguna la de Moreto. Pronto viene a ser supervivencia en la comedia un paradigma que había ilustrado Quevedo.[28]

25. *El escondido y la tapada*, II, BAE, VII, pp. 467 c-468 a.

26. Por otra parte insertará Calderón auténtico diluvio de apodos en el entremés de *Los instrumentos* (Castalia, «Clásicos Castalia», núm. 116, Madrid, pp. 227-228), como si quisiera subrayar que los apodos están en sitio conveniente cuando salen en el género entremesil.

27. *La hermosura y la desdicha*, III, BAE, 54, p. 463 bc.

28. Ejemplos en Juan de Matos Fragoso, *El yerro del entendido*, II, BAE, 47, p. 270 b; Sebastián de Villaviciosa y Francisco de Avellaneda, *Cuantas veo*

En cuanto a las formas equívocas ofrece Calderón, según se ha apuntado ya, un ejemplo de coplas anfibológicas, como si quisiera demostrar, una vez más, que ningún juego de ingenio excede sus capacidades. Dejando aparte este caso, los equívocos, que no faltan en los versos de Calderón, son pocos y de ninguna manera caracterizan la escritura de sus comedias: el propio gracioso huye de ellos. Uno de los aludidos equívocos merece especial atención. En la jornada segunda de *Guárdate del agua mansa*, don Alonso presenta a don Toribio Cuadradillos, recién llegado de su valle de Toranzos, a unos caballeros de la corte:

Conoced a mi sobrino,
que quiero que desde hoy sea
vuestro servidor.

En seguida protesta el bueno de don Toribio:

¿Yo había
de ser alhaja tan puerca? [29]

Por acudir a tan maloliente equívoco queda calificado don Toribio de grosero, vulgar e imbécil. Sea así. Abramos ahora la *Floresta* de Santa Cruz. En su Tercera parte leemos la historieta siguiente:

> Haciendo una oferta un escudero al conde de Ureña, decía: «Vuestra Señoría me tenga por amigo...». Y desde a un poco dijo: «... y por servidor». Respondió el conde: «Ya me iba a sentar en el amigo, si no acudiérades con el servidor». [30]

---

tantas quiero, I, BAE, 47, p. 446 ab; Juan de la Hoz y Mota, *El montañés Juan Pascual*, II, BAE, 49, p. 229 a; José de Cañizares, *El picarillo en España, señor de la Gran Canaria*, I, BAE, 49, p. 536 a.

29. BAE, IX, p. 386 a.

30. *Floresta española*, III, IV, 2, p. 94.

Varios textos del siglo XVI, y la *Floresta* de Santa Cruz en especial, nos presentan, según se recordará, el conde de Ureña como gran cortesano y dechado de agudeza. Al jugar equívocamente sobre el doble sentido de la palabra *servidor*, el conde de Ureña es agudo en 1574, y don Toribio Cuadradillos tonto en 1649. Han cambiado los tiempos. Ha cambiado el gusto —el de los escritores por lo menos.

Verosímilmente no es ejemplo aislado, sino caso particular de un fenómeno más general, que se podría calificar de traslación de los chistes y juegos verbales. Veamos otro ejemplo. En *El Cortesano* da por valiosa Castiglione la conocida frase equívoca «no tiene nada suyo»:

> Asimismo habéis de saber que donde se fundan los motes para hacer reír, se pueden también fundar las sentencias graves para loar y reprehender; y puédese algunas veces acudir a todo esto con unas mismas palabras. Como por alabar un hombre franco que pone su hacienda en común por los amigos, se suele decir que lo que tiene no es suyo; y lo mismo se dice por tocar a uno que haya robado, o por otras vías injustamente alcanzado lo que tiene.[31]

Es equívoco que no deja de aprovechar Quevedo en *El Buscón*: «en lo cual conocí que era tan amigo de sus amigos, que no tenía cosa suya» (p. 206). Y pasan los años. Si hojeamos la comedia *Pobreza, amor y fortuna* de Diego y José de Figueroa, observamos que ahora no es un cortesano, sino el gracioso, quien apela al equívoco, calificando a unos ladrones de

> liberales por extremo,
> pues no tienen cosa suya.[32]

Excusado es decir que el cuentecillo queda estrictamente

31. *El Cortesano*, p. 214.
32. BAE, 47, p. 430 c.

reservado al gracioso y a la criada. Un discípulo de Calderón, Rojas Zorrilla, declara el pensamiento del maestro en una escena de *Entre bobos anda el juego*, la escena en que el criado presenta a don Luis del Cigarral, quien todavía no ha soltado el pelo de la dehesa:

> A cada palabra que habla
> aplica dos o tres cuentos,
> verdad es que son muy largos
> mas para eso no son buenos.[33]

Dentro de esta evolución de la comedia, la obra de más clara significación es sin duda la de Moreto. Siguiendo el ejemplo de Calderón, Moreto reserva el equívoco al gracioso: «servicio» (*La fuerza del natural*, I, BAE, 39, p. 215 c), «bota» / «devota» (*Como se vengan los nobles*, II, BAE, 39, p. 433 bc), «Blanca» / «blanca» (*Los engaños de un engaño y confusión de un papel*, I, BAE, 39, p. 531 c). Reserva al gracioso el juego sobre el proverbio que admiraba caballero tan culto como Brantôme: «que donde una puerta cierran, / ciento se cierran también», dice Guarín en *El secreto entre dos amigos* (jornada III, BAE, 39, p. 576 c). Reserva al gracioso los versos de jácaras y las aventuras de rufianes: «A la salud de las marcas»[34] y «¿El mundo no se espanta / de que al Ñarro de Andújar le quitase / la cocina Flores sin que se enojase?».[35] Atribuye además a los graciosos unos juegos chis-

33. *Entre bobos anda el juego*, I, BAE, 54, p. 18 c. El refrán queda reservado a los mismos personajes. Por si tuviéramos la menor duda sobre el significado de tal limitación, se emplea en deshacerla Calderón al poner gran cantidad de refranes en boca de las princesas de la comedia burlesca *Céfalo y Pocris*.

34. *El poder de la amistad*, I, BAE, 39, p. 26 c. Es verso de Quevedo (*Poesía*, núm. 861).

35. *Los engaños de un engaño, y confusión de un papel*, II, BAE, 39, p. 534 b. La aludida aventura no aparece entre las que se atribuyen al Ñarro (véase Hill, núm. 66). Posiblemente procedan estos versos de una jácara que desconozco; posiblemente forje el cuento Moreto.

tosos conocidamente quevedianos: «¿Que le dé los pies? ¡Un diabro! / Pues ¿con qué he de andar yo luego?»[36] o «Todas acaban en *quita*: / Francisquita, Mariquita, / por ser todas al quitar».[37] Pero conviene recordar sobre todo los versos de *Primero es la honra* en que declara el gracioso Torrezno su poca inclinación a hacer regalos, explicando a continuación «he leído yo a Quevedo» (I, BAE, 39, p. 232 b). El verso, que hace de los escritos agudos de Quevedo, tan apreciados poco ha de hombres cultos y caballeros, lectura de lacayos, señala un paso decisivo en la historia del gusto.[38]

La comedia calderoniana mantiene la bipartición que había concebido Lope. Pero la rectifica y corrige, porque ahora se va borrando la distancia que separaba el hablar del galán y el de los criados. La depuración de la lengua y la exclusión de la agudeza verbal se extienden al propio gracioso. Ignoro si es legítimo afirmar que Marivaux imitara a Calderón.[39] Pero es cierto que la criada calderoniana se va acercando a la doncella de Marivaux, y el gracioso de Calderón al lacayo de la ópera —trátese de vía común o de caminos paralelos. La comedia española evoluciona hacia una forma clásica, que delinean el refinamiento de la elocución y el respeto al decoro. La fórmula, como cualquier fórmula, sufre la discusión: si llega a discutirse, suplico que no se confunda una vez más la cuestión de las reglas con los problemas del decoro, confusión que ha falseado tantos debates sobre clasicismo y neoclasicismo.

36. *La fuerza del natural*, I, BAE, 39, p. 214 b. Compárese el *Sueño de la Muerte*, Castalia, «Clásicos Castalia», núm. 50, Madrid, p. 230.

37. *El desdén con el desdén*, I, BAE, 39, p. 5 a. Compárese Quevedo, *Poesía*, núm. 657.

38. En *Santa Isabel, reina de Portugal*, comedia de Rojas Zorrilla, el gracioso Tarabilla afirma tener escrito un libro titulado «Disparatorio / de todas las cultinantes. / Remedio para hablar culto / cualquiera mujer de partes / que enfade a toda Lisboa / y a treinta mil mundos canse» (BAE, 54, p. 269 a).

39. Manuel Durán, Roberto González Echevarría, *Calderón y la crítica. Historia y antología*, Gredos, Madrid, 1976, pp. 36-37.

XX. ESPAÑA Y FRANCIA

Convendrá escribir algún día una historia de la agudeza europea entre el siglo XVI y el siglo XVIII. No alcanzan a tanto mis fuerzas. Únicamente quisiera examinar por de pronto la postura de mis paisanos sobre el problema, careándola con la de los españoles. De Francia, como es sabido, salen los más violentos anatemas contra las figuras predilectas de la agudeza verbal, y contra el equívoco en especial. ¿En qué fecha se da el fenómeno? Se impone la pregunta cuando recordamos la admiración de Brantôme por la agudeza española.

Tal admiración no se desmiente en las primeras décadas del siglo XVII. Muy instructiva al respecto es la lectura de las *Historietas* de Tallemant des Réaux. Este libro, irritante por su carácter chismoso y apasionante por su riqueza informativa, refleja —entre otras realidades— las formas predilectas del ingenio en tiempos de Enrique IV y Luis XIII. En él se descubren a primera lectura cantidad de coincidencias entre los temas jocosos de moda a ambos lados del Pirineo: Tallemant se ríe de los cornudos, califica los coches de alcahuetes, identifica médicos y verdugos. Pero las coincidencias no se limitan a los temas festivos, sino que se extienden a las figuras del habla coloquial. El apodo primero: Tallemant se refiere con perfecta naturalidad a la señorita de Rohan «la cheposa» o al duque de Saboya «el cheposo».[1] Muy a las claras nos

1. Tallemant des Réaux, *Historiettes*, I, pp. 88, 294 y 634.

dicen las *Historietas* que hasta mediados del siglo llueven los apodos pintorescos y «vulgares» sobre los grandes señores del reino: el mariscal de Grammont o Bassompierre.[2] O el duque de Rohan (muerto en 1638) a quien apodaban «el buey ensillado»: se contaba que, un día en que dieron los enemigos sobre el real, le entró tal pánico que procuró ensillar un buey en vez de su caballo.[3] Únicamente al rey le perdona la rabia de apodar, y eso desde hace poco, puesto que a Francisco I todavía le apodaban «el tío Colas» —algo como «el tío Bras» o «el tío Mengo». El equívoco después: Tallemant atribuye una serie de equívocos «vulgares» al mariscal de Bassompierre[4] y cuenta, según sabemos ya, que el propio cardenal de Richelieu animaba a unos pajes suyos a forjar equívocos de repente.[5] Muere Richelieu en 1642, Bassompierre en 1646. Los contemporáneos del rey Luis XIII (los nobles y cultos) practican sin empacho la agudeza verbal.

Esta agudeza se expresa en formas idénticas en los dos países vecinos. En 1623 Charles Sorel publica su *Histoire comique de Francion*, que gran éxito ha de tener. Incluye la novela razonable cantidad de equívocos, y estos equívocos en más de una ocasión coinciden con los de Góngora y Quevedo, cuyas obras no pudieron llegar a la noticia de Sorel. No sólo apela en efecto a unos equívocos de base sexual —escudos y lanzas,[6] mano de almirez y mortero—,[7] sino que emplea «jouer de la harpe» («tocar el harpa») en el sentido de «robar», lo cual recuerda exactamente a «los músicos de uña» del *Buscón*.[8] Si remontamos algo más el curso de los años, se

2. *Historiettes*, I, pp. 528 y 601.
3. *Historiettes*, I, pp. 621-622.
4. *Historiettes*, I, p. 602.
5. *Historiettes*, I, p. 268. También documenta la afición de los lectores cultos a los equívocos el prolongado éxito editorial de las *Bigarrures* de Tabourot des Accords entre 1583 y 1662.
6. *Histoire comique de Francion*, «Le Club français du livre», 1965, pp. 252 y 307.
7. *Ibid.*, p. 301.
8. *Histoire comique de Francion*, p. 111; *Buscón*, p. 175.

confirma el fenómeno, puesto que leemos en *Le printemps* de Jacques Yver: «Actéon fut changé en cerf pour avoir vu Diane toute nue, et moi je suis devenu serf pour vous avoir, madame, vue seulement vêtue».[9] El texto se imprime en 1572: en 1591 se ha de referir Góngora a «mil ciervos de Jesu Cristo».[10] El mismo Góngora aludirá en «Diez años vivió Belerma» a «un cuatro picos / de todos cuatro picudo» cuando hablaba Rabelais de un «gros, gras bonnet [de clérigo] à quatre braguettes».[11] (En una entrevista con un periodista francés afirmó Borges que Rabelais era español. No estoy dispuesto a concedérselo. Pero creo entender lo que quiso significar.) Los juegos verbales ignoran las fronteras, y no parece sino que existiera en el Siglo de Oro una Internacional del equívoco.

Los franceses practican la misma agudeza que los españoles. Dadas estas circunstancias, mal podrían censurar la agudeza de sus vecinos. Hay más: no cabe duda de que la siguen apreciando en las primeras décadas del siglo XVII. Dos observaciones refuerzan esta convicción: Tallemant ordena una breve colección de chistes cuya paternidad achaca al duque de Osuna —el gran Osuna—; [12] Tallemant copia razonable cantidad de cuentos de la *Floresta española*.[13]

A la luz de estas observaciones conviene revisar unos conceptos corrientemente admitidos sobre la fortuna de que gozó en Francia *El Buscón*. El libro, traducido por «el señor de la Geneste» (¿Scarron?), alcanza trece ediciones entre 1633 y 1655, mereciendo entrar en las páginas de la «Bibliothèque bleue» —honor que comparte con los *Sueños*. Honor excepcional, conviene subrayarlo, dado que, aparte de estos textos

9. Texto citado por Gabriel A. Pérouse, *Nouvelles françaises du XVIe siècle. Images de la vie du temps*, Droz, Ginebra, 1977, p. 217, nota 121.

10. Verso del romance «A vos digo, señor Tajo».

11. *Quart livre*, cap. 53.

12. *Historiettes*, I, p. 80. No todos estos chistes se deberán al ingenio del prócer español.

13. Ejemplos en *Historiettes*, II, pp. 791 y 806-807.

quevedianos, la única obra española que se imprime en la «Bibliothèque bleue» es una *Vida de San Nicolás* sacada del *Flos sanctorum* del Padre Ribadeneyra.[14] Una reedición reciente de varias obras publicadas en la famosa colección sitúa al *Buscón* entre las «figures de la gueuserie».[15] Tal interpretación se puede discutir. Si hubieran querido los impresores de Troyes alimentar la curiosidad de los franceses por la *gueuserie*, más adecuado (y tan cómodo) fuera ofrecerles traducción de *Lazarillo de Tormes* o *Rinconete y Cortadillo* que durante tanto tiempo se estimaron como estampas costumbristas. Más bien hemos de pensar que lo que apasionó a los franceses en *El Buscón* fue la agudeza quevediana, mutilada y maltrecha por el traductor, es cierto, pero de la cual algo pasa en la prosa mediocre del señor de la Geneste.

En los españoles prevalece la agudeza, pronuncia Gracián. Es verdad que admiten mis paisanos del siglo XVI y de primeros años del siglo siguiente. Tanto se ha insistido sobre la antipatía entre españoles y franceses en los siglos XVI y XVII —una antipatía innegable— que nos ha ocultado el fenómeno otras realidades culturales, que acaso no tengan menor importancia. Ocultación tanto más absurda cuanto que la antipatía entre naciones no reviste en aquel siglo feliz el carácter totalitario que ha de adquirir con el tiempo. Baste con recordar que en el mes de agosto de 1636 acampan los tercios españoles en Corbie, a unas cuatro jornadas de París, y que cuatro meses más tarde triunfa *Le Cid* en los escenarios de la capital. ¿Quién imagina situación comparable en... (dejo al prudente lector la posibilidad de escoger la referencia histórica que más adecuada le parezca)? Ignoro en qué medida se pueden extender las observaciones que preceden a otros países europeos, pero el examen de los textos franceses sugiere que

14. Alfred Morin, *Catalogue descriptif de la Bibliothèque bleue de Troyes*, Droz, Ginebra, 1974, núms. 1.163-1.164.

15. *Figures de la gueuserie*. Textos presentados por Roger Chartier, «Bibliothèque bleue», Éditions Montalba, 1982.

el modelo ideal del hombre ingenioso es en la Europa del siglo XVI y de primeras décadas del XVII el español agudo. No ha venido el tiempo de *l'homme d'esprit* francés, menos aún el del humorista britano: es la hora del caballero español.

Hacia mediados del siglo se perciben unas disonancias. La fama de agudo del caballero español va perdiendo terreno. Dos fenómenos serán particularmente significativos: el desprestigio que sufre la *Floresta* de Santa Cruz y las condenas que menudean sobre el equívoco. De la *Floresta* que tan puro entusiasmo le inspiró a Brantôme, a la que sin empacho apela Tallemant, de la que aún toma a manos llenas el señor d'Ouville en su *Élite des contes* (1680), únicamente recuerda François de Callières en su libro *Des bons mots et des bons contes* (1692) la frase epigramática del conde de Orgaz, quien «tenía por necio al que no sabía hacer una copla y por loco al que hacía dos».[16] Pobre vestigio de un libro cuyas formas agudas se estiman ya trasnochadas.

Menudean por otra parte las censuras del equívoco, calificado de sucio, vulgar, provinciano y anticuado. Veamos unos textos (adviértase que estas citas representan un florilegio, y de ninguna manera una enumeración exhaustiva):

— a Malherbe, precursor en este terreno como en otros de la Francia de Luis XIV, le choca el equívoco;[17]

— Scarron en *Le roman comique* (1651) censura los «equívocos bajos y sucios», insinuando la especie de que representan una forma de ingenio ya anticuada y privativa de provincianos;[18]

16. *Des bons mots et des bons contes*, Claude Barbin, París, 1692, p. 119 (véase *Floresta española*, II, II, 34, p. 53). Al mismo dicho se refiere Saint-Evremond, *De la poésie* (*Critique littéraire*, «Chefs-d'oeuvre méconnus», París, 1921, p. 175). El padre Bouhours, *Les entretiens d'Ariste et d'Eugène*, París, 1671, p. 219, reproduce el epitafio de la mujer parlanchina que trae la *Floresta* (XI, III, 7, p. 275).

17. Sobre este punto, véase Ferdinand Brunot, *Histoire de la langue française*, Armand Colin, París, 1966-1972, III, p. 152.

18. *Le roman comique*, «Classiques Garnier», París, 1955, pp. 24 y 198.

— Molière, *Critique de l'École des femmes* (1663), escena I: «La belle chose de faire entrer aux conversations du Louvre de vieilles équivoques ramassées parmi la boue des halles et de la place Maubert!»;

— Racine, *Les Plaideurs* (1668), *Au lecteur*: «Ce n'est pas que j'attends un grand honneur d'avoir assez longtemps réjoui le monde. Mais je me sais quelque gré de l'avoir fait sans qu'il m'en ait coûté une seule des ces sales équivoques et de ces malhonnêtes plaisanteries qui coûtent maintenant si peu à la plupart de nos écrivains...»;

— Boileau, *Art poétique* (1674), II:

> Toutefois à la cour les Turlupins restèrent,
> insipides plaisants, bouffons infortunés,
> d'un jeu de mots grossier partisans surannés; [19]

— Méré, *De la conversation* (1677): «Il y a des équivoques qui sont encore plus fâcheuses, comme tous les bons mots de la vieille cour; c'est une pauvre invention qui ne fait plus rire que des ridicules et qui sied mal aux honnêtes gens ...»; [20]

— Bouhours, *Pensées ingénieuses des anciens et des modernes* (1689): «Les pensées qui ne roulent que sur de pures équivoques sont bien fades et déplaisent fort aux gens de bon goût, quelque ingénieuses qu'elles paraissent»; [21]

— François de Callières, 1692 y 1695: «Mais pour ces équivoques grossières qui ne roulent que sur le son des mots, elles sont décriées depuis ces derniers temps comme de la fausse monnaie, à laquelle les mauvais plaisants tâchent en vain de donner cours»; [22] «Les Français... après avoir vécu

19. Véase además, del mismo Boileau, la *Sátira XII*.

20. Chevalier de Méré, *Oeuvres complètes*, «Les textes français», París, 1930, II, p. 116.

21. *Pensées ingénieuses des anciens et des modernes*, París, 1689, p. 235.

22. *Des bons mots et des bons contes* (1692), p. 9.

plusieurs siècles dans le mauvais goût de l'usage des quolibets, des jeux de mots et des équivoques, ont enfin commencé à imiter la fine raillerie des Grecs et des Romains»;[23] «Le vulgaire a ses mots et ses façons de parler; le beau monde a les siennes. Parmi le peuple ce ne sont que proverbes, équivoques grossières, mots anciens, mais toujours d'usage. Parmi les gens de qualité les proverbes, les équivoques, les pointes ont eu leur temps: présentement la politesse se réduit à des expressions plus fines, à un langage moins commun, à des figures plus délicates, à une moindre affection pour les bons mots».[24]

El siglo XVII propone que se excluya la agudeza verbal de la literatura y de las pláticas de los discretos. El siglo XVII francés. El siglo XVII español también, de Lope a Moreto. La España barroca toma el mismo camino que la clásica Francia. Así lo quieren los tiempos: el siglo XVII es el siglo de la exclusión, el que excluye, según los climas, a católicos, moriscos o protestantes. En 1680 ya, años antes de que opinen en el mismo sentido Luzán y Mayans,[25] censura Francisco Gutiérrez de los Ríos el equívoco con palabras a las que pudieran suscribir el caballero de Méré o François de Callières:

> Homero, Virgilio, Horacio, Ovidio, el Tasso, Cornelio [Corneille], Voilo [Boileau], los Argensolas, Solís y otros griegos, franceses, italianos y españoles, imitadores de la antigüedad en la propriedad, claridad y concepto o sentencia, son los maestros o regla de esta República Poética... en que debemos despreciar toda la oscuridad, equívocos y vulgarismos que en algunos modernos la podían hacer poco estimable.[26]

23. *Des bons mots*, p. 179.
24. *Du bel esprit*, Pierre Brunel, Amsterdam, 1695, p. 16.
25. Luzán, *La Poética*, «Selecciones Bibliófilas», Barcelona, 1956, I, pp. 187, 212, 217, 233 y 240; II, p. 121. Mayans, *Retórica*, en *Obras completas*, Ayuntamiento de Oliva, III, 1984, pp. 322 y 599.
26. Texto citado por Russell P. Sebold, *El rapto de la mente*, Editorial Prensa Española, Madrid, 1970, p. 91.

Resulta difícil apreciar exactamente los éxitos de esta cruzada del buen gusto al nivel del habla coloquial.[27] Pero en el terreno de las buenas letras, los puristas salieron vencedores en España lo mismo que en Francia. Los textos literarios rechazan unas formas agudas que ya se consideran como vulgares y bajas. Se refugian éstas en epigramas familiares y en canciones jocosas. La agudeza verbal, ayer prestigiosa, queda arrinconada en una infraliteratura.

¿A qué motivos obedece este afán de depuración del siglo XVII? ¿Corresponderá a un refinamiento progresivo del gusto? ¿A un apego creciente a un decoro siempre más exigente? Estas explicaciones corren desde hace un siglo o algo más, y sin duda son exactas. Con todo nos dejan insatisfechos. ¿Por qué se decretó, a partir de cierto momento histórico, que la agudeza verbal era plebeya? Los versos de Boileau no son muy explícitos al respecto, como tampoco lo eran las prosas de Gracián.[28] Unos y otras se limitan a proponer unas invectivas: «popular», «vulgar», «grosero» —adjetivos todos que, empleados en tal materia, no tienen sentido claro. El único que tiene sentido y justificación es el de «sucio», que frecuentemente aplican al equívoco los franceses del siglo XVII: se entiende el calificativo dado que el equívoco casi constan-

27. Interesan al respecto las observaciones de Bourgoing a últimos años del siglo XVIII. El barón de Bourgoing, quien ocupó varios empleos diplomáticos en España entre 1777 y 1785, llegando a ser embajador en Madrid (1791-1792), es admirador convencido del humor festivo de los españoles, de «sus conversaciones rebosantes de rasgos de ingenio, de agudezas, de retruécanos». Únicamente le molesta el desenfado que manifiestan las mujeres de la buena sociedad: «En la conversación perdonan fácilmente los equívocos, los retruécanos salaces y las indiscreciones. He visto acoger, y hasta permitirse, un lenguaje que hombres poco delicados hubiesen reservado para sus orgías, como también entonar canciones de una inconveniencia sorprendente. Más de una vez quedé asombrado ante los relatos obscenos de ciertas mujeres "de buena familia"» (*Viajes de extranjeros por España y Portugal. III. Siglo XVIII*, Aguilar, 1962, pp. 987 b y 994 a).

28. Tampoco lo han de ser las prosas de Luzán (*La Poética*, I, pp. 187, 212, 217, 233 y 240; II, p. 121).

temente se apoya en alusiones sexuales o escatológicas. Pero no se puede decir lo mismo de otros juegos verbales —la paronomasia en especial— que caen bajo la misma censura a pesar de su carácter inocente. ¿Qué pensarán exactamente los que con tanta aspereza censuran la agudeza verbal? Al calificar los juegos de palabras de «vulgares», ¿querrán significar que andan éstos extensamente difundidos en el habla coloquial? No, puesto que tal opción forzosamente les llevaría a condenar cualquier figura retórica, empezando por la metáfora, dado que todas ellas pertenecen al hablar cotidiano, según sabemos.

Hay que esperar el año 1692 para que surja una explicación clara. La proporciona François de Callières, diplomático y árbitro del buen gusto en la Francia de fines del siglo XVII. «Les jeux de mots —dictamina él— consistent en des ressemblances de sons qui, étant traduits, ne se rencontrent plus dans les autres langues, et comme l'oreille a plus de part que l'esprit à leur découverte, un homme de bon goût ne doit pas les confondre avec les bons mots».[29] *L'oreille a plus de part...* Es decir que el juego de ingenio ha de apelar al intelecto, no a los sentidos. Así queda fundado el ingenio según el siglo XVIII, tal como lo ha de codificar Voltaire: «L'envie de briller... a produit les jeux de mots dans toutes les langues; ce qui est la pire espèce du *faux-bel esprit*».[30] Y tal como lo entiende Feijóo: la breve antología titulada *Chistes de N.* únicamente admite un chiste a base de juego de palabras.

La primera parte de la frase de Callières también la escribe Gracián —«Tienen esta infelicidad los conceptos por equívoco que no se pueden pasar a otra lengua; porque como todo el artificio consiste en la palabra de dos significaciones, en la otra lengua ya es diferente, y así no tiene aquella ventaja»—,[31] y la segunda no. Gracián se queda a medio camino.

29. *Des bons mots et des bons contes*, 1692, p. 8.
30. *Encyclopédie*, artículo *Esprit*.
31. *Agudeza*, XXXIII.

Posiblemente le detiene la conciencia de que los juegos de palabras no escasean en los textos sagrados —recuerda en el *Discurso XXXI* de la *Agudeza* la conocida frase del Evangelio según San Mateo: *Tu es Petrus, et super hanc petram aedificabo Ecclesiam meam*— ni bajo la pluma de los doctores de la Iglesia —cita varias veces al «conceptuoso» san Agustín, tan apegado a la paronomasia. Posiblemente no consiga ir más adelante por quedarse prisionero de su tiempo: los grandes ingenios, como hombres que son, tampoco escapan de esta limitación. Acaso parezcan inadecuadas o superfluas estas consideraciones, aplicándose a un escritor cuya obra rezuma la agudeza. Pero esta obra representa un eslabón entre el pasado y el porvenir. Es al mismo tiempo exaltación del conceptismo (*Agudeza*), ilustración del conceptismo (*Criticón*) y crítica del conceptismo (*Agudeza*).

Esta afirmación de un arte de escribir que se dirige a la vista antes que al oído, al intelecto más que a los sentidos, este triunfo de un arte de escribir intelectualizado es fenómeno íntimamente ligado con la expansión de la imprenta. «La décima musa» había encantado a los humanistas por ayudar poderosamente a la resurrección de las buenas letras. Pero, eruditos aparte, al difundirse fuera de los estrechos recintos de universidades y conventos, el libro impuso el texto escrito como norma y modelo a las elites, a la aristocracia de la sangre y la riqueza que había de definir el buen gusto. El texto impreso desprestigió la oralidad y todos los elementos relacionados con ella. Eliminó de los círculos cultos los géneros orales: ¿para qué escuchar al que relata (bien o mal) un cuento cuando se puede leer una novela? El cuento oral fue derrotado entre los cultos y quedó confinado entre los analfabetos. La imprenta acabó con unos géneros y abrigó el nacimiento de otros. Paralelamente alteró la elocución. La aparición de una técnica nueva suele reaccionar sobre las técnicas antiguas: sabida es la influencia del cine sobre la novela. Unas figuras como el equívoco o la paronomasia tenían que ser alteradas por la irrupción del arte tipográfico. Porque apenas si tienen sentido fuera de la oralidad: subrayan el equívoco un guiño de ojos, una mueca, un movimiento de los labios o una inflexión de la voz. Ventaja en la conversación, que se convierte en desventaja en un texto escrito. El arcángel que derribó al demonio de la agudeza verbal no se llama Boileau, sino Gutenberg. Más generalmente conviene sin duda enfocar la cultura de los siglos XVI y XVII como palenque en el que chocaron el escrito y lo oral, y más exactamente el texto impreso y lo oral. De este encuentro, bien lo sabemos, el texto impreso salió vencedor. Pero no han agotado nuestros estudios las condiciones y las consecuencias del fenómeno.

XXI. LA SUPERVIVENCIA DE LOS JUEGOS DE INGENIO

No han desaparecido las figuras de la agudeza verbal, la agudeza no ha muerto: lo sabe cualquier aficionado a la lengua española. Más original es el hecho de que la tradición oral de la Península conserva unos géneros jocosos antiguos, por ejemplo el delirio de los adynata (cruzándolo con el cuento de mentiras):

> Ahora que vamos despacio,
> vamos a contar mentiras:
> por el mar corren las liebres,
> por el cerro las anguilas,
> por los rastrojos, los peces
> los cogen con angarillas ...
>
> Me subí en una alta torre,
> vi un molino que no corre,
> un arroyo que no anda,
> que le falta la zapata.
> Yo vi de pelear dos ratas
> que pelean más que un turco.
> Yo vi de sacar, de un surco,
> trigo para toda España.
> Yo vi de tejer a una araña
> paño para unos soldados.
> Yo vi de hacer un arado
> de corteza de pepino.

Yendo yo por mi camino,
muerto de hambre y merendando,
me encontré un don guindo
muy cargado de avellanas.
Me enredé a tirarle piedras,
y al ruido de las nueces
acudió el tío de las castañas
y me dijo: «Tal y cual,
¿por qué ha cogido usté uvas
siendo mío el melonar? ...[1]

Salen en esta composición, apenas alterados, los versos «por el mar corren las liebres, / por la tierra las anguilas», que apuntaba Rodrigo Caro.[2] No es éste más que un ejemplo, y a él me limitaré, puesto que mis colegas y amigos españoles mucho mejor que yo entienden de estos problemas. Con todo no quiero dar punto final a este libro sin dejar apuntado un paralelismo instructivo. En el *Buen aviso* (1564) imprime Timoneda el cuento siguiente:

Como una cortesana tuviese entre manos un galán que la sustentaba, y desollaba a su placer, sucedió que un caballero le prometió mucha cuantidad porque hiciese por él. Contenta, díjole que viniese después de comer, porque su galán no estaría en la posada. Venido, y ella viese que no le podía dar entrada, porque su gayón no era salido de casa como se pensaba, tomó una pera y púsosela a mondar a la ventana bajo de una gelosía. El caballero que lo vido, dijo muy agudamente, por saber si tenía entrada o no:

¿Es-pero, señora, ése,
o es-pera, puesta en retrete,
mondada bajo esa red?

1. Texto recogido por Julio Camarena en Horcajo de los Montes (Ciudad Real).

2. *Días geniales o lúdricos*, «Clásicos Castellanos», núm. 213, p. 201. Los mismos versos recuerda Valle Inclán en *Águila de blasón*.

Respondió, porque se fuese:
—No es sino cañivete,
¿no lo ve vuestra merced? [3]

Más se extrema en los elogios que tributa al caballero a quien se debe tan aguda pregunta «Juan Aragonés» en la versión que propone del cuentecillo:

Estando la corte en Toledo, acaeció que andaba un caballero enamorado de una dama muy hermosa. Y, suplicándole un día tuviese por bien de darle audiencia, ella le respondió que al presente no había lugar, que se volviese a la tarde, que ella haría lo que él tanto deseaba. Él, con aquella palabra, se despidió y aguardó a la hora concertada, donde se fue a la casa de la señora; y hallóla que estaba a la ventana mondando una pera con un cuchillo pequeño. El cual, como así la vio, le dijo:

—Señora, ¿es-pero o es-pera?

Respondió ella tan presto:

—No es sino gañivete.

Entonces el caballero, como sabio que era, luego la entendió y volviendo las riendas a su caballo, se fue. Fue, sin duda, la respuesta de la dama sabia y delicada, y la pregunta del caballero delicada y aguda. Por cuanto el caballero quiso decir:

—Señora, ¿espero yo a vuestra merced? ¿o espérame ella a mí?

Y, porque entonces no había lugar para poder entrar el caballero, porque estaba la posada embarazada con otro que estaba dentro, respondió ella a esta causa:

—No es sino gañi-vete.[4]

Recordemos por fin un fragmento de *La pícara Justina*:

3. *Buen aviso*, núm. 18.

4. Juan Aragonés, *Cuentos*, núm. 9. Este puñado de cuentos aparece por primera vez en la edición del *Alivio de caminantes* de Timoneda impresa en Medina del Campo, 1563.

La prudentísima reina doña Isabel, prez y honor de los dos reinos, queriendo persuadir al rey don Fernando que cierta derrota y jornada que intentaba era tan contra su gusto, cuan contra el buen acierto, volvió los ojos a unas malvas que estaban en el camino y, mirándolas, le dijo:

—Señor, si el camino donde están malvas, y no otra cosa, nos hubiera de hablar en esta ocasión a vos y a mí, ¿de qué tratara?

Respondió el rey:

—Vos lo diréis, señora.

Entonces dijo la reina:

—Claro es que el camino donde solas las malvas sirvieran de lengua, no supiera en esta ocasión decirnos a mí ni a vos otra cosa, sino *mal vas.*

«Dijo la reina por extremo bien», comenta admirado López de Úbeda.[5]

Abramos ahora una colección de relatos folklóricos recogidos en Extremadura hace medio siglo. En ella leemos el cuento siguiente:

El lenguaje de loh nobiuh

Una criá ehtaba silbiendu y citó al nobiu a una hora que creía que loh amuh no ehtarían en casa. Poru binierun antih, y la nobia pusu un basu de binu entre doh ludih [luces] en la ehcalera. Bien el nobiu, y al bel aquellu dis [dice]:

—Entre doh ludih binun —y se malchó. Bolbió otra beh y lo mehmu ocurrí, que binierun loh amuh, y la criá echó en lah ehcalerah malvah, y al bel lah el nobiu dih:

—Mal bás —y se jué también. Buelbí otra veh a citalu, y entoncih no binierun loh amuh, y la criá pus'en la ehcalera un coradón [corazón] entre doh perah. Ba el nobiu, loh bey [ve], y dih:

—A lah doh, mi corazón t'ehpera —y jué el nobiu a la cita.[6]

5. *La pícara Justina*, pp. 88-89.

6. «Cuentos extremeños. Recogidos por Moisés Marcos de Sande», *RDTP*, III (1947), p. 95. Un cuento muy parecido se recogió en Nuevo México: véase

La coincidencia es exacta. Y plenamente elocuente. No sólo no han muerto los equívocos del siglo XVI, sino que no han desaparecido totalmente los jeroglíficos que entusiasmaron a los cortesanos de los Reyes Católicos y del Emperador:[7] alguno de ellos todavía se oye en boca de aldeanos.[8] La tradición campesina es el conservatorio de la agudeza cortesana de los siglos áureos. «Le passé —escribe Marcel Proust— n'est pas fugace; il reste sur place.»

«New-Mexican Spanish Folklore», by Aurelio M. Espinosa, VIII, 32, *The Journal of American Folklore*, XXVII, núm. 104 (1914), p. 144.

7. Véase otro jeroglífico comparable en el *Liber facetiarum* de Luis de Pinedo (BAE, 176, p. 102 a).

8. Más ejemplos de estos jeroglíficos tradicionales tiene reunidos Julio Camarena.

BIBLIOGRAFÍA

1. Textos

Alcázar, Baltasar del, *Poesías*, Real Academia Española, Madrid, 1910.

Alemán, Mateo, *Guzmán de Alfarache*, en *La novela picaresca española. I*, Planeta, «Clásicos Planeta», núm. 12, Barcelona, 1967.

Alfay, Josef, *Poesías varias de grandes ingenios españoles. Recogidas por...* (1654), Zaragoza, 1946.

Arce de Otálora, Juan, *Coloquios de Palatino y Pinciano*, ms. 10.725-10.726 de la Biblioteca Nacional de Madrid.

Arguijo, Juan de, *Cuentos*, Diputación Provincial de Sevilla, Sevilla, 1979.

Arias Pérez, Pedro, *Primavera y flor de los mejores romances recogidos por...* (1621), Castalia, «Floresta», V, Valencia, 1954.

Bernardo de Quirós, Francisco, *Aventuras de don Fruela* (1656), Instituto de Estudios Madrileños, Madrid, 1984.

Calderón de la Barca, Pedro, *Comedias*, BAE, VII, IX, XII, XIV.

Cáncer y Velasco, Jerónimo de, *Obras varias*, Madrid, 1651.

Cancionero de Juan Fernández de Constantina, «Bibliófilos Madrileños», XI.

Cancionero de Juan Fernández de Ixar, «Clásicos Hispánicos», I-II.

Cancionero general de Hernando del Castillo, ed. Antonio Rodríguez-Moñino, Real Academia Española, Madrid, 1958.

Suplemento al Cancionero general de Hernando del Castillo, ed. Antonio Rodríguez-Moñino, Castalia, Valencia, 1959.

Cancionero de obras de burlas provocantes a risa (1519), Akal, Madrid, 1974.

Segunda parte del Cancionero general, Esteban de Nájera, Zaragoza, 1552; Castalia, «Floresta», VII, Valencia, 1956.

Cancionero general de 1554, ed. Morel-Fatio, en *L'Espagne au XVI*e *et au XVII*e *siècle*, Heilbronn, 1878.

Cancionero de poesías varias. Manuscrito n.º 617 de la Biblioteca Real de Madrid, ed. José J. Labrador, C. Ángel Zorita, Ralph A. DiFranco, El Crotalón, Madrid, 1986.

Cancionero de la Academia de los Nocturnos, ed. Salvá-Martí Grajales, Valencia, 1905-1912.

Cancionero antequerano (1627-1628), CSIC, Madrid, 1950.

Cancionero de 1628, CSIC, Madrid, 1945.

Carballo, Luis Alfonso de, *Cisne de Apolo* (1602), «Biblioteca de Antiguos Libros Hispánicos», Serie A, XXV-XXVI, Madrid, 1958.

Castiglione, *Los cuatro libros del Cortesano traducidos por Boscán*, «Libros de antaño», III.

Castillo Solórzano, Alonso de, *Aventuras del bachiller Trapaza* (1637), Cátedra, «Letras Hispánicas», núm. 257, Madrid, 1986.

Cervantes Saavedra, Miguel de, *Don Quijote de la Mancha*, ed. Rodríguez Marín, Atlas, Madrid, 1947-1949.

—, *Novelas ejemplares*, ed. R. Schevill y A. Bonilla, 3 vols., B. Bonilla, Madrid, 1922-1925.

Colección de Autos, Farsas y Coloquios del siglo XVI, ed. Léo Rouanet, Barcelona-Madrid, 1901.

Cortés de Tolosa, Juan, *Lazarillo de Manzanares* (1620), Espasa-Calpe, «Clásicos Castellanos», núm. 186, Madrid.

Correas, Gonzalo, *Arte de la lengua española castellana*, RFE, Anejo LVI, Madrid, 1954.

—, *Vocabulario de refranes y frases proverbiales* (1627), ed. Louis Combet, Burdeos, 1967.

Cotarelo y Mori, Emilio, *Colección de entremeses, loas, bailes, jácaras y mojigangas desde fines del siglo XVI a mediados del XVIII*, NBAE, XVII-XVIII.

Covarrubias y Horozco, Sebastián de, *Tesoro de la lengua castellana o española* (1611), ed. Martín de Riquer, Barcelona, 1943.

Chevalier-Jammes: Maxime Chevalier-Robert Jammes, «Supplément aux *Coplas de disparates*», en *Mélanges offerts à Marcel Bataillon par les hispanistes français*, Burdeos, 1962, pp. 358-393.

Dichos graciosos de españoles (hacia 1540), ms. de la biblioteca de Antonio Rodríguez-Moñino.

Enríquez Gómez, Antonio, *El siglo pitagórico y Vida de don Gregorio Guadaña* (1644), Ediciones Hispanoamericanas, París, 1977.

Espinel, Vicente, *Vida del escudero Marcos de Obregón* (1618), Castalia, «Clásicos Castalia», núms. 45-46, Madrid.

Espinosa, Pedro, *Obras*, RABM, Madrid, 1909.

Gauthier, Marcel [seudónimo de Foulché-Delbosc], «De quelques jeux d'esprit», *R.Hi.*, XXXIII (1915), pp. 385-445.

Góngora, Luis de, *Letrillas*, Castalia, «Clásicos Castalia», núm. 101, Madrid.

—, *Romances*, Cátedra, «Letras Hispánicas», núm. 160, Madrid.

Gracián, Baltasar, *Agudeza y Arte de ingenio*, Castalia, «Clásicos Castalia», núms. 14-15, Madrid.

—, *El Criticón*, en *Obras completas*, Aguilar, Madrid, 1960.

Gracián Dantisco, Lucas, *Galateo español* (1593), «Clásicos Hispánicos», II, XVII.

Guevara, Antonio de, *Epístolas familiares*, Real Academia Española, Madrid, 1950-1952, 2 vols.

—, *Menosprecio de corte y alabanza de aldea* (1539), Espasa-Calpe, «Clásicos Castellanos», núm. 29, Madrid.

Hidalgo, Gaspar Lucas, *Diálogos de apacible entretenimiento* (1606), BAE, XXXVI.

Hill, John M., ed., *Poesías germanescas*, Indiana University, Bloomington, Indiana.

Horozco, Sebastián de, *Cancionero*, ed. Jack Weiner, Herbert Lang, Berna, 1975.

Jiménez Patón, Bartolomé, *Elocuencia española en Arte* (1604), en *La retórica en España*, Editora Nacional, Madrid, 1980.

Lasso de la Vega, Gabriel, *Manojuelo de romances* (1601), Saeta, Madrid, 1942.

León Merchante, Manuel, *Obras póstumas*, Madrid, 1722-1723.

López Pinciano, Alonso, *Filosofía antigua poética* (1596), «Antiguos Libros Hispánicos», XIX-XXI, Madrid, 1953.

López de Úbeda, Francisco, *La pícara Justina* (1605), Editora Nacional, Madrid, 1977.

López de Villalobos, Francisco, *Algunas obras*, Bibliófilos Españoles, XXIV.

Mal Lara, Juan de, *Filosofía vulgar* (1568), Selecciones Bibliófilas, Barcelona, 1958-1959.

Maluenda, Jacinto Alonso, *Bureo de las musas del Turia* (1631). *Tropezón de la risa*, «Antiguos Libros Hispánicos», XVII, Madrid, 1951.

—, *Cozquilla del gusto* (1629), «Antiguos Libros Hispánicos», XVI, Madrid, 1951.

[Véase ahora Ignacio Arellano, *Jacinto Alonso Maluenda y su poesía jocosa*, Anejos de Rilce, núm. 2, Universidad de Navarra, Pamplona, 1987, antología de calidad incomparablemente superior a la de las ediciones anteriormente citadas.]

Milán, Luis, *El Cortesano* (hacia 1535), «Libros españoles raros o curiosos», VII.

NP: *La novela picaresca española*, ed. Ángel Valbuena y Prat, Aguilar, Madrid, 1946.

Padilla, Pedro de, *Tesoro de varias poesías*, Francisco Sánchez, Madrid, 1580.

Pinedo, Luis de, *Liber facetiarum*, BAE, 176.

Pinheiro da Veiga, Tomé, *Fastiginia o Fastos geniales*, trad. Narciso Alonso Cortés, Valladolid, 1916.

Polo de Medina, Salvador Jacinto, *Obras completas*, Biblioteca de Autores Murcianos. I, Murcia, 1948.

Quevedo y Villegas, Francisco de, *La hora de todos y la Fortuna con seso*, Castalia, «Clásicos Castalia», núm. 67, Madrid.

—, *Obras completas. I. Poesía original*, Planeta, «Clásicos Planeta», Barcelona, 1968.

—, *Obras festivas*, Castalia, «Clásicos Castalia», núm. 113, Madrid.

—, *Obras satíricas y festivas*, Espasa-Calpe, «Clásicos Castellanos», núm. 56, Madrid, 1965.

—, *Sueños y discursos*, Castalia, «Clásicos Castalia», núm. 50, Madrid, 1978.

—, *La vida del Buscón*, Cátedra, «Letras Hispánicas», núm. 124, Madrid, 1980.

Robles, Juan de, *El culto sevillano* (1631), «Bibliófilos Andaluces».

Rojas Zorrilla, Francisco de, *Comedias escogidas*, BAE, 54.

Romancero general (1600, 1604, 1605), «Clásicos Españoles», III-IV, CSIC, Madrid, 1947.

Romances varios de diversos autores, Zaragoza, 1640.

Rufo, Juan, *Las seiscientas apotegmas* (1596), Espasa-Calpe, «Clásicos Castellanos», núm. 170, Madrid.

Ruiz de Alarcón, Juan, *Obras*, BAE, XX.

Salinas, Juan de, *Poesías humanas*, Castalia, «Clásicos Castalia», núm. 164, Madrid.

Santa Cruz, Melchor de, *Floresta española* (1574), Bibliófilos Españoles, II, XXIX, Madrid.

Sbarbi, J. M., *El refranero general español*, Madrid, 1980², 10 vols.

Solís, Antonio de, *Varias poesías sagradas y profanas*, Madrid, 1692.

Suárez de Figueroa, Cristóbal, *El pasajero* (1617), «Biblioteca Renacimiento», Madrid, 1913.

Tallemant des Réaux, Gédéon, *Historiettes*, Pléiade, Gallimard, París, 1967, 2 vols.

Timoneda, Juan, *Obras*, Bibliófilos Españoles, II, XIX, XXI, XXII.

Tirso de Molina, *Obras dramáticas completas*, Aguilar, Madrid, 3 vols. (1946, 1952, 1958).

Valdés, Juan de, *Diálogo de la lengua* (1535), Castalia, «Clásicos Castalia», núm. 11, Madrid.

Vega Carpio, Lope de, *Comedias escogidas*, BAE.

—, *Obras*, Real Academia Española, Madrid, 1916-1930 (*Acad. N.*).

—, *Obras poéticas. I*, Planeta, «Clásicos Planeta», núm. 18, Barcelona, 1969.

Vélez de Guevara, Luis, *El Diablo cojuelo* (1641), Espasa-Calpe, «Clásicos Castellanos», núm. 38, Madrid.

Viajes de extranjeros por España y Portugal, I-II, Aguilar, Madrid (1952, 1959).

Vida y hechos de Estebanillo González (1646), Castalia, «Clásicos Castalia», núms. 86-87, Madrid.

Villalón, Cristóbal de, *El Scholástico*, «Clásicos Hispánicos», II, XIV.

Villegas Selvago, Alonso de, *Comedia Serafina*, «Libros españoles raros o curiosos», V.

Zapata, Luis, *Miscelánea*, «Biblioteca Clásica Castilla», núms. 20-21, 1949.

Zúñiga, Francesillo de, *Crónica burlesca del emperador Carlos V*, Crítica, Barcelona, 1981.

2. Estudios

Amezúa, Agustín González de, *Lope de Vega en sus cartas. Epistolario de Lope de Vega Carpio*, Real Academia Española, Madrid, 1935-1943.

Arellano Ayuso, Ignacio, *Poesía satírico-burlesca de Quevedo. Estudio y anotación filológica de los sonetos*, Universidad de Navarra, Pamplona, 1984.

Asensio, Eugenio, *Itinerario del entremés desde Lope de Rueda a Quiñones de Benavente*, Gredos, Madrid, 1971.

Bershas, Henry N., *Puns on proper Names in Spanish*, Wayne State University Press, Detroit, 1961.

Elias, Norbert, *La civilisation des moeurs*, «Pluriel», Calmann-Lévy, París, 1973.

García de Enterría, María Cruz, *Sociedad y poesía de cordel en el Barroco*, Taurus, Madrid, 1973.

Joly, Monique, *La bourle et son interprétation. Recherches sur le passage de la facétie au roman (Espagne, XVIe-XVIIe siècles)*, Université de Lille III, Lille, 1982.

Lázaro, Fernando, *Estilo barroco y personalidad creadora*, Anaya, Salamanca, 1966.

Marco, Joaquín, *Literatura popular en España en los siglos XVIII y XIX*, Taurus, Madrid, 1977.

Mas, Amédée, *La caricature de la femme, du mariage et de l'amour dans l'oeuvre de Quevedo*, Ediciones Hispanoamericanas, París, 1957.

Periñán, Blanca, *Poeta ludens. Disparate, perqué y chiste en los siglos XVI y XVII*, Giardini, Pisa, 1979.

Weber de Kurlat, Frida, *Lo cómico en el teatro de Fernán González de Eslava*, Universidad de Buenos Aires, Buenos Aires, 1963.

Wilson, Edward M., *Entre las jarchas y Cernuda. Constantes y variables en la poesía española*, Ariel, Barcelona, 1977.

ÍNDICE

Esta obra, publicada por
EDITORIAL CRÍTICA,
terminóse de imprimir
en los talleres
de NOVAGRÀFIK,
de Barcelona,
el día 25 de enero de 1992